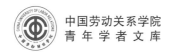

中国劳动关系学院
青年学者文库

煤矿关键物资管理
数据生态系统协同机制研究

孙晓阳 著

Research on the Synergetic Mechanism of
Key Materials Managemental Data Ecosystem in Coal Mines

社会科学文献出版社
SOCIAL SCIENCES ACADEMIC PRESS (CHINA)

摘　要

　　"十三五"时期，煤炭企业面临产能"出清"、行业集中度与机械化水平偏低的问题。随着部分煤炭企业退出市场或并购整合，煤炭企业机械化水平的提高要从三方面着手：新型煤矿物资的采购、老旧物资的废弃与新旧产能的置换。因此，煤矿物资管理问题不得不被提上煤炭企业的议事日程。在信息化时代，煤矿物资管理要积极谋求由传统的线下管理模式向线上电子商务模式转变，本书通过结构方程模型研究了煤矿关键物资管理电子商务平台使用意愿影响因素，据此设计平台功能结构；结合生态理论，提出煤矿关键物资管理数据生态系统的概念；创新性集成DEMATEL、概念格、解释结构模型与复杂网络理论，研究了煤矿关键物资管理数据生态系统协同的关键影响因素，构建了煤矿关键物资管理数据生态系统协同结构要素模型；通过结构要素的耦合模式研究对Lotka-Volterra模型进行改进，得出了结构要素协同效益产出函数；最后运用未确知测度、层次分析法、改进的Critic法及协同度测度函数构建了煤矿关键物资管理数据生态系统协同度测度模型。本书主要研究过程及内容如下。

　　绪论部分指出了煤矿物资管理中存在的问题以及开展电子商务的迫切性与重要性，介绍了本书的研究背景、研究内容与方法、研究意义。

第一章，相关概念及理论基础。对本书借鉴的相关理论思想与理论工具进行梳理与阐述，理论思想包括协同学理论、生态理论、技术采纳与利用整合理论以及物资管理相关研究等；理论工具则包括结构方程模型、DEMETEL、解释结构模型、未确知测度等。

第二章，煤矿关键物资管理数据生态系统构建。首先对煤矿物资进行分类，分析 6 类煤矿关键物资管理业务下的风险点与涉及的相关方角色关系。综合第二代技术采纳与利用整合理论、初始信任理论、保护动机理论与信息构建理论建立平台用户接受意愿结构模型，对煤矿关键物资管理业务涉及的 11 类相关方进行问卷调查，通过验证影响潜在用户使用意愿的影响因素提出平台的设计与运营原则；将 6 类煤矿关键物资管理业务分成协同业务、垂直业务与辅助业务 3 个业务板块，对 11 类相关方在 3 个业务板块的功能需求进行分析，结合 4 类电子商务平台的特点分析，将平台定位为行业类协同电子商务平台。其次，在平台设计与运营原则、平台定位的双向指引下，对平台所要实现的功能模块进行设计，包括平台的功能、业务逻辑与系统逻辑。最后对电子商务模式下平台承载用户群体演化的煤矿关键物资管理数据生态系统进行研究，分析其形成条件，生态因子构成，因子间物质流、资金流、信息流与数据流的协同路径及其与信息生态系统的区别。

第三章，数据生态系统协同关键影响要素识别。通过文献研究初步筛选出煤矿关键物资管理数据生态系统的协同影响因素，融合 DEMATEL 与概念格方法计算各指标原因度与中心度。在 DEMATEL 综合矩阵基础上运用解释结构模型对初步筛选因素按照致因能力进行分级，运用 UCINET 软件将影响因素间互相影响的因果路径予以可视化呈现。研究证明 DEMATEL 识别的中心度与原因度"双高"

的因素均处于 UCINET 协同机制网络图最上面三层，两个理论的分析结果互相印证，证明数据生态系统资源状况、信息协同过程能力、大数据协同发展能力、平台支持机制、商务关系状况与企业支撑环境这 6 个因素是影响数据生态系统协同效益最为关键的因素，并将这 6 个因素组合为竞争、协同两个子系统，构建了煤矿关键物资数据生态系统协同结构要素模型。

第四章，数据生态系统协同效益产出研究。引入生态理论，将煤矿关键物资管理电子商务平台视为数据生态系统环境，将同行业用户视作种群，分析种群内同质企业间主协同类型与种群间异质企业主协同类型，进一步研究在这两个主协同类型下，煤矿关键物资数据生态系统协同结构要素模型中两个子系统的耦合模式，并对 Lotka-Volterra 模型进行改进，使之更准确地反映和契合两个子系统产生协同效益的耦合模式。通过对改进后的 Lotka-Volterra 模型进行稳定点分析与相平面图分析，得到煤矿关键物资数据生态系统协同结构要素模型中两个子系统各自的协同效益产出函数。

第五章，数据生态系统协同度测度研究。首先，在煤矿关键物资数据生态系统协同结构要素模型基础上扩展三级指标，建立煤矿关键物资数据生态系统协同度测度指标体系。其次，通过专家评议确定不同评语集下竞争子系统的竞争强度参数与协同子系统的合作强度参数，运用层次分析法与改进的 Critic 法分别计算指标在子系统层面与关键要素层面的综合权重；通过单指标未确知测度与关键要素层面指标的综合权重确定不同关键要素下指标的评语集归属，提取归属该评语集的竞争强度参数与合作强度参数，结合子系统层面指标的综合权重得到两个子系统间的竞争系数与合作系数，并据此得到两个子系统间的竞合系数，根据定义的协同度测度模型得到协同度测度值。最后，以平台用户 JM 煤炭企业协同业务为算例进行研究，发现 JM 煤炭企业的协同业务是互惠共生协同关系。

第六章，结论与展望。对全书的研究进行归纳梳理，对研究结论与主要创新点进行高度总结，指出研究中可能存在的不足及今后有待进一步研究的领域。

关键词：煤矿关键物资，数据生态系统，电子商务平台，功能设计，协同效益

目 录
CONTENTS

绪　论

本部分是全书的概要总览，详细介绍了本书的研究背景，论述了在"互联网+""大数据"时代背景与电子商务浪潮影响下煤炭企业对煤矿关键物资管理开展协同业务的必要性，并对与研究主题相关的理论进行了梳理归纳，确定了本书的研究内容、研究方法与技术路线。

第一节　研究背景

一　煤矿关键物资管理现状与问题

煤矿关键物资种类众多，其中很大一部分属于煤炭机械设备。煤炭机械设备根据开采方式分为露天开采设备与井下开采设备。井下开采设备按照用途又可分为综采设备、洗选设备、安全设备、辅助设备等，其中综采设备中的"三机一架"（掘进机、采煤机、刮板输送机及液压支架）约占煤机设备的 70%~80%。

（一）煤矿关键物资供应领域存在的问题

1. 煤矿关键物资市场萎缩，缺货风险高

煤矿关键物资行业的门槛较高，进入障碍与退出障碍均较大，产品仅能用于煤炭开采、洗选等业务，通用性较差，市场上的生产者与供应商均较少，且规模普遍较小。2012 年，煤炭行业在度过了"黄金十年"之后进入了"寒冬"，煤炭企业对煤矿关键物资的采购计划不断减少，煤矿关键物资市场不断萎缩。据中国煤炭工业协会数据，2012 年中国煤炭机械行业市场规模为 1668 亿元，此后随着行业全面去产能，煤炭机械市场规模迅速回落，至 2016 年达到拐点，随后稳步上升，2019 年行业市场规模达 1416.3 亿元，但与 2012 年仍有一定差距。随着煤炭市场的回暖，煤矿关键物资需求得到释放。考虑到煤矿关键物资市场的回弹具有一定的滞后性，未来市场应该还有进一步释放的空间，也预示着煤矿关键物资的采购风险与缺货风险将会增加。

2. 煤矿关键物资供应领域存在垄断现象，集中度较高

因为煤矿关键物资供应市场规模较小，所以针对某类特定物资，尤其是定制化煤矿关键物资的生产能力容易被控制在少数供应商手中，如液压支架的生产基本集中在郑州煤矿机械集团股份有限公司，采煤机则主要由上海的天地科技股份有限公司和上海创力集团股份有限公司、陕西的西安煤矿机械有限公司和山西的太原重工股份有限公司四家企业生产。并且伴随连续多年的煤矿关键物资市场下滑导致部分风险承担能力较弱的企业被市场淘汰，煤矿关键物资供应市场的集中度不断提高。

（二）煤矿关键物资需求领域现状与存在的问题

1. 煤炭企业老旧物资比重过大，维护更新不及时

因工作环境特殊，煤矿关键物资一般处于高负荷运行状态，使用寿命较短，需定时检修及更换。按照维护范围和维护程度煤矿关键物资的维修维护可以划分为大修、中修和小修。对于煤机设备，小修费用一般占煤机设备总体维修维护费用的 20% 以下，中修费用占比在 20%～30%，大修费用占比则在 30% 以上。报废

方面，掘进机的寿命为 3~5 年；煤机设备的寿命为 5~8 年；液压支架 3 次大修之后即需报废；刮板输送机在 2~3 次大修后也需报废。

但是煤矿关键物资的维修维护与报废普遍没有引起煤炭企业足够的重视，尤其自 2012 年煤炭行业陷入低迷以来，煤炭企业的盈利水平难以支持设备的更新改造，导致煤矿关键物资得不到及时的保养，磨损和消耗程度加深，更加缩短了煤矿关键物资的正常使用寿命，一定程度上增加了煤矿开采的风险。

2. "高集中"政策导致煤矿废旧物资更新换代问题

根据中国煤炭工业协会公布的数据，经过"十三五"期间的全行业去产能，截至 2020 年底，全国累计退出煤矿约 5500 处、退出落后产能 10 亿吨/年以上，超额完成《国务院关于煤炭行业化解过剩产能实现脱困发展的意见》提出的化解过剩产能奋斗目标[①]。根据 2021 年 6 月中国煤炭工业协会发布的《煤炭工业"十四五"结构调整的指导意见》，"十四五"期间将鼓励煤炭企业根据市场需求，通过出资购买、控股参股等方式与其他关联产业企业实施兼并重组，到"十四五"末期，煤矿数量将从 2020 年底的约 4700 处压缩至 4000 处左右，并建成煤矿智能化采掘工作面 1000 处以上；建成千万吨级矿井（露天）65 处、产能超过 10 亿吨/年；培育 3~5 家具有全球竞争力的世界一流煤炭企业。届时将有部分煤炭企业面临倒闭或者被兼并重组，这些企业的部分煤矿关键物资可能会被处置给其他煤炭企业，或进行翻新改造等。

3. 新型煤矿关键物资采购需求不断释放

2010 年，我国煤矿采煤机械化率为 65%，掘进机机械化水平

---

① 《中煤协："十三五"我国煤炭保障能力持续增加》，中国青年报，2021 年 3 月 5 日。

为52%，2015年分别提升至76%与58%①。根据《煤炭工业"十四五"高质量发展指导意见》，到"十四五"末，煤矿采煤机械化程度将达到90%，掘进机械化程度将达到75%以上。此外，上一次煤炭设备的投资高峰期为2011~2013年，综采设备"三机一架"中的三机的使用寿命多在6~9年，液压支架的使用寿命可达8~10年，按照时间简单推算，2023年前后煤炭设备会进入新一轮更换周期。同时，国家政策也在助推煤矿智能化建设。2020年2月出台的《关于加快煤矿智能化发展的指导意见》指出到2025年，大型煤矿和灾害严重煤矿基本实现智能化，形成煤矿智能化建设技术规范与标准体系；到2035年，各类煤矿基本实现智能化，构建多产业链、多系统集成的煤矿智能化系统，建成智能感知、智能决策、自动执行的煤矿智能化体系。煤矿关键物资将迎来新一轮采购与更新换代高潮。

4. 煤炭价格回升促进主动型煤矿关键物资采购与更新

2012年煤炭行业陷入低迷，煤矿关键物资的采购与更新需求减少。2016年以来供给侧结构性改革已初见成效，截至2020年全国累计退出煤炭产能10亿吨/年以上，优质产能得到逐步释放，煤炭生产结构持续优化，促使煤炭价格回升至合理水平，煤炭企业的盈利能力以及现金流情况都得到改善，煤炭企业的购买力不断增强，同时对煤炭行业预期更加乐观。因此，煤炭企业对落后产能的主动淘汰意愿以及对新型煤矿关键物资的主动采购意愿不断增强。

---

① 《2020年中国煤炭行业发展现状分析　上半年原煤产量超18亿吨》，前瞻产业研究院，2020年7月22日。

二　"互联网+"时代背景下煤矿关键物资管理趋势

伴随网络技术而来的是电子商务这种新型商务交易模式。所谓电子商务,狭义上指贸易活动的电子化,广义上则指商务活动中全部业务流程的电子化。在"互联网+"时代背景下,我国网民数量呈几何倍数增长、第三方支付平台在便捷性与安全性上不断增强、智能手机普及率提高等,使电子商务在我国经济活动中的地位不断提升。电子商务最大的优势是可更高效、更快速地匹配供给方与需求方的资源。

商务部、中央网信办、发展改革委三部门对电子商务产业发展公布了《"十四五"电子商务发展规划》,提出电子商务的发展目标为到2025年实现电子商务交易额从2020年的37.2万亿元增长至46万亿元,全国网上零售额从2020年的11.8万亿元增长至17万亿元,相关从业人数从2020年的6015万人增长至7000万人,到2035年电子商务将成为我国经济实力、科技实力和综合国力大幅跃升的重要驱动力。在此背景下,煤炭企业应积极采用电子商务平台对煤矿关键物资进行管理。事实上,很多煤炭企业已经开始探索利用电子商务平台对煤矿关键物资进行管理,如陕西煤化集团供应商业务协同管理平台、神华国能集团电子采购平台、伊泰集团物资管理综合平台、兖州煤业有限公司物资集采平台、中煤能源集团有限公司物资采购电子商务网等。但是,这些物资电子商务平台多集中于煤矿物资的采购业务,且服务对象仅限于本集团、本公司,业务种类单一且无法开展协同业务,无法实现规模效益。鉴于此,未来采用电子商务模式的煤矿关键物资管理可能呈现以下趋势。

1. 业务多元化,突破单一煤矿关键物资采购业务

煤矿关键物资管理业务不等同于采购业务,"管理"比"采

购"的范围更宽泛，煤矿关键物资管理业务包括煤矿关键物资的采购、煤矿关键物资的租赁、废旧煤矿物资的翻新改造以及弃置回收、在线物流、在线融资等业务类型。电子商务模式下的煤矿关键物资管理还会继续增加其他业务类型，实现所有线下煤矿关键物资管理业务的电子化。

2. 服务对象突破企业边界，上升至行业高度

企业自建型煤矿物资管理的电子商务平台将逐渐退出历史舞台，大型的煤矿物资管理电商平台将随之出现，此类平台服务对象不限于一个企业、一个集团，甚至不只服务煤炭一个行业，而是服务于煤矿关键物资管理业务涉及的所有行业，如煤矿关键物资供应商、煤矿关键物资租赁商、煤矿废旧物资翻新再造企业等。

3. 线上管理方式取代线下管理方式

随着加入煤矿关键物资管理电子商务平台企业数量的增多，一种新型交易模式（线上交易）将被应用于煤矿关键物资管理中。通过电子商务平台，煤矿关键物资可以在线上进行交易，实现信息的即时传输，积累的大数据资源也可被用于挖掘其他商业价值，实现信息的二次增值。信息协同与数据协同一方面提高了交易效率，另一方面扩大了业务伙伴的选择范围，实现优中选优，提高了交易质量。

第二节　研究意义

一　解决"十三五"时期凸显的物资管理问题

《煤炭工业发展"十四五"规划》对煤炭行业提出的机械化程

度提高要求，将使煤矿关键物资的新增产能投资与更换设备投资增加，新增产能投资的投向问题、更换设备投资的流向问题以及被更换旧设备的处置问题，都涉及煤矿关键物资的管理。因此，本书关于煤矿关键物资管理数据生态系统的研究有利于解决"十三五"时期凸显的煤矿关键物资管理问题。

二　解决电子商务潮流下煤矿关键物资管理方式的转变问题

传统的煤矿关键物资管理完全采用线下管理方式，管理效率低下、时间与经济成本都很高。线下管理方式对于小型煤炭企业或许还可胜任，但是随着煤炭行业集中度的提高，规模较小的煤炭企业将被"出清"或并购整合，剩下的都是实力较为雄厚、规模也较大的煤炭企业，低效的线下管理模式将不能满足煤炭企业日渐提高的煤矿关键物资管理要求。

随着信息技术的发展，电子商务平台实现了信息流的高效、低成本传输。本书在煤炭企业转变物资管理方式前提下，以煤矿关键物资管理电子商务平台为依托，针对煤矿关键物资管理数据生态系统的协同机制研究，有利于解决电子商务潮流下煤矿关键物资管理方式的转变问题。

三　研究煤矿关键物资协同管理的意义

角度不同对煤矿关键物资协同管理协同内容的理解也不同。从供应链角度，协同管理实现了供应链上下游节点之间的纵向业务协同，避免信息不对称的危害，使得煤矿关键物资管理的多项相关业务实现了一站式集约管理；实现了同行业企业之间的横向协同，提升了企业的议价能力与成本分摊能力。从协同内容角度，协同管理实现的是信息流、资金流、物质流和数据流的协同。

第三节　研究内容与方法

一　研究内容

本书的研究思路是对煤矿关键物资电子商务平台进行功能设计，研究电子商务模式下平台用户构成的数据生态系统的特征，识别煤矿关键物资管理数据生态系统协同的关键影响因素并构建结构要素模型，研究结构要素模型中变量的动态耦合机制，构建煤矿关键物资管理数据生态系统协同度测度模型等。本书的具体研究内容如下：

在绪论部分，本书系统阐述了本书的研究背景，提出煤矿物资管理中存在的问题以及搭建煤矿关键物资管理电子商务平台的迫切性与重要性，介绍了本书的研究内容、研究方法与研究意义等。

第一章为相关概念及理论基础。该章在相关概念界定基础上，系统梳理了国内外研究现状，并对本书借鉴的相关理论思想与理论工具进行梳理与阐述。

第二章为煤矿关键物资管理数据生态系统构建。本章首先对煤矿物资进行分类，将研究对象限定为管理风险最高的煤矿关键物资。其次，研究了煤矿物资管理的业务类型，分析6类煤矿关键物资管理业务下的风险点与涉及的相关方角色关系。再次，综合第二代技术采纳与利用整合理论、初始信任理论、保护动机理论与信息构建理论建立了平台用户接受模型，对煤矿关键物资管理业务涉及的11类相关方进行问卷调查，通过验证影响潜在用户使用意愿的影响因素提出平台的设计与运营原则；将5类煤矿关键物资管理业务分成协同业务、垂直业务与辅助业务3个业务板块，对11类相关方在3个业务板块的功能需求进行分析，结合4类电子商务平台的特点分析，将平台定位为行业类协同电子商务平台；在平台设计与运营原则、平台定位的双向指引下，对平台所要实现的功能模块进行设计，包括平台的功能、业务逻辑与系统逻辑。最后，本章对煤矿关键物资管理数据生态系统进行研究，分析其形成条件，生态因子构成，因子间物质流、资金流、信息流与数据流的协同路径及其与信息生态系统的区别。

第三章为数据生态系统协同关键影响要素识别。通过文献研究本章初步筛选出煤矿关键物资管理数据生态系统的协同影响因素，融合DEMATEL和概念格方法计算各指标的原因度与中心度。在DEMATEL综合矩阵基础上运用解释结构模型对初步筛选因素按照致因能力进行分级，运用UCINET软件将因素间的因果路径予以可视化呈现。研究证明DEMATEL识别的中心度与原因度"双高"的因素均处于UCINET协同机制网络图最上面三层，两个理论的分析结果互相印证，证明数据生态系统资源状况、信息协同过程能力、大数据协同发展能力、平台支持机制、商务关系状况与企业支撑环境协同这6个因素是影响数据生态系统协同最为关键的6个因素。本书将这6个因素组合为竞争、协同两个子系统，构建了煤矿关键物资数据生态系统协同结构要素模型。

第四章为数据生态系统协同效益产出研究。本章引入生态理论，将煤矿关键物资管理电子商务平台视为数据生态系统环境，将行业用户视作种群，分析种群内同质企业间的主协同类型与种群间异质企业的主协同类型，进一步研究在这两种主协同类型下，煤矿关键物资管理数据生态系统协同结构要素模型中两个子系统的耦合模式，并对 Lotka-Volterra 模型进行改进，使之更准确地反映和契合两个子系统产生协同效益的耦合模式。通过对改进后的 Lotka-Volterra 模型进行平衡点稳定分析与相平面图分析，得到煤矿关键物资管理数据生态系统协同结构要素模型中两个子系统各自的协同效益产出函数。

第五章为数据生态系统协同度测度研究。在煤矿关键物资管理数据生态系统协同结构要素模型与协同效益模型研究基础上，创新性集成层次分析法、改进的 Critic 法及未确知测度，构建数据生态系统协同度测度模型。首先，本章在煤矿关键物资管理数据生态系统协同结构要素模型基础上建立了煤矿关键物资管理数据生态系统协同度测度评价指标体系。其次，本章将指标状态分为 5 个评语集，通过专家评议确定不同评语集下竞争子系统的竞争强度参数与协同子系统的合作强度参数，运用层次分析法与改进的耦合权重法分别计算指标在子系统层面与关键要素层面的综合权重，通过单指标未确知测度与关键要素层面指标的综合权重确定不同关键要素下指标的评语集归属，提取归属于该评语集的竞争强度参数与合作强度参数，并结合子系统层面指标的综合权重得到两个子系统的竞争系数与合作系数，据此计算两个子系统的竞合系数，根据定义的协同度测度模型得出协同度测度值。最后，本章以平台用户 JM 煤炭企业协同业务为算例进行了研究，发现 JM 煤炭企业的协同业务是互惠共生的协同关系，通过煤矿关键物资管理电子商务平台开展协同业务能为企业带来经济效益。

第六章为结论与展望。本章对全书进行了归纳梳理，对研究结论与主要创新点进行高度总结，指出研究中可能存在的不足及有待进一步研究的领域。

二　研究方法

（一）理论研究法

理论研究主要体现在定性研究方面。本书系统研究了生态学、信息生态系统、数据生态系统的发展脉络，对它们的概念进行界定。对生态理论、协同学理论及技术采纳与利用整合理论进行梳理与阐述，为研究奠定了良好的理论基础。

（二）系统工程方法

煤矿关键物资管理数据生态系统协同受到诸多因素的影响，因素间具有分布无序、关系复杂等特点，在对煤矿关键物资管理数据生态系统协同机制的研究过程中需要对这些影响因素进行系统整合，本书运用系统工程思想在第三章建立的煤矿关键物资管理数据生态系统协同构成要素模型是对影响因素高度概括化、有序化、条理化的思想结晶。

（三）调查研究

本书主要运用了三类调查研究方法：专家调研法、德尔菲法与调查问卷方法。专家调研法与德尔菲法主要运用于三方面。第一，煤矿关键物资管理数据生态系统协同关键影响因素的识别方面。从煤炭行业、煤矿关键物资供应和租赁行业、废旧物资的翻新再造和回收行业、第三方物流行业、银行及在线支付平台等金融行业分别聘请一位专家作为决策组成员进行决策。第二，在数据生态系统协同度与协同效益测度方面先后邀请三组专家进行访谈，第一组专家确定测度指标权重；第二组专家确定测度指标在不同评语集下的竞争强度参数与合作强度参数；第三组专家意见用于单指标未确知测度，确定指标的评语集归属。第三，调查问卷法主要用于调查潜在用户对平台的使用意愿，通过对平台定位的 11 类用户群体进行有偿在线调查，并利用 SPSS20.0 与 AMOS23.0 软件对回收问卷进行检验与模型验证，为解析影响潜在用户使用意愿的因素间的因果关系提供条件。

（四）多种定量建模方法的融合使用

根据不同的研究目的，融合使用结构方程模型、决策试验与评价实验法（DEMATEL）、概念格、复杂网络、解释结构模型、未确知测度、层次分析法、改进的 Critic 法、Lotka-Volterra 模型等定量理论工具，对煤矿关键物资管理数据生态系统的协同机制开展研究，确保研究的科学性与可信度。

（五）例证研究

对煤矿关键物资管理数据生态系统协同度的测度模型进行算例研究，验证测度模型的可行性，证明了协同效益的存在性，增强其他相关企业加入平台的信心。

第一章
相关概念及理论基础

第一节　相关概念界定

一　煤矿关键物资

（一）物资的概念与分类

企业物资是企业开展生产经营活动不可或缺的物质资料，大到厂房、设备，小到原料、各类周转材料，只要是企业进行主营业务所需的物质资源均可以称为企业的物资。物资管理指对企业生产经营所需要的各种物料从采购到仓储、到生产、再到报废处置等一系列环节管理工作的有机结合。物资的分类方法主要有两种：ABC 分类法（Dickie，1951）与 Kraljic 分类法（Kraljic，1983）。两者的区别在于前者只以物资对某一标准的成分比重将物资分成 A、B、C 三类，而后者则从价值与风险两个维度将物资划分为杠杆物资、战略物资、一般物资和瓶颈物资，不同物资适宜的采购方式也不同，详见图 1-1。

传统的 Kraljic 分类法在规模过于庞大、品种过于复杂的煤矿物资中的应用存在一定的问题。比如，煤炭企业的生产流程不同，煤

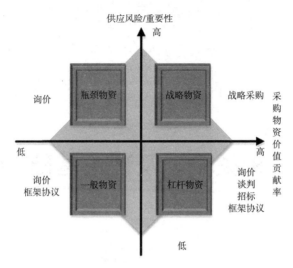

图 1-1　物资类别与采购关系

矿物资的特性及风险点也不尽相同，通用的指标划分容易造成物资分类粗糙、归类混乱等问题。分步式 Krajic 模型在传统的 Krajic 分类法基础上引进了生产业务因素，能够对煤炭企业的生产流程特殊性进行衡量。阎枫（2016）利用分步式 Krajic 分类法将煤炭企业物资聚类为特殊物资、关键物资、一般物资和大宗物资。

（二）煤矿关键物资的概念与特性

煤矿关键物资指煤炭企业所需物资中单位价值高、市场缺货风险大的一类物资的总称，包括通用设备、输变电设备、钢材、支架、风筒、钻探机械等物资。煤矿关键物资单位价值比较高，不同地方关键物资的行业属性比较强，市场准入门槛高，关键物资供应不足，缺货风险大，导致煤炭企业在市场上的议价还价能力受到限制。而大宗物资的商品差异比较小，各供应商的产品差异不大且市场门槛比较低，缺货风险比较小，主要包括木材、建筑材料、机械配件、建筑工程机械、公矿车辆等。煤矿特殊物资与一般物资的成本价值都比较低，但是特殊物资与关键物资都因专业性比较强形成了专业壁垒，主要包括特定综机配件、炸药等。一般物资因专业性差且市场供应者众多，形成了完全竞争市场，采购风险最小，煤炭企业的议价能力较强，主要包括建材、仪表材料等（见图1-2）。

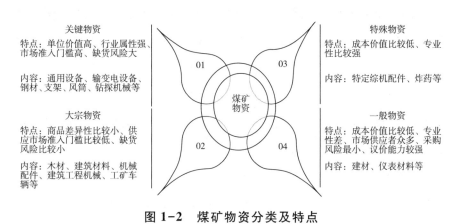

关键物资
特点：单位价值高、行业属性强、市场准入门槛高、缺货风险大

内容：通用设备、输变电设备、钢材、支架、风筒、钻探机械等

特殊物资
特点：成本价值比较低、专业性比较强

内容：特定综机配件、炸药等

大宗物资
特点：商品差异性比较小、供应市场准入门槛比较低、缺货风险比较小

内容：木材、建筑材料、机械配件、建筑工程机械、工矿车辆等

一般物资
特点：成本价值比较低、专业性差、市场供应者众多、采购风险最小、议价能力较强

内容：建材、仪表材料等

煤矿物资

01 03 02 04

图 1-2 煤矿物资分类及特点

由于煤矿关键物资的单位价值最高、成本最大，行业属性最强、对于煤炭企业的正常生产影响最大，且市场上的物资供应商数量又少，所以该类物资是所有煤矿物资中缺货风险最高、缺货损失最大的物资种类。因而，本书将研究对象限定为煤矿关键物资的管理业务，包括煤矿关键物资的采购、翻新改造、处置等具体业务内容。

二 大数据

大数据（Big Data）一词最早出现在 apache org 的开源项目 Nutch 中，当时科学家用大数据这个术语来描述在更新网络搜索索引的同时进行批量处理或分析的大量数据集。托夫勒（1996）将大数据描绘为信息社会的重要篇章。人们对数据的海量挖掘和大量运用，不仅标志着产业生产率的增长和消费者的大量盈余，而且标志着大数据时代已经到来。*Nature* 出版的专刊 *Big Data* 指出，大数据时代的到来将引起一次社会革命，必将对政府治理、企业决策、个人生活产生巨大而深远的影响（Frankel 和 Reid，2008）。2011 年，*Science* 出版的关于数据处理的专刊深入讨论了大数据所带来的机遇和挑战，并指出如果能够有效地组织和使用这些数据，科学技术将会对社会发展发挥巨大推动作用。麦肯锡全球研究院指出大数据时代已经到来，并认为大数据将逐渐成为重要的生产要素，预示着新一轮生产率的增长和消费者盈余浪潮的到来。Bughin 等（2011）认为大数据时代会产生新的管理模式和规则，对大数据的挖掘和应用能驱动企业获取竞争优势。

The Wall Street Journal 将大数据、人工智能和无线网络技术称为引领未来发展潮流的三大颠覆性技术，其中大数据与本书的研究有重要联系。麦肯锡全球研究院将大数据定义为现有软件工具无法满足搜寻、提取、分析、存储及共享操作的海量、复杂数据集合（Manyika 等，2011）。大数据具有 "4V" 特征，即体量大（Volume）、异构（Variety）、产生速度快（Valocy）、价值密度低（Value）。挖掘大数据资源的潜在商业价值具有重要的现实意义。自 2014 年 "大数据" 首次被写入政府工作报告起，我国不断出台相关政策促进大数据产业的发展。2021 年 3 月发布的《中华人民共和国国民经济和社会发展第十四个五年规划和 2035 年远景目标纲要》（以下简称 "十四五" 规划）中 "大数据" 一词出现了 14 次，而 "数据" 一词则出现了 60 余次。相较 "十三五" 规划中专门用一章 "实施国家大数据战略" 集中描述大数据发展，"十四五" 规划中对大数据发展的着墨已经融入各篇章之中。这在一定程度上表明，大数据已经不仅是一个新兴的技术产业，而是正在融入

经济社会发展各领域的新理念、新资源和新动力。2021 年 11 月底，在响应国家"十四五"规划的基础上，工信部印发《"十四五"大数据产业发展规划》，针对"十四五"期间大数据产业的发展制定了 5 个发展目标、6 大主要任务、6 项具体行动以及 6 个方面的保障措施，预示着我国大数据产业将步入集成创新、快速发展、深度应用、结构优化的高质量发展新阶段。根据《中国数据要素市场发展报告（2020~2021）》，2020 年我国数据要素市场规模达到 545 亿元，2021 年我国数据要素市场规模达到 815 亿元；"十三五"期间市场规模复合增速已超过 30%，预计"十四五"期间市场规模复合增速将超过 25%，到 2025 年末市场规模将接近 1749 亿元，整体上进入高速发展阶段。大数据已成为可以交易的流通资产。于 2015 年 4 月 14 日正式挂牌运营的贵阳大数据交易所是我国第一家大数据交易所，交易产品为经过清洗、建模分析之后的数据，标志着我国场内数据交易的开始。2020 年以来，北京、上海、深圳、广州等一线城市的数据交易所陆续成立。我国大数据产业还是一片初级发展的"蓝海"，当前数据交易存在大量灰色市场，场内交易的占比较低，未来依托数据交易所进行数据交易合法化大有可为。

三 数据生态系统

目前，数据生态系统还没有形成统一的定义，主要借鉴的是企业生态系统、信息生态系统的概念。而企业生态系统（Business Ecosystem）最早是由美国学者 Moore 提出的，其借用生态学的概念来解释企业组织及其与环境之间的关系。Moore（1996）认为企业生态系统是指由相互作用的企业组织与个人所形成的经济群体，包括生产商、销售商、消费者、供应商、投资商、竞争者、互补者、企业所有者以及与之相关的政府部门。该概念表明企业生态系统是一个相对开放的系统，这个系统中所有的组成要素相互影响、相互促进。同时，企业生态系统也会受到外部环境的制约和影响，企业生态系统在各种内外部力量的作用下得到演化和发展。

通过企业生态系统的概念大致可以归纳出数据生态系统的内涵：大数据背景下，企业生态系统和外部环境之间的边界日渐模糊，信息共享和知识溢出已成为企业生态系统中各成员合作竞争与协同演化的主要方式之一，在这种竞争环境下，数据和知识成了企业经营管理中的重要生产要素，也是决定企业创新能力的关键。通过选择和构建良好的企业生态系统，从外界获取有价值的数据和知识，是企业提高核心竞争力、获取持续竞争优势的重要途径。

四　协同管理机制

"机制"一词源于系统科学，特指系统内部结构、功能及相互之间的关系，即系统以特定规则约束和控制系统内部子系统与要素间的关系，使它们之间以有序的状态相互影响和制约，促使整个系统向有序化转变。协同管理机制就是主要研究协同管理的形成机制与实现机制的理论，研究怎样整合、配置结构要素，从而产生更多的协同价值，实现协同管理目标。

协同管理的形成机制主要是对系统进行协同管理的动因。协同管理的动力来源是对系统进行协同管理后的目标与系统目前状况间的差距，正是因为前者远优于后者所以才有必要对系统进行协同管理。

协同管理的实现机制主要是对系统进行协同管理实现协同管理

目标的过程。首先需要识别协同管理的机会，即寻找需要进行协同管理的领域；其次进行协同价值的预估，即评价如果对待协同领域进行协同管理将带来多少协同效益；再次通过与相关方进行沟通、对要素进行整合、选定和管理有序变量实现对系统的支配，促进系统实现一种拥有新型功能和结构的有序状态；最后将系统变化后的状态与最初的协同管理目标对比，得到是否实现目标、是否需要迭代以上过程的反馈结果并采取进一步措施。

第二节　国内外研究现状

一　生态理论文献综述

（一）生态学相关研究

生态学是德国生物学家 Haeckel 于 1866 年提出的。生态学的研究内容主要有共生理论与协同进化理论两大部分。共生的概念由真菌学家德贝里提出，指的是两种或多个不同物种或个体间存在的互相依赖、互利共生的关系，但是共生不等同于寄生、腐生等概念。Scotte 等（1969）也认为共生应为生物之间相互依存的稳定状态，而非寄生、腐生中一方对另一方依赖的非平衡状态。协同进化概念则由 Ehrlich 和 Raven（1967）在共生理念基础上提出，其认为生物进化的原因不仅在于自然的优胜劣汰选择机制，还受相关生物群体进化的压力影响。Janzen（1980）认为在相互关联的物种之间，当其中一个物种（物种 1）发生变化，另一个物种（物种 2）也会被迫发生变化以维护相关关系，同时物种 2 的变化又会反过来刺激物种 1 继续发生变化，如此循环罔替就是协同进化。

与生态理论相关的一个概念是生态位，Grinnell（1917）将其定义为被不同物种占据的最后单元，其更看重生态位的功能作用。Elton（1927）则从空间角度描述生态位，认为生态位是种群为保证自身得以生存和繁衍而在生态环境中占据的多维空间。生态位相似的种群因为需要的生存资源相同，在生态环境中选择的生存空间也类似，从而会发生生态位重叠现象，出现对共同资源的竞争。Begon等（1996）对物种间竞争的理解是，相同物种因为对资源有相同的需求，当生态资源有限时个体可获得的资源数量必然是此消彼长的关系，在争夺资源过程中获胜个体取得生存下去的能量，失败一方则承担生存率与繁殖率降低的风险。

与生态学相关的另一个概念是英国 Tansley 在 1935 年提出的生态系统，Tansley 指出植被与自然组成一个整体，这个整体便是生态系统。

2003 年，生态理论开始被引入社会经济与管理研究领域（Bergh 和 Stagl，2003），学者对于生态理论开始进行有侧重地研究，衍化出组织生态学（Lewin 和 Volberda，1999；蒋惠凤等，2022）、产业生态学（彭少麟和陆宏芳，2004；侯鹏等，2020）、工业生态学（邓南圣和吴峰，2002）、企业生态学（顾力刚和方康，2007）与信息生态学（莫扬海，2022；孙细明和程柳，2022；王林等，2022）等研究领域。

（二）信息生态系统相关研究

信息生态学发端于 20 世纪 60 年代的美国，Capurro（1990）在哥本哈根举行的信息与质量会议上提出了信息生态（Information Ecosystem）的概念，因此信息生态学的发展可分为两个阶段。第一阶段，从 20 世纪 60 年代至 80 年代，为信息生态学的萌芽与发展阶段，信息生态系统的理论体系尚未形成。第二阶段，自 20 世纪

90年代至今，为信息生态学的高速发展时期，不仅形成了专门性学科，还根据信息载体不同，衍生出经济信息生态、政治信息生态等多个相关概念（Eryomin，1998）。

Davenport和Prusak（1997）认为组织的信息生态由三个层次组成，由里至外分别是信息环境、组织环境与外部环境，其中信息环境是最主要的部分。Nardi和O'Day（1999）对信息生态系统的特性展开研究，得出信息生态具有复杂性、存在关键物种、协同进化与地域性四项特征的结论。李美娣（1998）将信息生态系统定义为信息自身与生命体及其周围环境相互联系和相互作用的有机整体，这个整体可分为信息、信息人和信息环境三个基本要素，且三个要素之间是相互作用的动态关系。三个基本要素又可排列组合成不同的功能，要素与功能排列组合又形成不同的结构成分。马捷等（2010）则认为信息生态系统由信息生产者、组织者、传播者、消费者、分解者组成，它们构成了信息节点并进一步组成信息链。信息生态系统共分7个层次结构：信息个体、信息种群、信息群落、信息生态系统、区域信息生态系统、全国信息生态系统、全球信息生态系统。钱丹丹（2016）运用SWOT工具解析了微博信息生态系统的优势、劣势、机会与威胁，从微博信息、微博信息人、信息环境与信息技术四个方面对微博信息生态环境的构建机理进行了论述。

（三）数据生态系统相关研究

国内外对数据生态系统的研究还不够成熟。Breaux和Alspaugh（2011）虽然没有对新型数据生态系统的概念给出明确定义，但是描述了新型数据生态系统较之以往发生的变化，认为数据密集型计算技术和社会发展前景引导政府和社会各行各业在数据可用性、数据需求和数据集成方面产生前所未有的变化。Breaux和Alspaugh（2011）还指出，互联网和智能手机等移动客户端集成的数据范围越来越广泛，同时不准确的数据信息又可引发失业、健康损失等问题，因此精确度不同的数据，应制定不同的价格。同时数据消费者和各类组织对数据源与数据实践在管控和选择的透明度方面应该得到更强有力的保障。万岩和潘煜（2015）将整个数据流动的产业链条（数据的生产采集、数据的挖掘与分析、数据分析结果的应用）称作大数据生态系统。在此基础上，衍生出各个领域的细分系统，包括公共数据生态系统（王今等，2022）、政府数据生态系统（张晓娟等，2022）、知识数据生态系统（储节旺和李振延，2022）等。

借鉴以往学者的研究成果，本书将数据生态系统视为商业生态系统、信息生态系统、大数据技术的叠合。商业生态系统在信息技术的催化下，商业生态因子之间因为信息链的存在变成信息人，商业生态系统演变成信息生态系统。当大数据技术日趋成熟，可以对以往沉积的信息进行挖掘分析时，信息人在信息传递者之外又有了数据生产者与数据使用者的身份，信息生态系统在大数据技术的变革下又进一步进化为数据生态系统，信息人也演变成数据生态因子。本书将煤矿关键物资管理电子商务平台与平台用户形成的数据生产和流通系统称为煤矿关键物资管理数据生态系统，并将其定义为：在"互联网+"时代背景下，以信息传播技术与数据存储和挖掘技术为支撑，基于煤矿关键物资管理的特定目的将煤矿关键物资管理相关业务整合在一起，煤矿关键物资管理相关方在产生数据、传播数据以及分享数据结果的过程中形成的动态平衡的自组织系统。

二　协同理论文献综述

（一）协同学内涵及发展

Synergetics 一词来源于古希腊文，译为"协调、合作"。1971

年，联邦德国著名理学家哈肯（Hermann Haken）提出"协同"这一概念，并指出具备自组织功能的复合系统广泛存在于客观现实世界，大到宏观经济系统，小到微观理性经济人均有分布。这些表面无关的系统之间存在着有序或无序的关系，无序可视为混沌，有序可视为协同，且复合系统在这两种状态之间可以相互切换，有序与无序的关系代表了系统之间既相互影响又相互合作的状态（潘开灵和白烈湖，2006）。各子系统间的合作受到某种共同原理的支配，这些共同原理经过演变成为协同论。1977年，哈肯的《协同学》出版后，协同学开始作为一门独立的学科屹立于学术界，成为继系统论、控制论、信息论后的新型综合学科。协同学主要研究复合系统的子系统间如何协同合作，如何自发形成时间维度、空间维度或时间与空间复合维度的有序结构（Haken，2004）。

（二）协同管理理论内涵

20世纪60年代，随着企业多元化发展，Ansoff（1965）从战略角度提出协同的经济学含义；日本协同战略领军人物伊丹广之以"互补效应"和"协同效应"两个视角做进一步拓展，使协同的内涵更加全面系统；韦斯顿认为企业间的兼并行为有助于提升企业的协同效率；波特认为企业的竞争优势来源于关联业务协同，协同管理理论就是以业务协同为研究对象，价值链理论则研究怎样有效利用业务协同。因此，管理协同是当组织处于变革临界点时，运用协同论的思想，研究子系统之间或要素间的协同规律，使之有序协调产生序参量，促使组织由一种序状态走向另一种序状态的理论体系。

协同管理的对象不仅包括企业内部业务流程的协同，还包括企业与商务伙伴之间在战略、业务流程、作业、各项信息与数据资源等方面的协作与共享，这种跨企业协同能力从战略的制定到作业流程的管控再到最终协同效益的实现进行了全方位覆盖。既有时间维度的协同，也有业务内容的协同，协同主体各个子系统优化组合为一个结构有序、功能强大、各方面均比原有组织优越的新型组织，助力双方研发新产品、开拓新服务、开发新市场，全面提升双方综合竞争力。因此，就本质而言，协同本身是一个管理创新的结果，能促进管理创新向不同的广度和深度拓展。

（三）协同度相关研究

协同度，即协同程度，反映了系统内结构要素之间或者子系统之间相互影响、相互作用的量化关系。协同度可作为测量部分之间以及部分与整体之间协同发展状况的指标。

我国学者对协同度的研究从不同的学科领域着眼，有不同的视角。孟庆松等（1998）建立了"科技—经济"协调度测度模型，分析科技与经济的协同发展状况；孟庆松等（1999）研究了复合系统的协调机制，设计了"面向协调的管理"的概念模型；孟庆松和韩文秀（1999）将复合系统的复合因子与协同度概念结合构建了兼具理论深度与实践应用价值的复合系统协调度模型。以孟庆松和韩文秀（1999、2000）的复合系统协同度模型为理论基础，徐浩鸣等（2003）根据产业组织的特点对其进行改进得到了产业组织有序度与协同度模型。刘俊辰（2016）利用复合系统协同度模型对在华外资银行系统之间的协同度进行了计算和排名，得到了在华外资银行的核心竞争力排名。王翔（2016）将协同度的测度问题引入单制造商、多经销商、多供应商与供应链稳定点的情景中，并以这四个情景构建测度指标体系，在协同度测度基础上从前景协同视角对供应商进行评价。目前还没有针对数据生态系统协同度的研究，但是有针对供应链信息协同度的研究。Barut 等

（2002）提出的 DSCC 方法可量化供应链的信息协同程度。程国平等（2003）首次将 DSCC 方法引入国内，并指出 DSCC 方法中的"信息延展度"与"信息强度"两个指标仅能考量信息的丰富度与交换深度，忽略了供应链的网络特征，指标未能反映信息交互的广度。赵云鹏（2009）对 DSCC 方法进行改进，提出了一种新型供应链信息协同评价方法。石江瀚等（2023）更进一步地提出科研大数据生态的测度问题。

（四）协同效益相关研究

协同效益是子系统之间因为存在协同效应而产生的收益回报。国内外的研究大部分集中于协同效应研究，针对协同效益的研究还不够成熟。目前对协同效益的研究主要集中于两个方面：其一，基于企业并购角度的研究，如汪忠平（2007）从财务、租税、市场、运营多个维度的协同效益考量整体经营绩效；其二，基于温室气体、碳减排等环境保护方面的协同效益研究（孙星等，2016；杨曦等，2013；于大洋等，2012；曾诗鸿等，2022）。以往研究中聚焦于企业与关联企业通过开展协同业务实现协同效益的研究较少。

三　物资管理的相关研究

对于物资管理的研究，国内外学者主要从宏观政策角度、业务流程优化角度、系统功能的设计角度等展开。

宏观政策方面，Silva 等（2016）从宏观角度研究了社会加强弃置物管理政策的历程，选取旧金山零浪费项目、佛兰德斯的可持续物资管理计划以及日本的物料良好循环社会计划研究了废弃物的主要管理方法、治理结构、废弃物政策效益回收，发现该研究期是世界废弃物资管理的过渡期，是实现循环经济，通过循环生产模式把废弃物变为资源旅程的第一步，政府政策、计划以及行为都亟需进一步深化改革。

物资管理业务流程优化方面，Thomas 等（1989）以两个在建建筑项目为例，一个对建筑物资进行综合管理，一个进行无效管理，通过对比综合管理和无效管理的日生产率与预期计划、物资成本，得出了对物资进行综合管理有利于节省成本的结论。Yu 等（2016）的研究表明射频识别系统适用于物资管理，尤其是面向订单管理的行业，射频识别系统能使物资管理业务更加高效及效益最大化，并给出了射频识别系统在订单管理环境下工程变更时的整合原则，对易发生工程变更的部分进行估值；根据被监控材料的特性选择相应的射频识别系统设备；射频识别系统关于物资管理性能指标中关于工程变更、供应商和顾客的主要参数要提前设定并做好分类；无论线上还是线下均可获得射频识别系统的数据；芯片上的数据可以被分割以授权给不同的人员。陈琳（2014）采取"组织架构重组—业务流程重组—ERP 信息建设"三步法对 YT 企业的物资管理业务流程进行了优化。张瑞莲（2013）利用 BPR 理论分析了流程优化的必要性，对需求计划、采购管理、合同管理等 7 项功能详细设计了管理流程图。

业务流程及系统设计融合方面，有 Chen 等（2017a、2017b）开发了一个基于网络的信息系统，该系统具有将物理流量、经济活动信息核算、物资流量核算、废弃物投入产出表分析相结合的四层框架用于分析资源消耗和废物产生的问题，帮助各国从生命周期角度管理资源与废物；开发了一个可生成交互式 Sankey 图表的网络工具，该网络工具可被用来跟踪供应链的资源流动、明确废弃物产生于哪些经济活动以及跟踪部门的物资流转。

系统功能的设计方面，各行各业均涉及物资管理问题，物资管理的系统功能也要根据不同行业物资的特点有针对性地设计，例如，部分研究分别针对铁路（李嘉欣，2013；史伟泽，2012）、电力（陈宇，2016；徐雨，2015）、油田（于伯新，2011）、地铁（王迪，2014；Chen 等，2017b）、燃气（于梅，2013）、钢铁（徐佳，2008）等行业的物资管理进行了研究，但是研究的大致思路都是先对物资进行编码，然后进行需求分析，最后进行系统功能设计。

四　煤矿物资管理的相关研究

国外关于煤矿物资管理的研究文献非常少，国内对煤矿物资管理的研究一般也集中于信息化方向，尤其是信息系统实现方面。如庞志强和王男（2016）首先对煤矿物资进行编码设计，然后从系统管理、采购管理与仓储管理三个模块对系统进行功能设计，实现经济订购量与编制的物资需求计划比对，确定具体物资采购量以及对物资的出入库管理、在库保管、汇总管理等仓储功能。此外，刘国和隋晓冬（2014）认为煤矿物资管理的信息系统应实现物资管理与财务管理的融合。孙润良和马阁（2012）、王瑞霞（2009）、李黎明（2008）都通过需求分析与业务流程分析对煤矿物资内部管理信息系统的功能模块进行了详细设计。孙晓阳（2017）则在企业内部煤矿物资管理优化业务基础上增加了与相关方的外部协同业务。

针对煤矿物资的成本问题研究方面，靳静波（2015）认为导致煤矿物资成本过高的主要原因有两方面：第一，对生产等环节的煤矿物资消耗缺乏有力监督，导致生产成本过高；第二，采购计划不合理，非急需物资采购过多引起库存积压，增加库存成本，而急需物资的到货及时率偏低，引发缺货风险。构建信息化平台有助于企业完整了解企业的物资情况，作出统一部署，强化各部门之间的通力合作，起到有效降低物资成本的作用。刘伟（2011）认为建立煤矿物资管理信息化平台有助于煤矿物资储备不足预警、煤矿物资变化与责任人直接对接等。

针对煤矿物资管理信息系统的意义研究方面，解向锋（2015）认为煤矿物资管理信息化可以突破以往通过经验和感觉对煤矿物资进行管理的弊端，实现对煤矿物资管理全过程的监督。

针对煤矿物资管理信息系统中存在问题的研究方面，马俊和胡沛（2015）认为煤矿物资管理信息系统建设存在煤矿物资管理业务流程缺乏统一标准及信息技术不够完善等问题。

针对煤矿物资业务优化的研究方面，邹德平（2005）对煤矿物资配送业务进行了优化。部分研究将系统功能设计与业务流程优化相结合，如杨旭（2012）对煤矿物资仓库管理业务进行优化并实现其功能；徐顺保（2013）对煤矿物资供应业务进行优化并设计了信息系统；吴发彬（2014）对煤矿物资计划管理业务的优化与系统实现进行了研究；温廷新（2006）对整个煤矿物资管理业务进行流程再造和系统开发。

五 研究评述

以往学者的研究对于本书的研究提供了良好的思路与理论基础，但也存在一些不足之处。

第一，对煤矿物资管理的研究虽涉及信息化领域，但多集中在企业内部的物资管理信息系统功能的设计与实现或内部物资管理流程的优化等方面，意在加强企业对煤矿物资的内部管控，这些都属于物资管理的内部垂直业务。实际上煤矿物资管理工作不是单一企业可以完成的，物资的采购等业务还存在与外部相关企业的业务关联，所以煤矿关键物资管理业务既要包含对内的垂直业务，也要包括对外的协同业务。对内要严加管控，对外要提高信息传播效率，降低煤矿物资采购、处置等环节的交易成本。

第二，生态理论虽然在社会科学领域得到了广泛应用，但基本局限于针对产业生态、企业生态的研究中，生态系统理论也多被应用于商业生态系统与信息生态系统，虽偶有提及数据生态系统的概念，但由于研究目的及知识构成不同，不同学者对数据生态系统内涵的界定与解读不同。本书明确了煤矿关键物资管理数据生态系统的内容，为生态理论在煤矿关键物资管理领域的应用提供了可能。

第三，目前主题为协同效应、协同度的文献较多，但是针对协同效益的文献较少，且已有的以协同效益为主题的文献也多集中于企业并购协同效益与碳减排协同效益等领域，针对利用电子商务开展协同业务实现协同效益的研究还很少。

第三节　理论基础

一　八个基础理论

20世纪70年代以来，信息技术开始覆盖生产、生活的方方面面，信息技术能否被个体接纳并采用开始受到广大学者的关注，由此提出了许多理论模型去验证信息技术被个体接纳并采用的影响因素与效果。

（一）理性行为理论

Ajzen和Fishbein（1980）提出了一个用于解释和预测个人行

为的理论模型——理性行为理论（Theory of Reasoned Action，TRA），该理论以理性人为假设前提，融合了大量有关态度影响行为的社会心理学理论，认为行为态度与主观规范共同决定了行为意图，行为意图又决定使用行为的产生（见图1-3）。其中，行为意图描述了个人主观期望进行某项行为的动力强度；行为态度是个体对实际行为的正向或负向的主观认知，受行为信念、个体评价等个体心理因素的影响；主观规范指个体行为受到自身遵守规范愿望的制约，即个体行为同时受到规范信念和遵守动机的制约，个体重视比较重要的人对其采取某行为所持有的态度。

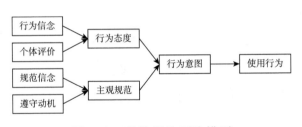

图1-3　理性行为理论模型

TRA是一个基础理论，自提出后便得到了学术界的认可，被广泛应用于社会心理学等领域。但它隐含的所有行为均是理性且自愿的，在实际生活中并不完全适用。并不是所有行为均只由个体意志一个变量控制，很多时候要兼顾环境与自身条件等因素的影响，因此需要对TRA进行进一步的补充和拓展。

（二）计划行为理论

针对理性行为理论存在的缺陷，Ajzen（1985）运用社会心理学的理论对其进行了进一步拓展，在TRA基础上增加了感知行为控制维度以应对资源与机会等非意志因素限制行为选择的情况，从而形成了计划行为理论（Theory of Planned Behavior，TPB）。TPB在承认行为意图受行为态度与主观规范影响的同时，还强调感知行为控制的影响（见图1-4）。感知行为控制指个体感知到的过去拥有的资源和经验对目前想要实现目标的影响，受到控制信念与便利认知两个因素的制约（Ajzen，1988）。控制信念度量的是个体主观估计自己进行某项活动时可调动多少资源，在调动资源时成功率或阻碍率又有多大。便利认知则指行为所需条件在行为的发生及进展过程中发挥作用的大小。Ajzen（1991）提出当感知行为控制趋于最强或最弱时，TPB与TRA的预测结果最接近。TPB为通用模型，应用领域不受限制，因此在市场营销、公司金融等许多方面得到了广泛应用，且作为基础理论为技术接受领域的研究奠定了良好的理论基础。

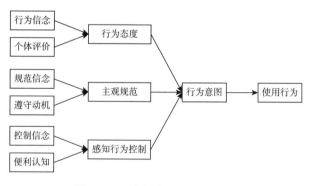

图1-4　计划行为理论模型

（三）技术接受理论

Davis（1986）在TRA与TPB基础上，舍弃了TRA中的主观规范、规范信念及遵守动机三个变量，从Schultz和Slevin（1973）期望理论中的使用绩效认知中提炼出感知有用性变量，也称有用认知。再通过Bandura（1982）的自我效能理论，归纳出感知易用性（亦称易用认知）的概念，并将有用认知和易用认知统一归为使用态度。经过以上过程，TRA 演化成 TAM 模型（见图 1-5）。Davis（1989）、Davis 和 Venkatesh（1996）分别通过实证研究验证了模型的可靠性。

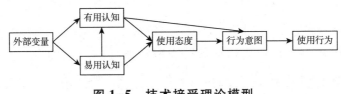

图 1-5 技术接受理论模型

TAM 在受到广泛认同时也受到一定的质疑。Dishaw 认为需要进一步论证是否需要去除主观规范因素；Liker 和 Sindi（1997）认为赞同的使用态度可促进用户对系统的使用；Sheth 和 Parvatiyar（1999）认为使用态度先于行为且可直接预测行为。鉴于以上学者的研究结论，Venkatesh 和 Davis（2000）对 TAM 模型做了重大改进，剔除了使用态度变量，对有用认知引入了社会影响过程以及认知工具性过程两个影响因素，认为易用认知、社会影响过程和认知工具性过程同时影响有用认知变量。其中主观规范和映象构成社会影响过程；工作相关性、产出质量与结果展示性等构成认知工具性过程。同时，TAM 还增加了经验和自愿性两个调节变量。经过这些变量拓展与修正之后的 TAM 与最初理论已不可同日而语，Venkatesh 和 Davis 将其命名 TAM2（见图 1-6）。

虽然 TAM2 已经对 TAM 做出一些改进，但是两者均着眼于有用认知与易用认知等外在动机对使用意图的影响，忽略了用户的内在动机，且 TAM2 中对于影响感知易用性的因素并未进行总结。为了弥补该不足，TAM3 应运而生。Venkatesh 和 Bala（2008）基于 TAM2 与易用感知决定因素模型，在模型中增加了个体因素和系统

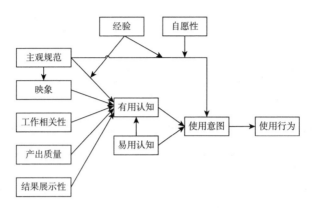

图 1-6　TAM2 模型

特征，提出了以"外部因素和个体因素—认知信念—使用意向—使用行为"为分析逻辑的新模型 TAM3，分别从个体差异、系统特征、社群影响、便利条件等四种不同类型的因素探讨感知有用性与感知易用性，进一步提升了技术接受模型的适用性，增强了模型的实践指导性和解释预测能力（见图 1-7）。

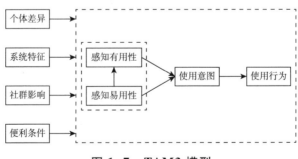

图 1-7　TAM3 模型

（四）创新扩散理论

创新扩散理论（Innovation Diffusion Theory，IDT）由 Rogers（1983）提出，该理论将个体采纳创新的过程分为知识、说服、决策、使用和确认 5 个步骤，且有 5 个因素会影响个体接受创新。

（1）相对优势：个人感觉到采用创新科技所带来的优势或者经济效益。

（2）相容性：创新与潜在接受者价值观、过去经历等的契合程度。

（3）实验性：一项创新能够在某种条件下实验的可能性。

（4）可观察性：新科技所产生的结果及传播的速度。

（5）复杂性：一项创新被理解或被使用的难易程度。

此后，Moore 和 Benbasat（1991）在此基础上加入新的对接受创新科技有显著影响的两个因素：自愿性（个人对新技术的自愿接受程度）和公众形象（个人在公众影响下对技术的接受及传播程度），详见图 1-8。

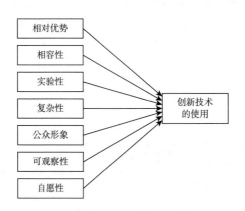

图 1-8 创新扩散理论模型

（五）激励理论

激励理论（Motivation Mode，MM）来源于社会心理学，是由 Venkatesh（1999）将动机理论与 TAM 相结合而提出的，该理论包含两个主要变量：内部激励与外部激励（见图 1-9）。若某项行为本身就是目标，则该项行为带来的价值满足感就是内部激励；若某项行为本身只是手段与途径，则行为目标带来的满足感就是外部激励。外部激励的表现形式有外在、内化、认可和自律四种。

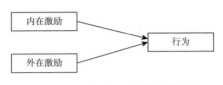

图1-9　激励理论基本模型

（六）组合技术接受模型和计划行为理论

组合技术接受模型和计划行为理论（Combined TAM and TPB，C-TAM-TPB）由Chau（1996）提出，是技术接受理论和计划行为理论的融合。组合技术接受模型和计划行为理论从两个理论中提取出使用态度、主观规范和感知行为控制三个要素，使其互补相容，共同解释行为意愿（图1-10）。

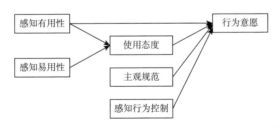

图1-10　组合技术接受模型和计划行为理论基本模型

（七）计算机可用性模型

Triandis（1977）根据人类行为理论提出了计算机可用性模型（Model of PC Utilization，MPCU），该模型与TRA和TPB不同，指出使用意向的影响因素有态度、社会影响和习惯，其中态度又包含三个内涵：认知、情感和行为意图。认知指认同这项技术的采纳能多大程度上对提高工作效率有利；情感是不考虑技术的有用性，愿意采纳该技术的程度。Thompson 等（1991）通过实证研究从模型中减去习惯变量，新增了工作匹配性、复杂性和便利因素，将新的 MPCU 模型用来预测计算机的可用性。改进过的 MPCU 模型由六个因素构成（见图1-11）：情感、社会因素、复杂性、便利条件、工作匹配性和长期预期。

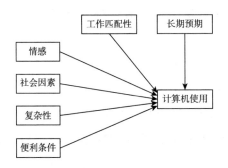

图1-11　改进过的计算机可用性模型基本理论框架

（八）社会认知理论

社会认知理论（Social Cognitive Theory，SCT）是 Bandura 于1986年提出的人类行为理论，该理论包含个体认知、环境和行为三个因素。社会认知理论认为人的行为机制既不是由内部力量驱动，也不是被外部刺激自动塑造和控制的，而是三合一互利互惠作用的结果。行为充当个体认知与环境的中介，是个体用来改变环境，适应环境的手段，行为不仅受个体认知的支配，也受环境的制约（见图1-12）。该理论最大的贡献在于提出了效能的概

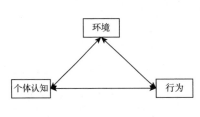

图1-12　社会认知理论模型

念，指出个体认知的影响因素主要包括结果预期和自我效能。结果预期是指个体对其行为带来结果的判断，主要与承担某事的回报相关。自我效能指个体对能否达成预期目标而实行的自我评估，包括能力判断、信念或个体自我把握与感受。在认知方面，高自我效能促使人们在各种情境下可以完成任务，并且提高决策质量。在情绪方面，自我效能低的人表现为焦虑、抑郁、无助，他们对自我实现和个人发展表现得较为悲观，而自我效能高的人比较乐观。在行为选择方面，自我效能高的人会选择具有挑战性的任务，知难而上、执着追求，而自我效能低的人会选择逃避困难和挑战。自我效能首先会显著影响个体对结果的预期，继而影响个体接受或使用各种不同信息技术的意图，最终对个体行为表现产生影响。

二　技术采纳与利用整合理论

（一）第一代技术采纳与利用整合理论

上述八种理论为技术的采纳与利用研究提供了理论支持，在它们的创立、发展过程中许多学者作出了自己的贡献，其中最为突出的是以下几位，详见表1-1。

表1-1　八种基础理论简介

模型	核心变量	研究者
理性行为理论 （TRA）	行为态度	Ajzen 和 Fishbein （1980）
	主观规范	
计划行为理论 （TPB）	行为态度	Ajzen（1985）
	主观规范	
	感知行为控制	

续表

模型	核心变量	研究者
技术接受理论 （TAM）	有用认知	Davis（1986）
	易用认知	
创新扩散理论 （IDT）	相对优势	Rogers（1983）；Moore 和 Benbasat（1991）
	相容性	
	复杂性	
	实验性	
	可观察性	
	公众形象	
	自愿性	
激励理论（MM）	外部激励	Venkatesh（1999）
	内部激励	
组合技术接受模型 和计划行为理论 （C-TAM-TCP）	态度	Chau（1996）
	主观规范	
	感知行为控制	
计算机可用性模型 （MPCU）	工作匹配性	Thompson 等 （1991）
	复杂性	
	长期预期	
	情感	
	社会因素	
	便利条件	
社会认知理论 （SCT）	个体认知	Bandura（1986）
	环境	
	行为	

资料来源：作者整理。

虽然技术采纳与利用理论经过前面八个阶段的发展已臻成熟，但是不同理论适用领域不尽相同，也存在各自的局限性，探求一个具有广泛适用性、能够整合八个模型思想的模型成为必然。基于这种情况 Venkatesh 等（2003）对八个模型中的变量进行测量和整合，最终提出了技术采纳与利用整合理论（Unified Theory of Acceptance and Use of Technology，UTAUT）。该模型由四个主要变量（绩效期望、努力期望、社会影响、促成因素）和四个调节变量（性别、年龄、经验和自愿性）组成。UTAUT 比以往任何一个模型都具有更好的解释能力，理论模型详见图 1-13。

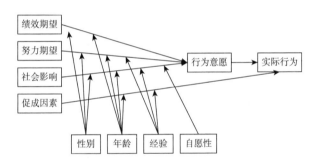

图 1-13　技术采纳与利用整合模型

UTAUT 综合了八种技术采纳与利用模型，能更全面地衡量用户对新技术的采纳和利用行为。UTAUT 的评估维度来自不同的理论，变量来源详见表 1-2。

表 1-2　UTAUT 变量来源

UTAUT 自变量	来源模型	原维度
绩效期望	TAM	有用认知
	MM	外部激励
	MPCU	工作匹配性

UTAUT 自变量	来源模型	原维度
绩效期望	IDT	相对优势
	SCT	结果预期
努力期望	TAM	易用认知
	MPCU	复杂性
	IDT	复杂性
社会影响	TRA，TAM2，TPB，C-TAM-TPB	主观规范
	MPCU	社会因素
	IDT	公众形象
促成因素	TPB，C-TAM-TPB	感知行为控制
	MPCU	便利条件
	IDT	相容性

（二）第二代技术采纳与利用整合模型

第二代技术采纳与利用整合模型（UTAUT2）是由 UTAUT 拓展而来的，UTAUT2 在原 UTAUT 的四个主要变量基础上加入了享乐动机、价格均衡与习惯三个变量，并重新定义了原 UTAUT 的四个维度。Venkatesh 等（2012）通过实证研究证明了新增的三个因素确实对新技术的采纳具有深刻影响。Slade 等（2013）的研究指出，在移动互联网领域，UTAUT2 在使用意愿方面的解释力度由 UTAUT 的 56% 上升到 74%，在使用行为方面的解释力度也由 40% 上升到 52%。UTAUT 与 UTAUT2 的对比详见表 1-3。

表 1-3　UTAUT 与 UTAUT2 的对比

变量	原 UTAUT 变量定义	UTAUT2 变量定义
绩效期望	个人感觉采纳新技术对工作的帮助程度	消费者在特定环境中采用新技术可以获得的收益

续表

变量	原 UTAUT 变量定义	UTAUT2 变量定义
努力期望	个人采用新技术所需付出的努力	消费者采用新技术所需付出的努力
社会影响	个人受周围群体的影响程度	消费者受周围群体（亲人、家人）的影响程度
促成因素	组织在相关技术、设备方面对新技术采用的支持程度	消费者采用新技术所感受到的可利用资源和支持程度
享乐动机	/	消费者使用系统所获得的愉悦感
价格均衡	/	消费者对使用新技术获得的收益与实际支出货币之间的均衡
习惯	/	消费者在实践中形成的对某一行为具有稳定性偏好的程度

　　国内对 UTAUT2 的研究与应用才刚刚开始，且主要集中于对移动医疗服务（芮婷婷，2016），移动旅游预订（孙天月，2015），即时通讯、预订旅游和快速消费品牌等 APP 软件的使用（张敏和林盛，2016；吕丽辉和陈瑛，2016；李云虹，2016）及可持续交通消费的接受与使用行为（兰静和诸大建，2016）的研究上，针对 UTAUT2 在煤矿关键物资管理电子商务平台的应用研究尚属空白。

三　其他信息技术接受理论

（一）初始信任理论

　　初始信任产生于信任的初始阶段。心理学领域中的初始信任指的是在尚未相互熟悉阶段，根据有限了解得来的信息进行直接或者间接推断后，对不熟悉的对方采取的信任策略。但是目前学术界对初始信任概念的界定还存在争议，争议的焦点主要在于初次购买是否包含在初始信任之内。周宏等（2012）认为初次购买行为发生于初始信任之后，不属于初始信任；Kim 和 Tadisina（2005）主张与被信任对象形成稳定的信任关系之前的状态均属初始信任；Mcknight 等（1998）整合了多学科针对信任研究的理论成果，随后的研究明确指出首次购买行为属于初始信任的立场（McKnight 等，2004），为初始信任发展成理论奠定了基础。与初始信任相对应的是持续信任，即在采用了创新技术（系统）之后将初始信任发展成持续信任，从而一如既往地选择信任该技术（系统）。

本书以初次购买行为为节点划分初始信任与持续信任，但因本书的研究对象是电子商务平台的潜在用户，针对的是在电子商务平台开发及推广阶段潜在用户的使用意愿，所以本书的研究不涉及持续信任问题。

（二）保护动机理论

保护动机理论（Protection Motivation Theory，PMT）是由Rogers（1983）在整合降低艾滋病风险理论（Catania 等，1989），信息、动机与行为理论（Fisher 等，1996）和健康信念理论（Prentice-Dunn 和 Rogers，1986）的基础上提出的。该理论认为当个体面对环境中潜在的危险因素或个体内在危险因素时，会对其进行危险评估和应对评估，根据最终的评估结果决定是否产生保护行为。非适应性行为是正在进行或者可以进行的行为，危险评估是对危险情形作出估计的过程。在危险评估过程中，可通过内在奖励与外在奖励提高非适应性行为，也可通过威胁的严重性及受到威胁的可能性（易感性）降低非适应性行为。应对评估评估的是应对威胁的能力，自我效能与反应效能能够提高适应性，反应代价能够降低适应性（王青，2015）。其中自我效能反映的是个体对自身是否有能力采取某项反应行动的主观认知；反应效能也称反应效率，用来评估反应行为所产生的作用；反应代价也称反应成本，指采取反应行为给心理、日常生活等方面造成的负面影响，具体模型见图1-14。

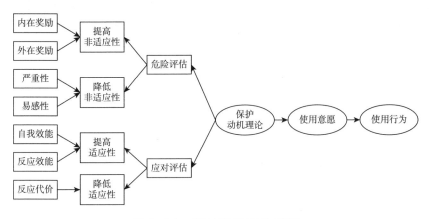

图1-14　保护动机理论模型

（三）信息构建理论

信息构建理论（Information Architecture，IA）是 Wurlnan 于1976年首次提出的理论，但直到2000年信息构建的内涵才被明确为组织信息和设计信息环境、信息空间或信息体系结构，以满足需求者的信息需求、实现需求者目标的一门科学。Rosenfeld 和 Morville（2002）首次将组织系统、导航系统、标识系统和搜索系统认定为网站的核心构成要素。

我国对信息构建理论的研究也具有一定基础，王知津和蒋伟伟（2004）将信息构建分为三代，第一代信息构建（20世纪70~80年代）描述从信息的需求、设计、构建到最后使用的过程；第二代（20世纪90年代）将信息构建思想与企业功能应用相结合；第三代（20 世纪 90 年代后期到 21 世纪初期）因电子商务和知识管理需要，将信息作为资源进行管理。汤妙吉（2015）对国内外理论研究与实践研究进行了总结，将信息构建的内容聚合为信息构建基础理论、信息构建实施过程、信息构建应用和实践三部分。周晓英（2003a、2003b、2004a、2004b、2004c、2005a、2005b、2008、2009、2011、2012）对信息构建与情报学、知识构建的关系，信息构建发展的社会背景、内容、发展现状、贡献，与情报学、知识构建的关系，信息构建对网站建设的影响等内容进行了研究。王兰成和李小青（2013）从信息组织、信息导航、信息交互、界面外观和综合体验五个维度对信息构建质量及用户体验水平进行了评价。

四 理论模型适用性

UTAUT2 是在 UTAUT 的基础上发展起来的，它不仅比 UTAUT 拓展了享乐动机、价格均衡及习惯三个变量，还将研究对象从组织人拓展到了自由人，提高了模型对使用意愿与使用行为的解释力度。近年来 UTAUT 在电子商务领域得到广泛的应用（顾圆慧，2015；丘伟辰，2015；徐蕾等，2014；王梦燃，2016），相比之下 UTAUT2 出现的时间较晚，利用 UTAUT2 开展的研究还不多。孙天月（2015）利用 UTAUT2 对移动旅游预订用户接受行为进行了研究。芮婷婷（2016）在 UTAUT2 基础上增加了时尚感知变量，并对我国用户移动医疗使用意愿进行了研究。吕丽辉和陈瑛（2016）在 UTAUT2 基础上删减了促成因素与享乐动机两个变量，增加了感知风险、信任倾向和信誉三个变量，并对预订类旅游 APP 用户初始信任的影响因素进行了研究。综合国内外研究可以得出这样的结论：针对煤矿关键物资管理电子商务平台使用意愿的研究处于空白区；UTAUT2 比 UTAUT 有鲜明优越性，但在国内的技术接受与采纳研究中针对 UTAUT2 的应用不多。因此，本书选择 UTAUT2 作为基础理论模型对煤矿关键物资管理电子商务平台使用意愿展开研究。但是，在大数据环境下 UTAUT2 不能完全满足该电子商务平台的分析需要，还需其他理论作为补充，以使构建的研究模型更具科学性、全面性和规范性。

因为研究的是潜在用户的使用意愿，需要解决的首要问题是如何与潜在用户建立信任。此处的信任应该定义为初始信任而非信任维护期的持续信任，影响潜在用户决定是否采纳平台的也是初始信任，故而初始信任理论适用于煤矿关键物资管理电子商务平台使用意愿研究。潜在用户对电子商务平台的初始信任越多，越容易采纳与接受平台。

保护动机理论最初只被应用于对健康保护、疾病防控等卫生领域的解释、预测和干预上，近年来应用范围拓展到环保、婚恋、心理、教育、文化遗产保护等社会科学领域，暂时还没有在电子商务领域得到应用。保护动机理论可从对环境中潜在威胁因素的危险评估与应对评估两个过程进行测量，验证是否会产生保护动机。应用到煤矿关键物资管理电子商务平台时，不采纳平台的危险评估越高，潜在用户改变现状转而采纳平台的意愿就越强烈；应对评估越高，潜在用户接受平台的能力就越强，越容易实现规避威胁因素的初衷。因此，保护动机理论适用于煤矿关键物资管理电子商务平台使用意愿研究。

煤矿关键物资管理电子商务平台是一个信息集成体，信息的组织与呈现方式将极大地影响用户体验。信息构建理论以"用户为中心，让信息变得可理解"为核心内容，对指导网站等媒介的建设有重要影响作用（程晓璐，2010）。平台能否得到用户认可取决于用户能否便捷地从平台中搜寻到目标信息，所以平台的构建必须关注用户需求，以满足用户需求为方向，这就与信息构建理论的目标相契合。在信息构建理论指导下建设的电子商务平台能够在导航功能、信息组织、平台内容及交互功能等方面实现用户体验的最优化。

　　四个理论之间具有如下关系：第一，UTAUT2、初始信任理论、保护动机理论、信息构建理论的研究内容、研究成果与潜在用户对煤矿关键物资管理电子商务平台的采纳之间存在因果关系，前者与后者之间是影响与被影响关系；第二，初始信任理论、保护动机理论和信息构建理论与 UTAUT2 的理论成果存在因果、互补关系。在大数据背景下，用户使用电子商务平台的影响因素是纷繁复杂的，UTAUT2 虽然对 UTAUT 进行了拓展，是目前研究技术接纳与采用方面最为完备的理论，但是该理论仍然难以覆盖潜在用户使用意愿的所有影响因素，所以需要在 UTAUT2 基础上查漏补缺，增加相应的理论模型作为补充。

第四节　结构方程模型

一　结构方程模型的原理

　　结构方程模型（Structural Equation Model，SEM）也称因果关系模型，是用来建立、检验变量间因果关系的理论模型。结构方程模型通过在潜变量与观测变量（显变量）之间建立关联，并测量观测变量来间接反映难以直接测量的潜变量。社会科学领域研究的很多内容是难以直接或准确测量的，所以结构方程模型有利于社会科学领域研究工作的开展。

结构方程模型主要包含测量模型与结构模型，其中测量模型对应的方程表达式为：

$$\begin{cases} X = \Lambda_x \xi + \delta \\ Y = \Lambda_y \eta + \varepsilon \end{cases} \tag{1.1}$$

式（1.1）中，

X——外生显变量；

Y——内生显变量；

Λ_x——外生指标在外生潜变量上的因子负荷；

Λ_y——内生指标在内生潜变量上的因子负荷；

δ——外生显变量 X 的误差项；

ε——内生显变量 Y 的误差项；

ξ——外生潜变量；

η——内生潜变量。

结构模型对应的方程表达式为：

$$\eta = B\eta + \Gamma\xi + \tau \tag{1.2}$$

式（1.2）中，

B——内生潜变量的关系；

Γ——外生潜变量对内生潜变量的影响；

η——内生潜变量；

ξ——外生潜变量；

τ——残差，表示内生潜变量 η 未被解释的部分。

测量模型与结构模型之间的关系可由图 1-15 表示。首先包含显变量与潜变量的测量模型组成多个构面，描述观测变量与潜变

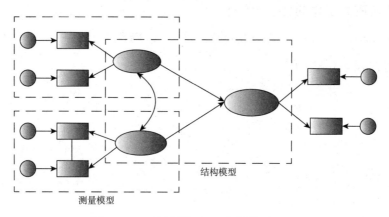

图 1-15   结构模型和测量模型关系

量之间的关系；然后根据结构模型在构面的潜变量之间建立关联，描述潜变量之间的关系；最后通过 AMOS、LISREL 等分析软件基于变量的协方差矩阵验证变量间关系是否成立。

二   模型适用性

本书采用结构方程模型旨在研究潜在用户对煤矿关键物资管理电子商务平台的使用意愿。意愿作为一种主观动机很难被定量化描述和表达，结构方程模型可有效解决这个问题。结构方程模型通过构建测量模型，用可定量化的可测变量来测量难以定量化的潜变量，并允许一定范围内的测量误差出现。

影响煤矿关键物资管理电子商务平台使用意愿的影响因素不仅会对潜在用户的使用意愿产生影响，而且各影响因素之间也有错综复杂的因果关系。结构方程模型将影响因素之间的因果关系假设转化为结构模型，通过验证结构模型是否成立来验证哪些假设能够通过检验。结构方程模型可同时处理多个变量的影响及关系。

第五节　关键结构要素识别的方法

一　决策试验与评价评估法（DEMATEL）

决策试验与评价评估法（Decision Making Trial and Evaluation Laboratory，简称 DEMATEL）是 Bottelle 研究所的科学与人类事物项目组于 1972~1976 年提出的专门用来解决复杂、困难现实问题的方法。该方法的精髓在于以图论与矩阵论为基础，将目标问题视为一个复杂系统，抛开纷繁复杂的表面乱象，辨析出对问题起重要决定作用的关键因素，删除其余影响力小的因素，从而简化系统结构（Rosenfeld 和 Morville，2002），寻找解决问题的高效路径。从复杂系统中辨析关键因素的问题可转化为对系统因素间的逻辑关系和相互影响关系的分析，即利用对专家的问卷调查收集因素间影响与被影响关系的强弱程度，构造直接影响矩阵，再通过行列式演算得出各个因素的原因度与中心度，并据此判断因素对系统的影响大小，最终将因素分为原因组与结果组，并通过笛卡尔矩阵图加以呈现。

目前，国内外学者对 DEMATEL 的理论方法与其他研究工具的结合应用等方面进行了广泛探索，并在物流、应急管理、工程建设、风险评估、旅游业、农业等多个领域进行了实践。Wu（2008）将网络层次分析法与 DEMATEL 相结合，对知识管理的战略选择进行了研究；Kim（2006）融合 DEMATEL、主成分分析法与层次分析法确定了韩国农业的评估标准。Li 和 Tzeng（2009）采用最大平均熵值法确定了阈值，进一步确定了关键要素及其作用路径。国内有将 DEMATEL 与差熵及除熵法结合的应用研究（邢杰，2011；周泉，2010），分别识别了快速物流信任的关键影响因素与自然灾害应急管理的关键影响因素；部分研究（翁异静等，2015；覃睿等，2014；逯相雪等，2016）先运用 DEMATEL 识别关键因素，再利用解释结构模型进行结构分层，分析因素间的相互作用。有的研究引入模糊集理论，在 DEMATEL 评分过程中采用灰数（王恩旭，2014；华楠，2014；张心洁，2014；高扬和王向章，2016；王秀艳等，2016）或三角模糊数（贺红梅，2012；闫桂龙等，2015；梁飞强等，2016），再通过一系列运算去模糊化。此外，还有 DEMATEL 与质量屋（高齐圣和路兰，2013；杜泽文，2013；孙曙光，2015）、神经网络（崔强等，2013；秦晓楠和卢小丽，2015）、证据理论（李亚群等，2013）、复杂系统（孙永河等，2016；谭方利等，2016）、粗糙集（武春友等，2014）等理论工具的结合应用。总之，DEMATEL 的适用性与延展性非常强，该理论方法的操作步骤与原理如下。

第一步：根据研究对象，确定系统的影响因素（假设有 N 个），建立影响因素集 $L = \{Ln \mid n = 1, 2, \cdots, N\}$。

第二步：采用德尔菲专家访谈法或问卷调查法获取专家对因素间相互作用的评分，建立初始直接影响矩阵 $A = [a_{ij}]_{n \times n}$。$a_{ij}$ 代表因素 i 对因素 j 的直接影响程度，0 表示没有关系，1 表示影响程度较小，2 表示影响程度一般，3 表示影响程度较大，4 表示影响程度很大。因 DEMATEL 不考虑因素对自身的影响，故当 $i = j$ 时，$a_{ij} = 0$，即直接影响矩阵 A 对角线上元素必然为 0。

第三步：将每位专家的初始直接影响矩阵汇总为汇总直接影响矩阵 $B = [b_{ij}]_{n \times n}$。

第四步：根据式（1.3）对汇总直接影响矩阵进行规范化，得

到正规化影响矩阵 $C = [c_{ij}]_{n \times n}$，正规化影响矩阵的对角线元素依然为 0，其他元素取值范围介于 [0，1] 之间。

$$C = \frac{b_{ij}}{\max\limits_{1 \leqslant i \leqslant n} \sum\limits_{j=1}^{n} b_{ij}} \quad (0 \leqslant C_{ij} \leqslant 1, C_{ii} = 0) \tag{1.3}$$

第五步：根据式（1.4）计算综合关系矩阵。单位矩阵 I 中元素代表因素 i 对因素 j 的间接影响程度，所以综合关系矩阵 $T = [t_{ij}]_{n \times n}$ 反映了因素间的综合影响关系。

$$T = C + C^2 + \cdots + C^\infty = \lim_{\partial \to \infty}(C + C^2 + \cdots + C^\partial) = C(I-C)^{-1} \tag{1.4}$$

第六步：计算各个因素的影响度与被影响度。分别根据式（1.5）与式（1.6）对综合影响矩阵求行和与列和，第 i 行行和 r_i 衡量第 i 个因素对系统的整体影响程度，第 j 列列和 l_j 代表第 j 个因素的整体被影响程度。

$$r_i = \sum_{1 \leqslant j \leqslant n} t_{ij} \tag{1.5}$$

$$l_j = \sum_{1 \leqslant i \leqslant n} t_{ij} \tag{1.6}$$

第七步：计算中心度与原因度。系统中因素间的作用是双向的，即每个因素既可以影响别的因素（r_i），也会受到其他因素的影响（l_j），用中心度 m_i 刻画因素 i 对系统总的影响作用大小，用原因度 n_i 刻画因素 i 对系统的净作用大小。若 $r_i - l_i > 0$，说明因素 i 对其他因素的影响高于其他因素对 i 的影响，即影响输出大于影响输入，则称之为原因型因素；反之，则称为结果型因素。中心度与原因度的计算公式分别见式（1.7）和式（1.8）。

$$m_i = r_i + l_i \tag{1.7}$$

$$n_i = r_i - l_i \qquad (1.8)$$

第八步：绘制因子因果图。根据中心度与原因度的分析结果，以中心度为横轴，原因度为纵轴建立笛卡尔坐标系，并将各个因素的位置呈现在因果图中。纵轴上的坐标体现因素的原因度，因素位置越靠上，因素对系统的致因能力越强。以横轴为界，横轴之上的为原因型因素，横轴之下的为结果型因素。横轴上的坐标体现因素的重要程度，因素位置越靠右，因素对系统的影响程度越大，地位也越高。以经过纵轴上某点且平行于横轴的线 v1 与经过横轴某点且平行于纵轴的线 v2 为界，将处于 v1 线之上，v2 线之右的致因能力强且重要性高的要素识别为关键要素。针对综合影响矩阵 T 的均值与标准差，设置初始值 θ，并将 $t_{ij} > \theta$ 的作用关系在笛卡尔图中体现出来。最后，根据影响度、被影响度、中心度与原因度四个指标对初步筛选的指标进行再一次简化过滤，为后续研究工作奠定基础。

本书的研究所要做的工作包括以下几项：根据研究目标选择相应领域的专家，成立专业决策小组；在文献研究基础上初步筛选数据生态系统协同的影响因素；严格按照 DEMATEL 的 8 个步骤确定关键影响因素。

二 概念格

概念格是 Wille（2009）提出的新型理论，也被称为形式概念分析（Formal Concept Analysis，FCA）。概念格上每个节点的概念内涵与概念外延组成形式概念，形式概念来源于形式背景。形式背景可被定义为一个由对象集、属性集和关系集组成的三元组 $K = (U, A, R)$，其中 $U = (u_1, u_2, \cdots, u_n)$ 为对象集，每个 u_i（$i \leq n$）为一个对象；$A_i = (a_1, a_2, \cdots, a_m)$ 为属性集，每个 a_i（$i \leq m$）为一个属性；R 为 A 和 U 之间的二元关系，$R \subseteq U \times A$。若（x，a）$\in R$，则称对象 x 具有属性 a，记为 xRa。

对于形式背景 $K =$（U，A，R），算子 f，g 可定义为：

$\forall x \in U$，$f(x) = \{y \mid \forall y \in A, xRy\}$，$f$ 是对象 x 与其所有属性的映射，X 是形式概念的外延，即概念覆盖的实例；

$\forall y \in A$，$g(y) = \{x \mid \forall x \in U, xRy\}$，即 g 是属性 y 与其覆盖的所有对象的映射，Y 是形式概念的内涵，即概念的描述、概念覆盖实例的特征。

形式背景 $K =$（U，A，R）中，若当 $X \in U$，$Y \in A$，有 $f(X) = Y$，$g(Y) = X$，则称（X，Y）为一个形式概念，简称概念。K 的所有形式概念的集合被称为 CS（K）。

若 $L =$（U，A，R）表示形式背景 $K =$（U，A，R）的全体概念，"$\leq$" 是 $L =$（U，A，R）上的偏序关系，则：

$$(X_1, Y_1) \leq (X_2, Y_2) \Leftrightarrow X_1 \subseteq X_2 (\Leftrightarrow Y_1 \supseteq Y_2) \tag{1.9}$$

若 $L =$（U，A，R）中所有概念都满足 "$\leq$" 偏序关系，则称 $L =$（U，A，R）是形式背景 $K =$（U，A，R）的概念格。概念格中的每个节点都是一个形式概念，概念间的泛化和特化关系可通过 Hasse 图直观表现出来（杨凯和马垣，2012）。

若（X_1，Y_1）$\leq$（X_2，Y_2），且不存在（X_3，Y_3）满足式（1.10）时，则称（X_1，Y_1）是（X_2，Y_2）的子概念，（X_2，Y_2）是（X_1，Y_1）的父概念。

$$(X_1, Y_1) \leq (X_3, Y_3) \leq (X_2, Y_2) \tag{1.10}$$

张春英等（2006）探索了概念格在模糊层次分析法中的应用，用构造概念格的方法对每个指标下专家的评分进行聚类，并将评价指标视为形式背景的内涵，将专家组成员看作形式背景的外延，根据概念格节点的内涵和外延决定哪些专家具有相同的属性。本书借鉴张春英等（2006）的做法，在 DEMATEL 步骤的第三步计算汇总直接影响矩阵时通过引入概念格确定各位专家的权重。概念格理论的优势在于概念格理论中的形式概念（X_i，Y_j）是一个偏序对，每一个形式概念体现在专家的直接影响矩阵中就相当于一个元素，即概念格理论是对直接影响矩阵中每个元素的专家评分进行聚类并判断权重。假如有 4 位专家（甲、乙、丙、丁），评价指标有 3 个（a、b、c），那么四位专家的直接影响矩阵可归纳出专家评定结果，详见表 1-4。

表 1-4　专家评定结果汇总表

专家	$a-b$	$a-c$	$b-c$
甲	0.5	0.3	0.2
乙	0.2	0.4	0.3
丙	0.5	0.1	0.2
丁	0.2	0.3	0.2

将这张专家评定结果汇总表转化成一个形式背景，其中外延是专家，内涵是评价对象，详见表 1-5。

表 1-5　专家评定的形式背景

专家	$a-b$	$a-c$	$b-c$
1 号专家	a_1	b_1	c_1
2 号专家	a_2	b_2	c_2
3 号专家	a_1	b_3	c_1
4 号专家	a_2	b_1	c_1

再对此形式背景构造概念格，可得与表 1-5 对应的概念格的 Hasse 图（见图 1-16）。

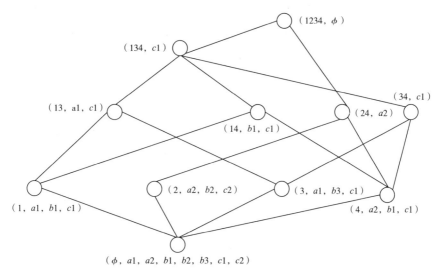

图 1-16　专家评定结果概念格

由此概念格得出聚类结果：对于 $a-b$，1 号和 3 号专家聚为一类，2 号和 4 号专家聚为一类；对于 $a-c$，1 号和 4 号专家为一类，2 号专家为一类，3 号专家为一类；对于 $b-c$，1 号、3 号和 4 号专家为一类，2 号专家为一类。

之前无论是层次分析法等主观赋权法还是信息熵等客观赋权法，抑或主、客观综合赋权法，都仅能将权重分配至每位专家，对每位专家的整张直接影响评价表均使用同一权重。概念格是对每位专家的每个元素评分进行概念聚类，将每个元素划分为不同类型，然后在每个元素下根据专家意见所属类型对每位专家进行赋权，结果是每位专家在每个元素下均有不同的权重值。这种权重确定方法比传统的主、客观赋权法都更为细致科学，具有无可比拟的优越性。

运用概念格理论对权重的分配原理如下：假设因素 i 对因素 j 的影响程度有 m 位专家进行评分，评分可聚为 n 类（$n \leq m$），每一类的权重为 λ_{ij1}，λ_{ij2}，$\cdots$，λ_{ijn}，每一类的专家数分别为 β_1，β_2，$\cdots$，β_n。假定每一类专家的意见一致，分配同一权重，且每一因素下所有专家的权重和为 1，即存在：

$$\sum_{l=1}^{n} \lambda_{ijl} \times \beta_l = 1 \tag{1.11}$$

聚为一类的专家数量越多，该类的权重系数也越大，即某一类的权重系数与聚为该类的专家数量成正比。

$$\beta_l = c \times \lambda_{ijl} (c > 0) \tag{1.12}$$

其中，c 为常数。将式（1.12）代入式（1.11）可得：

$$\sum_{l=1}^{n} \lambda_{ijl}^2 = \frac{1}{c} \tag{1.13}$$

再将式（1.13）代入式（1.12）得：

$$\sum_{l=1}^{n} \beta_l^2 = c \tag{1.14}$$

该因素下各类专家数量平方和等于 c。再对式（1.12）进行变形可得每类专家的权重为：

$$\lambda_{ijl} = \frac{\beta_l}{c} \tag{1.15}$$

所以，每个因素的权重分配过程为将该因素下聚类结果的每类专家数进行平方和加总，得到常数 c；然后以常数 c 为分母，以该类的专家数量为分子将权重分配至每一位专家。

本书根据各位专家的直接影响矩阵表，利用概念格确定因素间一对一影响因素下每位专家的权重 λ_{ijz}（$1 \leqslant i, j \leqslant 22, 1 \leqslant z \leqslant 5$），再将各位专家的直接影响矩阵 A（i 为影响因素，j 为被影响因素，z 为专家）中每个元素 A_{ijz} 按照式（1.16）进行汇总，得到汇总直接影响矩阵 B。

$$B_{ij} = \sum_{z=1}^{5} \lambda_{ijz} \times A_{ijz} \quad (1 \leqslant i,j \leqslant 22, 1 \leqslant z \leqslant 5) \tag{1.16}$$

三 复杂网络

对复杂网络的研究起源于 18 世纪有关"七桥问题"的讨论，理论的兴起则从 Wattes 和 Strogatz 的《小世界网络中的集群行为》一文的问世开始。从图论角度，复杂网络是由点集和边集构成的图形，可用 $G = (V, E)$ 来表示，V 是点集，E 是边集。就目前的研究进展来看，复杂网络可分为规则网络、随机网络、小世界网络和无标度网络。根据本书的研究内容，本部分将对涉及的复杂网络中的概念进行解释。

（一）度与度分布

一个节点与其他节点连接的边的个数叫度，在有向图中根据边的方向不同，又可进一步区分为出度和入度，出度代表由该节点指向其他节点的边的数量，入度代表其他节点指向该节点的边的数量。度数越大，表示与该节点产生相关关系的节点越多，该节点在网络中的影响力越大，地位越高。网络中所有节点的度数加总取平均后得到的是网络节点的平均度。节点度的分布可用分布函数 $P(k)$ 来表示。

$$P(k) = \sum_{k=k'}^{\infty} p(k') \tag{1.17}$$

根据式（1.17）可以看出，从网络中随便选取一个节点，其度数为 k 的概率应该等于网络中所有度数为 k 的节点占整个网络所有节点的比重。

（二）平均路径长度与有效性

在复杂网络中，任意两个节点 i,j 之间最短路径的边的长度称为两点之间的距离，记为 d_{ij}。某一网络中任意两点间距离的平均值 l_{ave} 为该网络的平均路径长度，最大值 l_{max} 为该网络的直径。l_{ave} 和 l_{max} 分别用式（1.18）和式（1.19）表示：

$$l_{ave} = \frac{2}{n(n+1)} \sum_{i \geqslant j} d_{ij} \qquad (1.18)$$

$$l_{max} = \max_{i \geqslant j} d_{ij} \qquad (1.19)$$

此外，复杂网络还涉及聚集系数、介数、中心性等概念，因为本书的研究没有涉及，故不展开介绍。

四　解释结构模型

Warfield（1974）提出了解释结构模型（Interpretative Structural Modeling，ISM），以解决社会经济系统中结构问题的分析问题。解释结构模型主要用于复杂要素系统的静态关系结构分析，通过分析要素之间一对一的逻辑关系，将无序、离散的复杂系统梳理成多层递阶结构关系。

解释结构模型一般以定性分析为主，其理论基础与复杂网络相同，都是基于图论。解释结构模型将矩阵与图相结合，通过分解可达矩阵，把模糊不清的概念、思想转化成直观的、层次分明的结构模型，适用于多变量、关系复杂且结构不清晰的系统分析。

（一）有向连接图

有向连接图是点集和有向边集的集合，所谓有向边是指带箭头的由一个点指向另一个点的边，表示出发点对目标点产生影响。如图 1-17 这个有向连接图 $G = \{S, E\}$，其点集为 $S = \{S_i | i = 1, 2, 3, 4\}$，有向边集为 $E = \{[S_1, S_2] [S_1, S_4] [S_2, S_3] [S_3, S_1] [S_3, S_4]\}$，表示这个有向图由 4 个点和 5 个有向边组成，且点 S_1 对点 S_2 与点 S_4，点 S_2 对点 S_3，点 S_3 对点 S_1 与点 S_4 有影响。

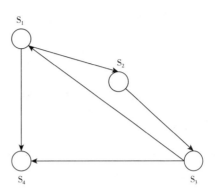

图 1-17 有向连接

（二）邻接矩阵

邻接矩阵（O）以矩阵形式表示元素间的对应关系，用有向图矩阵表示，且两者是一一对应关系。若有向图中存在有向边 $[S_i, S_j]$ 时，表示点 S_i 对点 S_j 有影响，则邻接矩阵中 $a_{ij} = 1$；若有向图中不存在有向边 $[S_i, S_j]$，表示点 S_i 对点 S_j 没有影响，则邻接矩阵中 $a_{ij} = 0$。即：

$$o_{ij} = \begin{cases} 1, & \text{当 } S_i \text{ 对 } S_j \text{ 有影响时} \\ 0, & \text{当 } S_i \text{ 对 } S_j \text{ 没有影响时} \end{cases} \tag{1.20}$$

邻接矩阵具有布尔矩阵的性质，即矩阵元素只能是 1 或 0，布尔矩阵运算法则为：

$$0+0=0; \ 0+1=1+0=1; \ 1+1=1; \ 0\times0=0; \ 0\times1=1\times0=0; \ 1\times1=1$$

（三）可达矩阵

表示有向连接图中各要素能否经一定通路后相互到达的矩阵称

为可达矩阵（E），可达矩阵的元素定义为：

$$e_{ij} = \begin{cases} 1, & \text{从 } m_i \text{ 经若干通路可达 } e_j \text{ 时} \\ 0, & \text{从 } m_i \text{ 经若干通路不可达 } e_j \text{ 时} \end{cases} \quad (1.21)$$

（四）可达矩阵的区域分解与层次划分

可达矩阵可以被划分为可达集与前因集。任何一个因素 S_i 都有自己的可达集 $R(S_i)$ 与前因集 $Q(S_i)$。可达集代表可达矩阵中因素 S_i 对应行中矩阵要素为 1 的因素集合，前因集则是可达矩阵中因素 S_i 对应列中矩阵要素为 1 的因素集合，表示为：

$$R(S_i) = \{ S_j \mid S_j \in S, e_{ij} = 1 \} \quad (1.22)$$

$$Q(S_i) = \{ S_i \mid S_i \in S, e_{ij} = 1 \} \quad (1.23)$$

区域分解是根据因素间是否可达将系统中因素进行分区，依据为：

$$R(S_i) \cap Q(S_i) = Q(S_i) \quad (1.24)$$

$$R(S_t) \cap R(S_{t'}) \neq \varnothing \quad (1.25)$$

满足式（1.24）的因素构成共同集 T，共同集中任意两个因素 S_t 与 $S_{t'}$ 若满足式（1.25）则表示 S_t 与 $S_{t'}$ 属于同一区域，反之属于不同区域。然后在同一区域进行层级分解，若满足式（1.26）则将 S_i 作为上级因素抽取出来，并把 S_i 对应的行和列从可达矩阵中删除，用同样方法不断缩减可达矩阵直至所有因素均被删除。

$$R(S_i) \cap Q(S_i) = R(S_i) \quad (1.26)$$

一般解释结构模型的建模过程有以下几个步骤。

步骤 1：确立研究问题和研究目的；

步骤 2：建立影响研究问题的关键影响因素集合；

步骤 3：根据关键影响因素之间的相关关系建立邻接矩阵；

步骤 4：根据邻接矩阵计算可达矩阵；

步骤 5：对可达矩阵进行多次删减，建立阶层矩阵分析表；

步骤 6：绘制要素间层级关联图；

步骤 7：建立解释结构模型。

本书所做工作为在 DEMATEL 综合关系矩阵基础上计算可达矩阵，对影响因素进行结构分级与影响路径分析，进一步深化影响因素的协同机制研究。但是，综合关系矩阵只表示不同因素之间的相互影响关系，不包含因素对自身的影响，而可达矩阵是反映系统整体影响关系的，所以将综合关系矩阵 T_{ij} 与单位矩阵 I 相加得到能反映所有因素之间影响关系的整体矩阵 D_{ij}，即：

$$D_{ij} = T_{ij} + I \quad (1 \leqslant i, j \leqslant 22) \tag{1.27}$$

然后根据研究目的及整体矩阵的元素情况确定一个 0、1 临界点 ω 值，本书遵循式（1.28）实现整体矩阵 D_{ij} 向可达矩阵 E_{ij} 的转化。

$$E_{ij} = \begin{cases} 1, & D_{ij} \geqslant \omega \text{ 时} \\ 0, & D_{ij} < \omega \text{ 时} \end{cases} \tag{1.28}$$

五 模型适用性

第一，本书选择采用 DEMATEL 的原因在于煤矿关键物资管理数据生态系统有纷繁多样的影响因素，识别对数据生态系统中生态因子协同具有根源性与重要性影响作用的因素较为困难，但是数据生态系统协同对于系统的正常运转和协同作用的发挥又意义重大，而 DEMATEL 中的原因度能测度因素的根源度，中心度又解决了重要性的评估问题，因此本书通过该模型构建数据生态系统协同结构要素模型可以有效解决关键影响因素的识别问题。

第二，本书之所以选择概念格方法对专家进行权重分配是因为该方法体现了少数服从多数的原则，某分值被专家打出的频率越高，说明该分值越能真实体现两个因素间的相对重要程度，则应赋予该分值更大的权重。该方法比根据专家人数平均分配权重的方法更为科学合理。

第三，本书选择复杂网络理论的原因在于数据生态系统的影响因素及它们之间的相互关系与复杂网络理论中点与边的概念相似，借鉴该理论将影响因素视为点，将因素间影响关系视为边，可绘制影响因素的因果路径图，可以更为直观地看出哪些因素的影响作用更为显著。

第四，本书选择解释结构模型的原因在于该模型按照致因能力将协同效益影响因素进行层次分级，结合复杂网络中点与边的概念，通过 UCINET 软件绘制协同机制网络图，可以更为直观地反映各个影响因素的致因能力与相互影响路径，同时也可与 DEMATEL 中确认的关键影响因素相互佐证，验证关键影响因素是否处于致因能力的较高层级。

第五，将 DEMATEL 与解释结构模型结合的原因在于 DEMATEL 只能确定各个因素对系统的影响大小，并对因素进行精简，却不能对因素的作用路径进行分析并划分系统结构层次，而解释结构模型能够对系统结构层次进行划分但不能辨识各个因素对系统影响程度的大小，在 DEMATEL 的综合关系矩阵 T_{ij} 基础上引入解释结构模型，可以充分发挥两个理论的互补优势。

第六节　**Lotka-Volterra 生态理论**

一　马尔萨斯人口指数增长模型

英国社会学学者马尔萨斯在研究人口统计资料后得出单位人口增加量与当时的人口总数成正比的结论，并借用微积分工具于1978年提出了人口指数增长模型：

$$\frac{N(t+\Delta t)-N(t)}{\Delta t}=rN(t) \qquad (1.29)$$

其中，$N(t)$ 表示第 t 年的人口数量，$N(t+\Delta t)$ 表示第 $t+\Delta t$ 年的人口数量，r 为人口内禀增长率，一般为常数。

在 $\Delta t \to 0$ 时可得马尔萨斯人口发展方程：

$$\frac{dN(t)}{dt}=rN(t) \qquad (1.30)$$

由式（1.30）可以看出，若以时间 t 为横坐标，以某一时点人口数量 N 为纵坐标，人口数量将呈"J"形指数增长（见图1-18）。

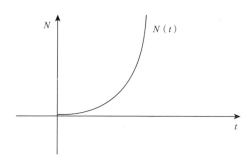

图1-18　马尔萨斯人口发展曲线

由图 1-18 可以看出，马尔萨斯人口发展曲线的下界为 0，上不封顶，这显然不符合真实情况。受资源有限性的约束，人口不可能无限制增长，因此马尔萨斯人口发展方程仅适用于资源足以支撑人口增长的部分阶段，当人口增长达到某一拐点，将引发资源不足、环境恶化，进而导致人口数量下降，此时马尔萨斯人口指数增长模型将不再适用。

二 Logistic 人口增长模型

针对马尔萨斯人口指数增长模型存在的缺陷，荷兰生物学家 Verhulst 在马尔萨斯人口指数增长模型基础上引入资源与环境对人口的限制这一假设，增加资源与环境对种群的最大容量 K 这一变量。当种群数量未达到 K 时，种群继续扩张；当种群数量达到极限 K 时，种群数量将停止增长，即 $\frac{dN(t)}{dt} = 0$。根据每个种群个体将占用 $\frac{1}{K}$ 资源，假设在 t 时刻该种群数量为 $N(t)$，则资源剩余空间为 $1 - \frac{N(t)}{K}$，该项被称为密度制约项，代表随着种群数量的增加，种群密度对种群数量增长率的阻滞作用。在种群密度制约条件下的人口增长模型就是 Logistic 人口增长模型，详见式（1.31）。

$$\frac{dN(t)}{dt} = r\left(1 - \frac{N(t)}{K}\right)N(t) \tag{1.31}$$

Logistic 人口增长模型主要基于以下 3 个假设。

假设 1：资源与环境的有限性会制约人口的增长，因此人口不会无限增长，存在一个最大容量 K。

假设 2：种群密度 $\dfrac{N\ (t)}{K}$ 对人口增长有限制作用，且立即发生，没有时滞。

假设 3：种群没有年龄区别，也不存在迁入与迁出现象。

根据 Logistic 人口增长模型，种群数量的增长将呈 "S" 形，详见图 1-19。总体来看，Logistic 人口增长模型下的种群数量增长速度在不同时期有不同的表现。当 $t<t_2$ 时，$\dfrac{d^2N\ (t)}{t^2}>0$，曲线凹向原点；当 $t>t_2$ 时，$\dfrac{d^2N\ (t)}{t^2}<0$。详细分析可得出：在第一阶段（$t<t_1$），种群数量少、密度低且增长缓慢；在第二阶段（$t_1\leqslant t<t_2$），随着种群数量的增多，种群密度增长速度加快；在第三阶段（$t_2\leqslant t<t_3$），当种群数量达到最大容量的一半时，种群密度增长速度达到最大；在增长的最后阶段（$t>t_3$），种群数量因达到最大容量 K，种群密度达到最大，种群数量停止增长。

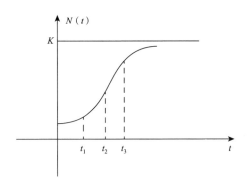

图 1-19　Logistic 人口增长曲线

二　多因子协同模型

当生态系统中仅有一个种群时，该种群的增长规律符合

Logistic 人口增长模型（Evans，1999）。当生态系统中种群数量大于1时，种群间为了争夺资源和扩展自己的生存空间，会产生相互影响，因此每一种群的增长不仅受资源及环境的限制，还要受其他种群的影响，此时 Logistic 人口增长模型不再适用。针对这一情况，Lotka 与 Volterra 均在 Logistic 人口增长模型基础上引入其他物种抑制变量，建立了捕食—被捕食系统模型；Odum（1971）进一步引入互惠理念，三种模型的汇总就是著名的 Lotka-Volterra 增长模型。该模型的建立基于以下三个假设。

假设1：假如生态系统中只有两个种群，分别称为种群1与种群2，每个种群单独生存于该生态系统时种群增长遵循 Logistic 人口增长模型，且受资源与环境的有限性的制约。两个种群在资源与环境有限性制约下的种群最大容量分别为 K_1 与 K_2，在时刻 t 的种群数量分别为 N_1 与 N_2。两个种群在仅受资源与环境的有限性制约时种群增长率分别为 r_1 与 r_2，则种群1与种群2的增长遵循式（1.32）。

$$\begin{cases} \dfrac{dN}{dt} = r_1 N_1 \left(1 - \dfrac{N_1}{K_1}\right) \\ \dfrac{dN}{dt} = r_2 N_2 \left(1 - \dfrac{N_2}{K_2}\right) \end{cases} \quad (1.32)$$

假设2：两个种群之间存在相互影响，且两个种群内单位个体对资源与空间的占有量不同，假设种群1内单位个体对资源或空间的占有量为 m，种群2内单位个体对资源或空间的占有量 n，则：

$$\alpha_{12} = \frac{n}{m} \quad (1.33)$$

$$\alpha_{21} = \frac{m}{n} \tag{1.34}$$

其中，α_{12} 表示种群 2 对种群 1 的竞争系数，代表种群 2 中单位个体对资源或空间的占有量相当于种群 1 中单位个体对资源或空间占有量的 α_{12} 倍。α_{21} 表示种群 1 对种群 2 的竞争系数，代表种群 1 中单位个体对资源或空间的占有量相当于种群 2 中单位个体对资源或空间占有量的 α_{21} 倍。种群 2 占用种群 1 的空间为 $\alpha_{12}N_2$，种群 1 占用种群 2 的空间为 $\alpha_{21}N_1$。

假设 3：种群 1 资源剩余空间不仅由本种群所占用的资源或空间 N_1 决定，同时还受到种群 2 所占用的资源或空间 N_2 的影响；种群 2 的剩余资源或空间计算亦然，所以种群 1 与种群 2 各自的剩余资源或空间分别为：

$$S_1 = 1 - \frac{N_1}{K_1} - \alpha_{12}\frac{N_2}{K_1} \tag{1.35}$$

$$S_2 = 1 - \frac{N_2}{K_2} - \alpha_{21}\frac{N_1}{K_2} \tag{1.36}$$

根据以上三个假设，种群 1 与种群 2 的增长分别遵循式（1.37）的规律。

$$\begin{cases} \dfrac{dN}{dt} = r_1 N_1 \left(1 - \dfrac{N_1}{K_1} - \alpha_{12}\dfrac{N_2}{K_1} \right) \\ \dfrac{dN}{dt} = r_2 N_2 \left(1 - \dfrac{N_2}{K_2} - \alpha_{21}\dfrac{N_1}{K_2} \right) \end{cases} \tag{1.37}$$

Lotka-Volterra 模型经过形式变化（$N_1 = x$、$N_2 = y$），可转化为式（1.38）。

$$\begin{cases} x(t) = x(\beta_{10}+\beta_{11}x+\beta_{12}y) \\ y(t) = y(\beta_{20}+\beta_{21}x+\beta_{22}y) \end{cases} \tag{1.38}$$

其中，

$$\beta_{10} = r_1, \beta_{20} = r_2 \tag{1.39}$$

$$\beta_{11} = -\frac{r_1}{K_1}, \beta_{22} = -\frac{r_2}{K_2} \tag{1.40}$$

$$\beta_{12} = \alpha_{12}\beta_{11}, \beta_{21} = \alpha_{21}\beta_{22} \tag{1.41}$$

生态系统内每一种群中的个体都不是孤立存在的，必然会与其他种群或周围生态环境产生必要的能量交流，在这个过程中处于食物链不同层次的种群与整个生态系统的其他生态因子产生的关系大致可分为受益、受害与中性三种，在相互作用的两个个体之间，三种关系又可组合为 8 种互动类型，详见表 1-6。

表 1-6 生态系统关系类型

两者关系	作用双方		关系描述
	种群 1	种群 2	
竞争	−	−	彼此抑制，双方均受害
捕食	+	−	种群 1 吞食种群 2 中一部分，捕食方受益，被捕食方受害
共生	+	+	双方均受益，且谁也离不开谁
互惠	+	+	双方均受益，但一方存在不以另一方存在为前提
寄生	+	−	种群 1 寄生于种群 2，寄生方受益，宿主受害
偏利	+	0	一方受益，一方无益也无害
偏害	−	0	一方受害，一方无益也无害
中性	0	0	双方均无益也无害

这 8 种类型分别对应 Lotka-Volterra 模型中变量系数的不同取值，见表 1-7。

表 1-7　生态系统关系类型及 Lotka-Volterra 模型变量系数

两者关系	作用双方		Lotka-Volterra 模型变量系数	
	种群 1	种群 2	β_{12}	β_{21}
竞争	−	−	<0	<0
捕食	+	−	>0	<0
共生	+	+	>0	>0
互惠	+	+	>0	>0
寄生	+	−	>0	<0
偏利	+	0	>0	= 0
偏害	−	0	<0	= 0
中性	0	0	= 0	= 0

由于 Lotka-Volterra 模型是对 Logistic 人口增长模型的发展，主要用于研究种群间的竞合关系，因此又被称为种间竞争的 Logitic 方程（Schoener，1976）。发展成熟的 Lotka-Volterra 模型成为生物理论与其他学科融合的结合点，在众多领域的竞争关系研究中得到广泛应用（Ahmad 和 Tineo，2008；Vano 等，2006；Hirsch，1988；Hirsch，1991；Zeeman，1993）。还有学者研究了"捕食者—被捕食者"持久共生的条件（Cui 和 Chen，2001；Cui，2006），以及捕食者行为的动力学机制（Wang，2010；Cai 等，2006；Bandyopadhyay 和 Chattopadhyay，2005）。

三　模型适用性

本书选用 Lotka-Volterra 模型的原因在于数据生态系统协同结构要素模型中两个子系统之间的耦合模式类似于多因子生态理论中两个种群间的关系，可以用 Lotka-Volterra 模型刻画数据生态系统协同结构要素模型中两个子系统在产生协同效益过程中的相互关系。

第七节 评价分析方法

一 层次分析法

指标权重作为确定指标重要性的重要标志，其确定关乎最后评价结果的合理性。权重的确定方法可以分为主观赋权法和客观赋权法，前者应用较广的有层次分析法、网络分析法及序关系分析法，后者则包括熵权法、变异系数法和相关系数法等方法。

层次分析法是针对具有层次结构的复杂系统的分析工具（Saaty，1978；Satty，1990），其主要特征是根据收集的数据列出判断矩阵，通过求各判断矩阵的特征值，确定整个指标体系的权重。层次分析法需经过以下步骤。

第一，建立递阶层次结构模型。首先以研究目标为指导建立目标层，然后对目标层进行分解，找到直接影响目标层的因素，构建第一层准则层，对第一层准则层的因素再进行分解，寻找影响准则层的影响因素，如此层层分解，直到得到最下面的方案层。最终形成一个目标层为最高层，准则层为中间层，方案层为底层的三级递阶层次结构模型。层次结构模型通常被用来描述方案层中各个方案在以目标统领的各个准则层中的表现，并以此确定权重（见图 1-20）。递阶层次结构中的层次数一般没有数量限制，可根据研究需要设定，但各个层次中每一元素支配的元素个数适宜在 1~9，若支配元素个数大于 9 会给后续

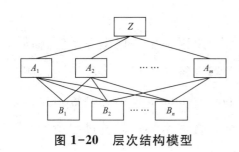

图 1-20 层次结构模型

成对比较矩阵的建立带来不便。

第二，建立成对比较矩阵。建立递阶层次结构后要从目标层开始由上至下建立下级元素对上级元素影响程度的成对比较矩阵。假设某层有 n 个元素，$X = \{x_1, x_2, \cdots, x_n\}$，用 a_{ij} 表示第 i 个元素与第 j 个元素相比对上级元素的相对重要程度，而矩阵 $A = (a_{ij})_{n \times n}$ 就是成对比较矩阵。成对比较矩阵 A 具有以下特性：因为每个元素相对于自身的影响程度必然为 1，所以成对比较判断矩阵 A 的对角线元素均为 1；第 i 个元素与第 j 个元素相比的重要程度与第 j 个元素与第 i 个元素相比的重要程度互为倒数，所以成对比较矩阵 A 为正互反矩阵；a_{ij} 的取值采用 1~9 标度方法（见表 1-8），对不同情况的评比给出数量标度，并遵循数量标度越高相对重要性越大的原则。

表 1-8　1~9 数量标度及含义

标度	含义
1	因素 i 与因素 j 同等重要
3	因素 i 比因素 j 稍微重要
5	因素 i 比因素 j 明显重要
7	因素 i 比因素 j 强烈重要
9	因素 i 比因素 j 极端重要
2、4、6、8	介于上述等级之间

第三，层次单排序及一致性检验。采用和积、根积等方式计算上层元素控制的所有下层元素间成对比较矩阵的特征值与特征根，经归一化处理后得到的就是下层元素对该上层元素的权重。因为影响程度具有传递性，所以理论上存在 $a_{ij} \times a_{jk} = a_{ik}$，但因为层次分析法是主观赋权法，在人为判断因素间两两重要程度时很难做到完全

公允，所以需要对成对比较矩阵做一致性检验，用指标 CI 衡量成对比较矩阵（$n>1$ 阶方阵）的不一致程度。

$$CI = \frac{\lambda_{max} - n}{n-1} \tag{1.42}$$

其中，λ_{max} 是成对比较矩阵的最大特征值。

一致性指标 CI 与成对比较矩阵不一致性成正比例关系，且 CI 与成对比较矩阵的阶数 n 相关。一般 n 越大，人为造成的偏离一致性指标 CI 的值越大。故一般 CI 的值与成对比较矩阵的阶数 n 成正比例关系，这就造成不同阶数的成对比较矩阵的 CI 值口径不一。为了消除阶数带来的口径不一致问题，需引入随机一致性比率 CR 对不同阶数成对比较矩阵的一致性进行检验。

$$CR = \frac{CI}{RI} \tag{1.43}$$

式（1.43）中，RI 为平均随机一致性指标，是用于一致性检验的重要参数。RI 的值是通过大量随机矩阵的特征值计算得出的，用于衡量成对比较矩阵的一致性。RI 的取值参见表 1-9。

表 1-9　平均随机一致性指标 RI

指标	1	2	3	4	5	6	7	8	9
RI	0	0	0.58	0.90	1.12	1.24	1.32	1.41	1.45

判断成对比较矩阵是否通过检验的条件有以下两个：若 $CR <$ 0.10，则认为成对比较矩阵无须修正；若 $CR \geqslant 0.10$，则认为成对比较矩阵需要修正。

第四，层次总排序及一致性检验。确定元素对于直属上级元素的重要程度之后，需要通过层次总排序进一步确定层级最低的各个方案对于层级最高的目标层的相对重要性。层次总排序权重要自上而下将单准则下的权重进行合成，计算过程如下：

$$CR = \frac{CI}{RI} \qquad (1.44)$$

虽然单准则下各层次指标均已通过一致性检验，但从目标层综合角度来看，每一层指标的非一致性可能累积到一起导致综合结果的非一致性超过 0.10 的警戒线，因此对层次总排序也需做一致性检验。检验过程类似单指标准则下的一致性检验过程，同样由高到低逐层进行。

$$CR = \frac{\sum_{j=1}^{m} CI(j)\,a_j}{\sum_{j=1}^{m} RI(j)\,a_j} \quad (j = 1, 2, \cdots, m) \qquad (1.45)$$

检验标准也与单一准则下的检验标准一致，不再赘述。

第五，层次分析法的软件实现方法。层次分析法软件 Yaahp、网络层次分析法软件 Super Decison（简称"SD 软件"）与模糊综合评价软件 MCE_ Fuzzy 均可用于指标体系中指标权重的求解，相较而言 Yaahp 与 MCE_ Fuzzy 都是既可用于层次分析法的权重求解也可用于模糊综合评价排序，只不过 Yaahp 界面更友好，操作流程更简单；SD 软件既可用于层次分析法也可用于网络层次分析法的权重求解，其界面复杂程度与操作简易程度都比较高。因为本书不涉及指标之间的相互关系，也不涉及模糊综合评价，所以最终选用 Yaahp 作为主观权重的求解工具。

二　改进的 Critic 法

在评价过程中，假设待评对象有 m 个，评价指标有 n 个，记评

价对象 a_i 在第 j 个指标的评价值为 f_{ij}（$1 \leq i \leq m$，$1 \leq j \leq n$）。根据改进的 Critic 法计算指标权重过程如下。

首先，定义 a_{ij} 代表第 i 个评价对象在第 j 个指标的原始数据，指标虽然既有正向指标又有逆向指标，但是在专家打分时会说明不是从字面理解逆向指标，而是从实际意义理解，因此相当于对逆向指标做了转换，所以采用式（1.46）对原始数据进行标准化处理，以消除指标间量纲不同的问题。

$$b_{ij} = \begin{cases} \dfrac{a_{ij}^+ - \min(a_i^+)}{\max(a_i^+) - \min(a_i^+)} \\ \dfrac{\max(a_i^-) - a_{ij}^-}{\max(a_i^-) - \min(a_i^-)} \end{cases} \quad (i = 1, 2, \cdots, m; j = 1, 2, \cdots, n) \qquad (1.46)$$

其中，a_{ij}^+、a_i^+ 代表正向指标，a_{ij}^-、a_i^- 代表逆向指标；a_{ij} 经过式（1.46）消除量纲转化后会转化为 b_{ij}。

然后，利用式（1.47）~（1.49）计算每一指标对应的变异系数 v_j 以刻画指标的变异性。

$$\overline{b_j} = \frac{1}{m} \sum_{i=1}^{m} b_{ij} \qquad (1.47)$$

$$\partial_j^2 = \frac{1}{m-1} \sum_{i=1}^{m} (b_{ij} - \overline{b_j})^2 \qquad (1.48)$$

$$v_j = \frac{\partial_j}{\overline{b_j}} \qquad (1.49)$$

$\overline{b_j}$ 表示 b_{ij} 的平均值；∂_j^2 表示 b_{ij} 的方差。

最后，通过 SPSS20.0 软件得到标准化后指标矩阵的相关系数矩阵 C_{ij}，进而得到 $\sum_{i=1}^{m} (1 - |c_{ij}|)$ 以刻画指标间的冲突性，则 C_j 与 P_j 可表示为：

$$C_j = \sum_{i=1}^{m} (1 - |c_{ij}|) \tag{1.50}$$

$$P_j = v_j \sum_{i=1}^{m} (1 - |c_{ij}|) \tag{1.51}$$

其中，C_j 为冲突系数，P_j 代表第 j 个指标所包含的信息量。P_j 所包含的信息量与其在评价指标中的权重占比呈正相关的关系。所以权重 w_j 为：

$$w_j = \frac{P_j}{\sum\limits_{j=1}^{n} P_j} \quad (j = 1, 2, \cdots, n) \tag{1.52}$$

三 未确知测度

(一) 未确知信息特征

"不确定性"一词最早出现于詹姆斯·穆勒的《政治经济学是否有用》一文，经过近两百年的发展，对不确定性的研究主要形成了四大理论：随机信息理论、模糊信息理论、灰色信息理论与未确知信息理论。我国学者邓聚龙（1987）在灰色信息理论基础上提出了灰色系统理论；王光远（1990）在未确知信息理论基础上发展了未确知数学，为不确定理论的研究作出卓越贡献。

虽然均属于不确定理论，但是随机信息理论、模糊信息理论、灰色信息理论与未确知信息理论之间并不等同，而是有着显著区别。随机信息理论是在概率论基础上发展而来的，研究对象是事件有无发生的随机不确定问题。比如"明天会不会下雨"这类涉及发生概率的问题，答案只可能在会与不会之间产生，且无律可循。但是因为明天还没有到来，那么回答只是一种预测，预测明天下雨的可能性有多大，不下雨的可能性有多大，哪个预测能得到验证则必须等到明天到来后才能知晓，这就是随机信息。模糊信息理论研究的对象不是事件在哪种方案发生的概率问题，而是真实情况的边界明晰性问题，是认知不确定问题。比如问题"这件裙子漂不漂亮"的答案不限于漂亮与不漂亮两种选择，被提问者的态度有可能介于两种之间，觉得它的颜色挺好看的，但是款式有点落伍，总体而言还可以。随机信息理论的特点是非此即彼，模糊信息理论则描述了亦此亦彼的中间状态。未确知信息理论的研究对象则既不是事件的发生概率问题，也不是真实情况的边界明晰性问题，而是在事件有无发生已经确定、真实情况也已确定的前提下，仅仅由于决策者信息掌握不够全面而无法判断真实情况的问题，是不可知不确定问题。比如"小明去小芳家找她玩，发现小芳不在家，小芳去哪了"这个问题就属于未确知问题。发现小芳不在家就可以 100%确定小芳出去了，不存在小芳可能出去可能没出去的随机性；也可以百分百确定小芳去了某地，即地点不存在边界不清的问题；在"小芳出去了"和"小芳去了某个家以外的地方"两个问题均确定的情况下，小明还是不知道小芳到底去哪了，原因在于小明仅靠上述两个确定性问题不足以判断小芳的去处。灰色信息理论则与模糊信息理论最相近。模糊信息理论是作出决策所依据的信息是明确的，只是决策方案是不明确的，即内涵明确，外延不明确。灰色信息理论将作出决策所依据的信息状态分为三种：信息完全明确时为白色系统，信息完全未知时为黑色系统，信息部分明确部分不明确时为灰色系统。例如，预计明年本地小麦产量将达 2000 万～2200 万吨，这个"2000 万～2200 万吨"就是灰色系统，范围很明确但是具体哪个数值又不可知，即内涵不明确、外延明确。灰色信息理论与未确知信息理论的区别在于灰色信息理论是信息贫乏造成的，而未确知信息理论是信息不可知引起的，其研究对象是不可知不确定问题。四个理论的主要区别详见图 1-21。

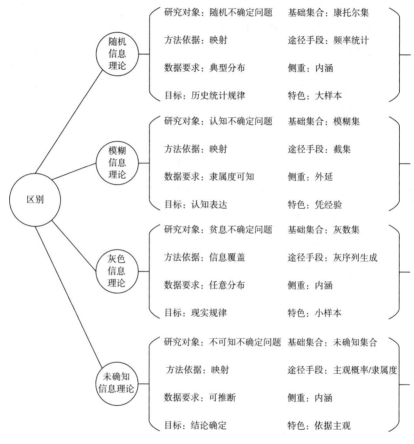

图 1-21 四种不确定理论的区别

（二）未确知测度的概念

在一个由论域（也称评价对象空间）$X = \{x_1, x_2, x_3, \cdots, x_n\}$，指标空间 $Y = \{y_1, y_2, y_3, \cdots, y_m\}$ 和评价等级空间 $Z = \{z_1, z_2, z_3, \cdots, z_l\}$ 组成的 $m \times n \times l$ 三维评价空间 $U = \{\mu_{ijk}\}$，表示共有 n 个被评价对象，评价指标维度有 m 个，其中每个指标维度又下设 l 个评价等级。x_{ij} 表示对象 x_i 在第 y_j 个指标下的评价值；整个

评价空间的元素 μ_{ijk} 则代表评价对象 x_i 在第 y_j 个指标下属的第 k 个评价等级 z_k 的程度。其中，评价等级空间 Z 需满足以下特性。第一，评价等级具有独立性，即任意两个评价等级 z_a 与 z_b 之间边界清晰，不存在相互交叉重合的部分。第二，评价等级之间具有有序性。随着 $Z = \{z_1, z_2, z_3, \cdots, z_l\}$ 中元素下标的变化，元素所代表的等级级别要么是逐级升高，要么是逐级降低的，即对于任意评价等级空间中的元素，存在 $z_i < z_{i+1}$ 或 $z_i > z_{i+1}$ 的关系。第三，评价等级空间 $Z = \{z_1, z_2, z_3, \cdots, z_l\}$ 其实是指标空间 $Y = \{y_1, y_2, y_3, \cdots, y_m\}$ 的拓扑，也是对它的一种划分。当 l 为有限数值时，称作有限划分；当 l 为无限数值时，则为无限划分。两者组成的空间 $G = (Y, Z)$ 既属于可测空间，也属于拓扑空间，在可测空间内可进行交、补、并的运算。

整个评价空间 $U = \{\mu_{ijk}\}$ 中的每一个元素，需要满足以下原则。

第一，评价空间元素 μ_{ijk} 具有非负有界性。

$$0 \leqslant \mu_{ijk} \leqslant 1 \quad (i=1,2,\cdots,n; j=1,2,\cdots,m; k=1,2,\cdots,l) \quad (1.53)$$

第二，元素具有归一性，即任一评价对象在任一指标下属的全部评价等级空间的测度值之和为 1。

$$\mu(x_{ij} \in Z) = 1 \quad (i=1,2,\cdots,n; j=1,2,\cdots,m) \quad (1.54)$$

第三，评价等级空间元素 μ_{ijk} 满足可加性。

$$\mu\left(x_{ij} \in \bigcup_{m=1}^{k} Z_m\right) = \sum_{m=1}^{k} \mu(x_{ij} \in Z_m) \quad (k=1,2,\cdots,l) \quad (1.55)$$

满足以上三个条件的 μ 就称为未确知测度，(X, Y, Z) 则为未确知测度空间。

（三）　未确知集合

对于评价对象空间中任一固定的元素 x_a，以其在可测空间 G 上的未确知测度 $\mu_{x_A}(\rho)$ 为隶属度函数就确定了评价对象空间 X 上的一个未确知子集 H。

$$H = \left\{ \frac{\mu_{x_A}(\rho)}{\rho} \mid \forall \rho \in G, x_A \in X, 0 \leqslant \frac{\mu_A(\rho)}{\rho} \leqslant 1 \right\} \qquad (1.56)$$

其中，ρ 是可测空间 G 的元素，$\mu_{x_A}(\rho)$ 是 x_A 隶属于 G 的隶属度，因为 $\mu_{x_A}(\rho)$ 的取值范围是 $[0,1]$，故 H 集合具有不确定性。当且仅当 $\mu_{x_A}(\rho)$ 的取值限定为 0 或 1 两个值时，H 才是确定性集合，即 Cantor 集。

（四）　未确知测度评价模型

1. 单指标未确知测度

单指标未确知测度指将实测值 x_{ij} 代入先行设定好的每一指标的未确知测度函数所求得的介于（0，1）的未确知测度值，测度评价对象 x_i 在指标 y_j 下属于 z_k 等级的程度。各指标测度值组成的单指标未确知测度矩阵是一个以指标数量为行数，以指标评价等级分类数为列数的 $m \times l$ 矩阵：

$$\begin{bmatrix} \mu_{i11} & \mu_{i21} & \cdots & \mu_{im1} \\ \mu_{i12} & \mu_{i22} & \cdots & \mu_{im2} \\ \vdots & \vdots & \vdots & \vdots \\ \mu_{i1l} & \mu_{i2l} & \cdots & \mu_{iml} \end{bmatrix} \qquad (1.57)$$

2. 多指标未确知测度

多指标未确知测度是在单指标未确知测度 μ_{ijk} 已知且每个指标的权重 w_j 也已知的情况下，将可测空间的单指标未确知测度值按照式（1.58）转化为多指标未确知测度 μ_{ik}。

$$\mu_{ik} = \sum_{j=1}^{m} w_j \mu_{ijk} \qquad (1.58)$$

每个被评价对象 x_i 的多指标未确知测度是一个 $1 \times l$ 的行向量。

$$\mu_{ik} = (\mu_{i1}, \mu_{i2}, \cdots, \mu_{il}) \qquad (1.59)$$

最后，所有被评价对象的多指标未确知测度形成一个 $n \times l$ 的矩阵。

$$\mu_{ik} = \begin{pmatrix} \mu_{11} & \mu_{21} & \cdots & \mu_{n1} \\ \mu_{12} & \mu_{22} & \cdots & \mu_{n2} \\ \vdots & \vdots & \vdots & \vdots \\ \mu_{1l} & \mu_{2l} & \cdots & \mu_{nl} \end{pmatrix} \qquad (1.60)$$

四　模型适用性

层次分析法是应用最为广泛的主观赋权法，尤其适合定性指标缺乏客观数据支持需要进行主观判断的情况，因此本书选用此模型作为指标主观权重的确定方法。

相较于主观赋权法，客观赋权法能够规避主观赋权过程中的主观随意性，确定的权重也更为客观公正。而客观赋值法中变异系数法和熵权法均以指标变异性来确定指标权重；相关系数法以指标间重复信息大小为准绳确定指标权重；Critic 法是由 Diakoulaki 等（1995）提出的一种分别用指标标准差和指标间相关性对指标间的变异性与冲突性加以度量的客观赋权法，兼顾指标变异性和指标冲突性两大因素，独具另外三种客观赋值法所不具备的优势（罗珍，2009）。因此，本书选用 Critic 法作为煤矿关键物资管理数据生态系

统协同效益指标体系客观权重的确定方法。但是，Critic 法也存在一些不足。例如，指标变异性是通过标准差来度量的，使得计算结果会受到量纲的影响，加之相关系数可能出现负值，绝对值相同的正相关指标与负相关指标反映的指标间的相关程度与冲突程度应该相同，显然用 $\sum\limits_{i=1}^{n}(1 - r_{ij})$ 度量指标间的冲突性也不合理，因此需要对 Critic 法进行改进，用变异系数代替标准差来刻画指标变异性，用 $\sum\limits_{i=1}^{n}(1 - |r_{ij}|)$ 代替 $\sum\limits_{i=1}^{n}(1 - r_{ij})$ 来刻画指标间冲突性（张立军和张潇，2015）。

未确知信息理论是信息不被完全掌握情况下进行决策时采用的理论方法。鉴于煤矿关键物资管理数据生态系统仍处于发展过程，系统内协同企业间的协同关系是一个主观范畴，影响协同的因素也多种多样，随着数据生态系统的完善，协同企业间的竞合关系也处于发展变化中，因此本书适合采用未确知信息理论对协同企业间的协同关系进行测度。

第二章
煤矿关键物资管理数据
生态系统构建

第一节　煤矿关键物资数据生态系统构建思路

本章根据煤矿关键物资的特性对煤矿关键物资管理业务进行分类，详述了不同类型煤矿关键物资管理业务下的风险点及相关方之间的角色关系，明确了该平台的 11 类潜在用户群体。以第二代技术采纳与利用整合模型（UTAUT2）、初始信任理论、保护动机理论和信息构建理论等为基础，构造了包括 15 条路径假设的煤矿关键物资管理电子商务平台使用意愿研究模型，对 11 类潜在用户群体进行问卷调查，利用结构方程模型研究哪些因素会对煤矿关键物资管理电子商务平台潜在用户的使用意愿产生影响以及因素之间的因果关系，了解用户需求。

结合平台用户的需求为横向角度通过开展联合采购、联合定制、联合竞卖等协同交易方式联合同业竞争者，规避同业恶性竞争，产生规模效益；纵向角度联合异质关联业务伙伴，产生业务协同，降低交易成本、提高交易效率的作用。通过 4 类不同电子商务平台之间的比较分析，明确煤矿关键物资管理电子商务平台的定

位，同时根据潜在用户使用意愿确定平台设计与运营原则，为平台
功能设计奠定基础，确立方向。

在平台功能框架下设计用户在平台开展电子商务交易的系统逻
辑与业务逻辑，使煤矿关键物资管理电子商务平台实现了物质流、
资金流和信息流的无阻传递和相互融合，同时衍生出数据流，为数
据挖掘提供宝贵资源。

随着平台入驻企业的增多，在线交易不断增加。本书将煤矿关
键物资管理电子商务平台视为生态环境，将煤矿关键物资管理涉及
的每一行业视为一个种群，建立了煤矿关键物资管理数据生态系
统，并论证系统的生态学特征及其与信息生态系统的区别。本章的
总体思路详见图2-1。

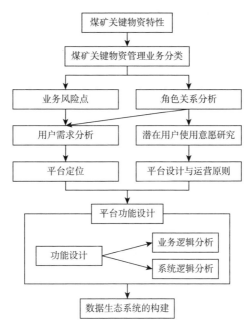

图2-1 煤矿关键物资管理数据生态系统构建的研究流程

第二节　煤矿关键物资供应网络分析

一　煤矿关键物资管理业务类型

煤矿关键物资从制造到最终退出，整个煤矿关键物资管理网络大致要经过三个阶段。第一阶段为供应阶段。在此阶段，煤矿关键物资由供应商设计并制造出来后销售给煤炭企业，此时的煤矿关键物资只是由供应商向煤炭企业让渡的具有使用价值的商品，其使用价值尚未真正实现。或者是煤矿关键物资租赁商将煤矿关键物资以经营租赁或融资租赁的方式出租给煤炭企业以满足煤炭企业的物资需求。第二阶段为生产阶段。在此阶段，煤矿关键物资进入煤炭企业内部，服务于各个生产流程。第三阶段为废弃阶段。在此阶段，煤矿关键物资因残损等原因退出煤炭企业生产环节，此时可以根据煤矿关键物资的状况决定对其采取翻新再造或废弃处置等措施。这三个阶段构成煤矿关键物资管理的主链，每个环节中都存在物质流和资金流的流动。其中，物流功能需要第三方物流企业履行，实现煤矿关键物资在空间位置上的物理移动；资金流则涉及互联网金融等主体的参与，保障了煤矿关键物资管理网络中资金流的畅通，这些构成煤矿关键物资管理的辅链。煤矿关键物资管理的主链与辅链交织，共同构成煤矿关键物资的管理网络。通过上述分析，可以得出主链中的煤矿关键物资管理业务有煤矿关键物资采购业务、煤矿关键物资租赁业务、废旧物资翻新再造业务以及废旧物资回收业务；辅链中的业务有第三方物流业务以及互联网金融等融资业务（见图2-2）。

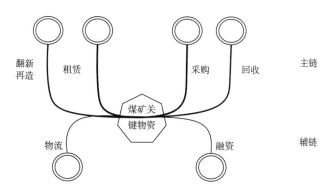

图 2-2　煤矿关键物资管理业务分类

二　煤矿关键物资管理业务风险点分析

设计科学、运行流畅的物资管理机制有利于提高煤矿关键物资的利用率，最大限度地减少煤矿关键物资所占资金。但是，我国煤炭产业在物资管理方面的管控机制尚不健全。要甩掉物资包袱，减重前行，就要认清煤矿关键物资供应管理中存在的症结。很多学者都曾对这个问题进行过深入研究，通过研读文献并结合煤矿关键物资发展现状，我国煤矿关键物资管理业务存在的风险点可归纳为以下几个方面（见图 2-3）。

（一）煤矿关键物资采购

煤炭企业的煤矿关键物资采购计划及库存结构不合理，占用及维护成本过高；采购归口权责不明确，造成煤矿关键物资采购活动混乱，难以统一调度、集中管理，无法保证采购计划有序完成；采购环节透明度低，零星采购回扣现象泛滥，大额招标采购流程不够规范，质量与价格的审批、监督机制不健全，无合同采购、越权采购及重复采购事件频发；供需关系不稳定，供需双方

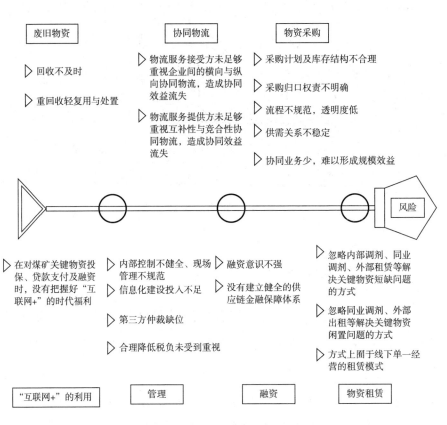

图2-3 煤矿关键物资管理业务风险

目光短浅,难以形成长期互惠共赢的战略伙伴关系;无论是行业内协同还是供应链上下游节点间的协同业务均较少,难以形成规模效益。

(二) 煤矿关键物资租赁

首先,煤炭企业思维固化,在有关键物资需求时仅考虑向煤矿关键物资供应商购买物资一种解决途径,忽略了租赁方式也可以解决物资短缺问题。煤炭企业完全可以通过内部调剂、同业调剂、外部租赁等方式解决物资短缺问题。集团内部各个子公司和煤矿之间互通有无，或者可以有偿使用其他煤炭企业的闲置物资。这些途径均能盘活煤炭企业内部闲置物资，实现集团内部或行业内部的物资共享。其次，煤炭企业在存在煤矿关键物资闲置时也未能通过同业调剂和外部出租等方式最大化利用闲置资源，不但失去了一项收益来源，还增加了库存及保养成本。最后，物资租赁按照不同标准可分为经营租赁与融资租赁、线上租赁与线下租赁、单一租赁与联合租赁，无论是立足于企业内外还是产业内外，煤炭企业都囿于线下单一经营的租赁模式，没有充分发挥联合租赁的规模效益，在互联网联合租赁领域的业务不够丰富，煤矿关键物资租赁渠道与方式有待拓宽。

（三）协同物流

外部协同可分为横向协同与纵向协同。横向协同指企业内部就物流管理达成协调、统一运营的机制（刘炯艳，2006）；纵向协同指煤矿关键物资生产商、批发商、零售商等处于不同生态位的供应链节点之间的物流协同。无论是横向协同还是纵向协同，其目的都是为了实现规模效应。

对于整个煤矿关键物资管理链条来说，无论物流服务接受方的企业内部物流环节间与企业外部供应链节点间的协同，还是作为物流服务提供方的物流企业间的互补性协同与竞合性协同，均未受到足够重视，造成了协调效益的流失。

但是，煤炭企业对煤矿关键物资采购计划的制定并没有形成科学严格的流程与方法，物流方式大多直接采用自己组建的运销公司或者利用第三方物流，在协同物流方面没有太多尝试，失去了协同物流可能带来的协同效益。第三方物流提供了一种集成物流作业模式，为多种方式协同提供可行条件，理应在协同物流方面采取多方位改善措施。

（四）融资

由于煤矿关键物资具有资金占用高的特点，很多煤炭企业在购买煤矿关键物资时存在资金压力与融资需求，当资金流跟不上信息流和物质流时就易造成供应链中断。煤矿关键物资管理相关企业存在的症结主要有以下几方面。其一，融资意识不强。很多煤炭企业仍然保留传统的"钱物交换"思想，没有利用好贷款等融资方式。其二，没有建立健全的供应链金融保障体系。部分小型煤炭企业信用条件不达标难以达到贷款条件，尤其在煤炭行业不景气、很多商业银行将煤炭行业列为融资高风险行业的时代背景下，它们更不容易从银行获得贷款，即便某些实力较为雄厚的大型煤炭企业能顺利获得贷款，其居高不下的资产负债率也增加了企业的财务风险。煤矿关键物资供应链上的其他节点企业也备受融资困难之扰。上游的供应商在设计、生产煤矿关键物资时需要先行垫款，直到出售时资金才能回笼；下游的废旧物资供应商也需要资金去回收煤炭企业淘汰下的废旧物资。

（五）"互联网+"的利用

互联网金融业态主要分为五类：支付、融资、投资理财、风险管理及其他。煤炭企业可以在网络平台通过网络借贷、众筹融资等方式进行融资；购买集理财与保险于一体的新型理财产品。煤炭企业可以通过支付宝、微信、百度钱包等互联网支付方式体验便捷网络在线支付。煤炭企业可以通过互联网平台进行参保。随着技术发展，互联网金融的安全性能得到提升，但是煤矿关键物资管理领域在对煤矿关键物资进行投保、货款支付及融资时大多还是通过传统方式进行业务操作，没有把握好"互联网+"的时代福利。

（六）废旧物资业务

在"去产能"背景下，许多涉煤企业需要"资产瘦身"，面临不良资产、废旧物资的处置问题。废旧物资可以分为两类，一类是经回收翻新再造后还可继续复用的物资；另一类是无法继续发挥原有功能，没有复用价值但有处置价值的物资。报废物资按照报废路径又可分为两种，一种处置给原供应商由其再制造，涉及废旧物资回收逆向物流；另一种转卖或拍卖给专门的废旧物资处理商再利用。无论哪一类均能起到最大化利用物资资源，降低企业成本的作用。然而目前煤炭企业废旧物资价值流失严重，在废旧物资的回收利用与处置方面均存在不足，回收不及时导致废旧物资仍然在生产一线作业，降低生产效率的同时还可能带来极大的安全隐患。即便有相应的回收机制，也往往重回收轻复用与处置，仅仅囤积在企业内部，没有及时与翻新再造企业、煤矿关键物资供应企业及废旧物资回收商进行交易，导致废旧物资加速折旧，复用价值与处置价值流失，并在生产环节之后二度成为库存，增加了储存的成本。

（七）管理方面

内部控制不健全、现场煤矿关键物资管理不规范，造成煤矿关键物资非生产性消耗严重。煤矿关键物资信息化建设投入不足，物资管理无法做到信息资源共享和数据互通，信息的孤岛效应显著。在煤矿关键物资采购业务出现交易纠纷时，没有一个中立、有效的第三方从中协调仲裁，通过法律诉讼往往又效率低下，正常的生产经营业务受到掣肘。煤炭企业采购渠道、采购时间、结算方式及采购货物的归类均会影响最终的应缴税费，而通过纳税筹划合理降低税负并未引起相关企业的足够重视。

三 煤矿关键物资协同管理的必要性

若对煤矿关键物资进行协同管理，以上风险点将迎刃而解，原因有以下几方面。

第一，能够同时在微观、中观与宏观层面实现协同。煤矿关键物资协同管理能够在微观层面将企业内部产、供、销等业务流程协同起来，实现相关部门的协同；在中观层面，有利于实现煤矿关键物资管理链条上平台企业间从煤矿关键物资的采购、租赁、物流、融资到处置 5 类煤矿关键物资管理业务的协同；在宏观层面，将整个平台数据生态圈的环境协同有机结合起来，促进平台企业间各种业务的协作水平，优化企业内部协作流程，提升部门间的协作水平。

第二，能同时实现组织与内容的协同。煤矿关键物资协同管理能够以电子商务平台这种低成本、高效的协同方式组建煤矿关键物资管理数据生态系统这种虚拟组织。随着时间的推移，该虚拟组织的范围与内部结构将发生变化，协同的内容也不再局限于已确定的 5 类管理业务。此外，随着平台运营时间的增长，加入平台的企业成分愈加复杂，开展的煤矿关键物资管理业务也愈加多样。对煤矿关键物资进行协同管理，有利于实现组织与内容的协同。

第三，能同时实现"硬协同"与"软协同"。通过打造煤矿关键物资管理电子商务平台，促进煤矿关键物资管理的相关群体在该平台采取电子商务交易方式，一方面实现了计算机软件、移动终端等的"硬协同"，另一方面作为信息的"扩增器"极大提高了信息传播与知识共享的速度与范围，更新平台企业落后的煤矿关键物资管理理念，实现了意识、信息与知识的"软协同"。

第四，能实现"四流协同"。通过电子商务协同模式进行煤矿关键物资的管理延伸了信息的价值链，能够实现物质流、资金流、信息流"三流"向物质流、资金流、信息流和数据流的"四流"转化，并通过"四流"融合，创造一个动态、有序的煤矿关键物资管理生态系统。

正是因为对煤矿关键物资进行协同管理能实现以上协同功能，才使得采购流程不规范等内部流程风险点、废旧物资回收不及时等协同业务风险点、融资意识不强等"软协同"风险点得到一定程度的缓解与改善，实现协同效益。

四　煤矿关键物资管理角色关系分析

通过煤矿关键物资管理网络可以识别出的网络节点有煤炭企业、煤矿关键物资供应商、煤矿关键物资租赁商、煤矿废旧物资翻新再造企业、煤矿关键物资回收商、第三方物流企业、银行及互联网金融企业等，其中互联网金融企业又可进一步细分为网贷平台、在线理财平台、互联网保险及在线支付平台，共11类节点。11类节点之间存在以下关系：在煤矿关键物资采购业务中，煤矿关键物资供应商是销售者，煤炭企业是消费者；在煤矿关键物资租赁业务中，煤矿关键物资租赁商、富余物资的煤炭企业是出租方，缺少物资的煤炭企业是寻租方；在废旧物资翻新改造业务中，煤矿废旧物资翻新再造企业为服务提供方，煤炭企业是服务接受方；在废旧物资回收业务中，煤矿关键物资回收商是废旧物资购买方，煤炭企业是出售方；在物流业务中，第三方物流企业是物流业务提供方，煤炭企业、煤矿关键物资供应商、煤矿关键物资租赁商、煤矿废旧物资翻新再造企业与煤矿关键物资回收商是物流服务接受方；在融资业务中，银行、网贷平台是资金的提供方，煤炭企业、煤矿关键物资供应商、煤矿关键物资租赁商、废旧物资翻新再造企业与煤矿关键物资回收商是资金的接受方，资金通过在线支付平台实现从提供方向接受方的流动。

第三节　平台潜在用户使用意愿研究

本节在煤矿关键物资管理网络的 11 类节点企业基础上进一步研究了影响这 11 类企业接受煤矿关键物资管理电子商务平台的因素，以及它们之间的作用机制。

一　研究变量与测量维度的设定

研究变量又叫潜变量，测量变量是用于对潜变量进行测度的变量。每个内生潜变量与它的外生潜变量组成的构面中至少要有 3 个测量变量，因为少于 3 个测量变量时无法做齐次检验，4 个测量变量时可以做误差相关分析，所以设计 3~5 个测量变量为佳，4 个最佳。为了防范某些测量变量的问卷数据不满足信度、效度检验，或者影响模型拟合，需要根据修正指数的大小选择是否对测量变量进行去除操作，因此原始问卷中每个潜变量设计 5~7 个测量变量为宜。同时每个模型的潜变量最低要有 2 个且最好不要超过 7 个。遵循以上原则，本书对各潜变量的测量变量进行了选择。

（一）初始信任测量变量的选择

以往学者对于初始信任的研究主要针对个别对象，极少涉及作用于整个电子商务领域的通用初始信任解释结构模型。本书梳理了国内外学者对于电子商务初始信任的研究，认为有代表性的观点主要有两个：McKnight 等（2002）构建的基于个人信任倾向、制度信任、信任信念以及信任意图的初始信任模型以及 Kim 和 Tadisina（2005）从信任信念、信任态度以及信任意图三个维度建立的信任维度分析。两者的相似之处在于均考虑到了信任信念和信任意图。不同之处在于 Kim 和 Tadisina（2005）比 McKnight 等（2002）对初始信任的研究更为细致深入，表现为 Kim 和 Tadisina（2005）将初始信任的影响因素从环境因素、个人因素及过程因素三个方面进行了深入研究，对每一个维度都进行了详细阐述（见图 2-4）。

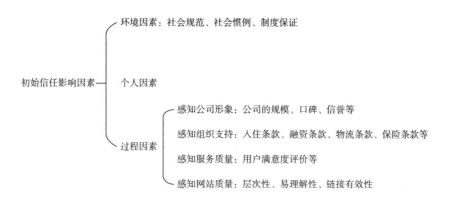

图 2-4 Kim 和 Tadisina（2005）的初始信任影响因素

本书在 Kim 和 Tadisina（2005）研究基础上，通过与 UTAUT2 比对，去同存异，从个人信任倾向与环境因素两个维度，共 4 个测量问题对电子商务平台的初始信任的影响因素进行度量（见表 2-1）。

表 2-1　初始信任影响因素测量问题

研究变量	问题编号	测量问题
个人信任 倾向 DT	DT1	您认为电子商务比线下煤矿关键物资管理方式更快捷、更能提高煤炭行业的物资管理水平
	DT2	您认为开展电子商务将成为煤矿关键物资管理的"业务新常态",该电子商务平台也将成为煤矿关键物资管理的必要工具
环境因素 EF	EF1	您认为同行、上下游企业及周围人都有意采用该平台
	EF2	您的企业没有自建的煤矿关键物资管理电子商务平台或者自建平台没有行业性质的电子商务平台功能齐备、协同效应明显,您要赶上时代步伐

(二) 保护动机测量变量的选择

保护动机理论最早应用于人口健康风险的防控,如糖尿病、艾滋病、高血压、健康移动 APP 的使用等方面(方晓义等,2006;刘英和田世宏,2016;殷猛和李琪,2016;赵杨和倪奇,2016;顾岩,2016;杨华,2015)。随着研究的深入,保护动机理论的应用范围进一步拓展到经济与管理领域,如商品的购买意愿、绿色供应链的建立意愿(张冕,2015)、对某类网站的使用意愿(陈艳华,2012)等。本书借鉴以往保护动机理论在网站、各类 APP 的使用意愿中的研究,结合煤矿关键物资管理电子商务平台的特点,选取了反应效能与自我效能两个维度共 4 个测量问题进行保护动机的测量(见表 2-2)。

表 2-2　保护动机因素测量问题

研究变量	问题编号	测量问题
反应效能 RE	RE1	使用电子商务平台将减少人工操作时的暗箱操作等人为问题
	RE2	使用电子商务平台将减少煤矿关键物资管理中的无序和混乱问题

续表

研究变量	问题编号	测量问题
自我效能 SE	SE1	单位拥有使用平台的能力很重要，如相关技术人员、计算机等
	SE2	您认为本人能拥有使用平台的资质水平很重要

（三）绩效期望测量变量的选择

绩效期望的影响因素有感知有用性、外部动机、相对优势、工作匹配和外部激励。感知有用性可理解为用户通过使用煤矿关键物资管理电子商务平台获得的效益和需求满足，如工作效率的提升、工作成果的增加；外部动机指用户认为电子商务平台能为煤矿关键物资管理带来的价值回报；相对优势指该电子商务平台比以往企业自建平台的优胜之处；外部激励指采纳电子商务平台后对煤矿关键物资管理水平提升和效率提高的帮助程度；工作匹配指电子商务平台提供的信息与自身需求的关联程度。本书根据绩效期望的影响因素选择 4 个测量问题对其进行测量（见表 2-3）。

表 2-3　绩效期望因素测量问题

研究变量	问题编号	测量问题
绩效期望 PE	PE1	您希望平台业务齐全、功能强大、能提供个性服务，使入驻平台的各个群体快速完成各类煤矿关键物资管理在线业务
	PE2	您希望平台能提高煤炭企业有效管理煤矿关键物资积极性
	PE3	您认为平台的功能会比其他企业自行开发的平台功能强大，且会根据顾客建议不断完善
	PE4	您认为平台聚集的同业或异业合作伙伴的数量与质量也是其他平台难以比拟的

（四）努力期望测量变量的选择

努力期望通过判断潜在用户接受创新技术（系统）愿意付出的代价来评判创新技术（系统）在潜在用户心中的重要程度与潜在用

户的采纳决心。在煤矿关键物资管理电子商务平台的使用问题上，努力期望可以从客观和主观两方面进行分类。客观方面涉及用户对软件、网络环境与平台软件的匹配性和兼容性，平台介入和界面理解的难易程度的客观需求；主观方面主要考察用户使用煤矿关键物资管理电子商务平台的主观能动性。努力期望的具体测量问题详见表 2-4。

表 2-4　努力期望因素测量问题

研究变量	问题编号	测量问题
努力期望 EE	EE1	您希望硬件设施、网络环境与平台软件匹配和兼容
	EE2	您希望平台接入简单，界面易于理解
	EE3	您认为即使没人指导，您也会自己寻找途径学习平台使用方法
	EE4	您认为遇到问题时能得到及时有效的技术支持
	EE5	您愿意缴纳会员费或业务提成费

（五）价格均衡测量变量的选择

价格均衡指潜在用户使用电子商务平台时感知到的收益与实际货币支出间的均衡程度。潜在用户在考虑是否接受平台时必然根据平台可能带来的绩效期望衡量自己所能承受的成本，并在对比预期收益与实际支出之后做出选择。本书采用 3 个问题对该因素进行测量（见表 2-5）。

表 2-5　价格均衡因素测量问题

研究变量	问题编号	测量问题
价格均衡 PV	PV1	您认为在平台上能对比尽可能多的上下游企业，并做出更有利您的决策
	PV2	您认为协同效应更能降低成本
	PV3	您担心平台的使用前培训学习、操作不当、售前和售后与商家沟通等引发的时间成本与经济损失

（六）信息构建测量变量的选择

信息构建理论可以分为网站信息构建与网站运营效果两部分内容。本书是在煤矿关键物资管理电子商务平台拟开发、未运营阶段对潜在用户使用意愿的影响因素进行的探究以指导平台的构建，因此本书调查问卷仅需考虑网站信息构建部分。网站信息的构建又可从网站内容、信息组织、导航与交互功能三方面展开（见表2-6）。

表 2-6　信息构建因素测量问题

研究变量	问题编号	测量问题
信息组织 *IO*	*IO*1	您认为信息组织分类、布局合理很重要
	*IO*2	您认为搜索省时且结果准确很重要
网站内容 *PC*	*PC*1	您认为信息源可信、质量真实且实时更新很重要
	*PC*2	您认为信息种类多、内容丰富很重要
导航与交互功能 *IF*	*IF*1	您认为导航信息、交互信息标识具备准确性且链接有效
	*IF*2	您需要交互渠道多且畅通、时间短且目标可达性大

（七）使用意愿测量变量的选择

平台的使用意愿代表的是潜在用户在多大程度上认同平台，以及使用和推荐平台的意愿。本书从五个测量问题对使用意愿进行测量（见表2-7）。

表 2-7　使用意愿因素测量问题

研究变量	问题编号	测量问题
使用意愿 *UI*	*UI*1	您愿意加盟平台并在平台上开展本单位煤矿关键物资管理业务、变革以往商业模式
	*UI*2	您愿意将这个平台推荐给同行及上下游伙伴
	*UI*3	您愿意说服单位领导采用该平台
	*UI*4	您将持续关注平台的开发进程，准备成为它的第一批用户
	*UI*5	您会通过电子商务平台切实开展煤矿关键物资管理业务

二 研究模型设定

通过对研究变量的分析，本书认为六个研究变量不仅对使用意愿都具有正向或负向影响作用，研究变量之间也存在相互影响作用。又因反向题与反向路径假设在问卷调查中经常难以得出正确的数据，所以本节设计的测量问题与路径假设均为正向关系。

本书以六个研究变量之间及它们对使用意愿的影响路径、程度大小为主要分析内容，形成的研究模型中初始信任与保护动机两个变量为自变量，绩效期望、努力期望、价格均衡与信息构建作为中介变量，使用意愿为因变量。在模型开始验证之前，先提出以下15条假设路径，研究假设如图2-5所示，箭头表示出发方对指向方产生直接影响作用。

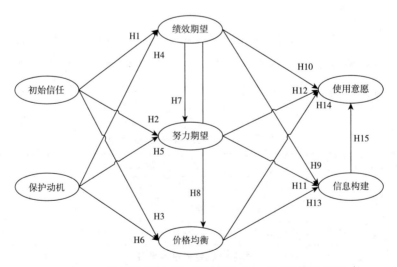

图 2-5　煤矿关键物资管理电子商务平台用户接受模型

三 调查问卷数据采集与分析

（一）问卷设计与数据采集

问卷结构共分三部分，第一部分阐述本次问卷调查的目的及填写提示；第二部分是被调查者的个人基本信息调查，目的是将被调查者限定在煤矿关键物资管理电子商务平台的 11 类潜在用户之列；第三部分是问卷的主体内容部分，包含 31 道测量问题和 6 道逻辑陷阱题，每一个潜变量均对应一道逻辑陷阱题，用以排除不用心答题的无效问卷（见附录 A）。评分规则采用 Likert 五级量表，分值越高代表越认同题干所表述的内容。

本书首先选择 20 名煤炭行业专家进行问卷前测，收集他们的反馈意见，对辨识度低或者语义模糊的问题进行修改，形成最终问卷。然后，本书采取互联网调查与现场发放相结合的方式对 11 类潜在用户群体进行问卷调查，其中山西焦煤集团和河北冀中能源主要通过现场问卷发放、微信推送、邮件推送等私人方式获取问卷数据；MBA 管理课程学习人员采用现场发放问卷的方式；其余潜在用户主体则采用问卷星、微调查等付费网站进行问卷调查。本书共发放调查问卷 500 份，实际回收 286 份，通过信度、效度及正态性检验的有效问卷共 264 份。Bentler 和 Chou（1987）指出有效问卷的数量需至少为测量变量的 5 倍，本问卷测量变量有 31 个，有效问卷数量超过有效问卷底限数量 109 份。

（二）描述性统计、信度、效度与正态性检验

为了确保回收的问卷数据具备可靠性与准确性，本书需要对问卷进行信度与效度检验，又因后期需要使用结构方程采用最大似然估计法对已建立的关系模型进行验证，而最大似然估计要求变量服从正态分布，因此还需要进行正态性检验。

1. 描述性统计分析

在进行实证分析前有必要对样本进行描述性统计分析，以确定样本范围的准确性，本节样本描述统计结果如表 2-8 所示。

表 2-8 样本描述性统计结果

单位：次；%

描述信息	类别	频数	频率
企业类型	煤炭企业	149	56.44
	煤矿关键物资供应商	14	5.30
	煤矿关键物资租赁商	5	1.89
	煤矿废旧物资翻新再造企业	3	1.14
	煤矿关键物资回收商	4	1.52
	第三方物流企业	27	10.23
	银行	31	11.74
	网贷平台	8	3.03
	在线理财平台	9	3.41
	互联网保险	9	3.41
	在线支付平台	5	1.89
性别	男	169	64.02
	女	95	35.98
年龄	18 岁以下	1	0.38
	18~25 岁	27	10.23
	26~30 岁	98	37.12
	31~45 岁	122	46.21
	46 以上	16	6.06
工龄	低于 5 年	62	23.48
	5~10 年	100	37.88
	10~20 年	84	31.82
	20 年以上	18	6.82

由表 2-8 统计数据可看出，被调查者确实被限制在煤矿关键物资管理电子商务平台的 11 类潜在用户群体中。被调查者中男性比例约为女性的两倍，这点与煤矿关键物资的特殊性有关，煤矿关键物资的购、销、储、运等环节均以男性从业者为主。83.33% 的被调查者处于 26~45 岁年龄段，且 69.70% 的被调查者有 5~20 年的从业经验，说明大部分调查者对煤矿关键物资的管理业务的了解程度较高，其对测量问题的真实意思表达对煤矿关键物资管理电子商务平台的使用意愿研究具有直观可信性。

2. 信度检验

信度检验是检验调查数据各项目是否具有一致性的工具（Churchill, 1979）。一致性可分为外部一致性与内部一致性，分别对应外在信度（External Reliability）与内在信度（Internal Reliability）。外部一致性用来检验同一测试者在不同时间节点的测试结果是否一致；内在一致性用来检验同一组问题是否测量同一概念。检验方法有重测信度法（Test-Retest Reliability）、复本信度法（Alternative-Form Relaibility）、折半信度法（Split-half Reliability）以及 Cronbach's Alpha 信度系数法。

受研究条件所限，本书仅对内在信度常用检验指标 Cronbach's Alpha 值进行检验，Cronbach's Alpha 值越高代表量表内部一致性越好，不同指标的 Cronbach's Alpha 在不同区间的取值代表的可信度如表 2-9 所示。

表 2-9　Cronbach's Alpha 系数信度对应情况

Cronbach's Alpha 值	可信度
Cronbach's Alpha<0.3	不可信
0.3≤Cronbach's Alpha<0.4	勉强可信

Cronbach's Alpha 值	可信度
0.4≤Cronbach's Alpha<0.5	尚且可信
0.5≤Cronbach's Alpha<0.7	可信
0.7≤Cronbach's Alpha<0.9	很可信
Cronbach's Alpha≥0.9	非常可信

本书采用 SPSS20.0 对回收的 264 份问卷进行信度检验，检验结果（见表 2-10）显示，初始信任、保护动机、绩效期望、努力期望、价格均衡、信息构建与使用意愿的 Cronbach's Alpha 值分别为 0.930，0.677，0.858，0.829，0.898，0.715 和 0.844，均达到了可信水平，其中删除保护动机中的测量问题 $RE1$ 后能使保护动机的 Cronbach's Alpha 值由 0.677 提高到 0.871；删除努力期望中的测量问题 $EE5$ 后能使努力期望的 Cronbach's Alpha 值由 0.829 提高到 0.872；分别删除信息构建模型中的测量问题 $IO1$、$IO2$ 后能使所属潜变量的 Cronbach's Alpha 值由 0.715 分别提高到 0.740 与 0.795；删除使用意愿中的 $UI3$ 后能使使用意愿的 Cronbach's Alpha 值由 0.844 提高到 0.846。并且舍弃这五个测量变量，依然满足每个潜变量至少拥有 3 个测量变量的条件，故均可以删除。其余测量变量去除后会使所属潜变量的 Cronbach's Alpha 值降低，所以予以保留。

表 2-10 煤矿关键物资管理电子商务平台使用意愿影响因素信度检验

潜变量	Cronbach's Alpha	基于标准化项的 Cronbach's Alpha	项数	测量变量	删除后的 Cronbach's Alpha 值
初始信任	0.930	0.930	4	$DT1$	0.903
				$DT2$	0.908
				$EF1$	0.898
				$EF2$	0.924

潜变量	Cronbach's Alpha	基于标准化项的 Cronbach's Alpha	项数	测量变量	删除后的 Cronbach's Alpha 值
保护动机	0.677	0.703	4	RE1	0.871
				RE2	0.495
				SE1	0.475
				SE2	0.492
绩效期望	0.858	0.858	4	PE1	0.829
				PE2	0.801
				PE3	0.799
				PE4	0.846
努力期望	0.829	0.843	5	EE1	0.773
				EE2	0.773
				EE3	0.765
				EE4	0.783
				EE5	0.872
价格均衡	0.898	0.898	3	PV1	0.846
				PV2	0.855
				PV3	0.862
信息构建	0.715	0.713	6	IO1	0.740
				IO2	0.795
				PC1	0.628
				PC2	0.643
				IF1	0.579
				IF2	0.608
使用意愿	0.844	0.843	5	UI1	0.790
				UI2	0.807
				UI3	0.846
				UI4	0.806
				UI5	0.809

3. 效度检验

效度检验用于检验调查的正确性，可分为内容效度、效标关联效度与结构效度。其中，结构效度适用于验证性因子分析，而内容效度适用于探索性因子分析，本次调查主要用于对煤矿关键物资管理电子商务平台使用意愿的假设路径进行验证性因子分析，因而采用因子分析对量表的结构效度进行检验。对变量进行因子分析需满足两个条件：一是 KMO（Kaiser-Meyer-Olkin）值大于 0.6；二是 Bartlett's 球形检验结果显著，即 $p<0.05$。只有满足这两个条件才说明样本矩阵可提取出公因子。

本书运用 SPSS20.0 软件，采用主成分分析法，并以最大方差法作为转轴方式，以特征值大于 1 为标准对因子个数进行取舍，以测量变量的因子载荷大于 0.55 为标准对因子进行取舍。使用意愿影响因素效度检验后的结果如表 2-11 所示。

表 2-11　使用意愿影响因素效度检验结果

潜变量	KMO 值	近似卡方	自由度	P 值	测量变量	初始	因子载荷
初始信任	0.854	856.633	6	0.000	$DT1$	1.000	0.844
					$DT2$	1.000	0.829
					$EF1$	1.000	0.863
					$EF2$	1.000	0.770
保护动机	0.736	393.985	3	0.000	$RE2$	1.000	0.812
					$SE1$	1.000	0.810
					$SE2$	1.000	0.763
绩效期望	0.817	471.447	6	0.000	$PE1$	1.000	0.675
					$PE2$	1.000	0.752
					$PE3$	1.000	0.759
					$PE4$	1.000	0.623

续表

潜变量	KMO 值	近似卡方	自由度	P 值	测量变量	初始	因子载荷
努力期望	0.809	536.458	6	0.000	EE1	1.000	0.743
					EE2	1.000	0.739
					EE3	1.000	0.791
					EE4	1.000	0.618
价格均衡	0.752	478.945	3	0.000	PV1	1.000	0.840
					PV2	1.000	0.830
					PV3	1.000	0.822
信息构建	0.808	449.639	6	0.000	PC1	1.000	0.662
					PC2	1.000	0.596
					IF1	1.000	0.768
					IF2	1.000	0.735
使用意愿	0.808	428.133	6	0.000	UI1	1.000	0.736
					UI2	1.000	0.688
					UI4	1.000	0.662
					UI5	1.000	0.655

7 个潜变量的效度检验结果显示，初始信任、保护动机、绩效期望、努力期望、价格均衡、信息构建与使用意愿的 KMO 值分别为 0.854、0.736、0.817、0.809、0.752、0.808 和 0.808，均大于 0.6，且所有潜变量的 Bartlett's 球形检验结果都显著，测量变量的因子载荷也都大于 0.55，均满足保留条件，说明 7 个潜变量的量表均具有良好的结构效度，非常适合进行因子分析。

4. 正态性检验

样本数据满足正态分布可以保证结构方程模型的 λ^2 值不被高估（侯杰泰，2004），本书运用 SPSS20.0 软件对样本数据进行了正态性检验。对检验结果的评价要遵循偏度绝对值小于 2、峰度绝对值小于 5（Bentler 和 Chou，1987）的原则，指标评价结果如表 2-12 所示。

表 2-12　有效问卷数据的正态性检验

潜变量	测量变量	均值	标准差	偏度	峰度
初始信任	DT1	4.080	1.149	-1.262	0.826
	DT2	3.981	1.105	-1.122	0.672
	EF1	4.057	1.186	-1.308	0.833
	EF2	3.981	1.052	-1.029	0.561
保护动机	RE2	3.860	1.075	-1.051	0.773
	SE1	3.814	1.071	-0.932	0.585
	SE2	3.720	1.112	-0.732	-0.001
绩效期望	PE1	3.890	1.199	-1.082	0.374
	PE2	3.689	1.164	-0.757	-0.059
	PE3	3.598	1.153	-0.565	-0.425
	PE4	3.735	1.119	-0.905	0.359
努力期望	EE1	3.924	1.151	-1.132	0.629
	EE2	4.015	1.186	-1.270	0.825
	EE3	4.098	1.166	-1.325	0.914
	EE4	3.742	1.131	-0.893	0.281
价格均衡	PV1	3.955	1.081	-1.110	0.784
	PV2	3.951	1.111	-1.077	0.598
	PV3	3.852	1.074	-0.909	0.370
信息构建	PC1	3.799	1.203	-0.823	-0.181
	PC2	3.712	1.130	-0.688	-0.209
	IF1	3.773	1.221	-0.831	-0.252
	IF2	3.879	1.144	-0.882	0.062

续表

潜变量	测量变量	均值	标准差	偏度	峰度
使用意愿	*UI*1	3.909	1.163	−1.093	0.479
	*UI*2	3.860	1.103	−1.057	0.711
	*UI*4	3.746	1.124	−0.880	0.209
	*UI*5	3.845	1.243	−0.982	0.031

由表 2-12 可知，7 个潜变量的 26 个测量变量的偏度绝对值均在 2 以下，峰度绝对值也都在 5 以下，说明本书回收的问卷数据满足正态分布。

（三）结构方程模型的验证与修正

经过前面的信度检验、效度检验以及正态性检验，本书可以得出剩下的 26 个测量变量构成的正式问卷具有较高的信度和效度，且服从正态分布。因为影响潜在用户接受电子商务平台的因素间也存在因果关系，所以适合采用结构方程模型对研究假设进行验证。本书运用 AMOS23.0 软件绘制了研究假设的路径图，路径关系图及标准化估计值如图 2-6 所示。

变量间的箭头表示变量间回归分析，每个箭头上的数值为标准化回归系数，潜变量上的数字表示累计方差。本书采用常用的拟合度指标检验模型的拟合程度，具体的拟合度指标表现值详见表 2-13。

由表 2-13 可以看出指标的 NFI 值没有达到要求，需要对模型进行修正，本书选择对修正指数取值影响较大的变量进行修改。因为本书是验证性因子分析，为了保证残差之间的独立性，所以没有采用常见的针对同一潜变量下不同测量变量残差之间用箭头表示相关关系的做法，而是在保证每一潜变量至少有两个测量变量

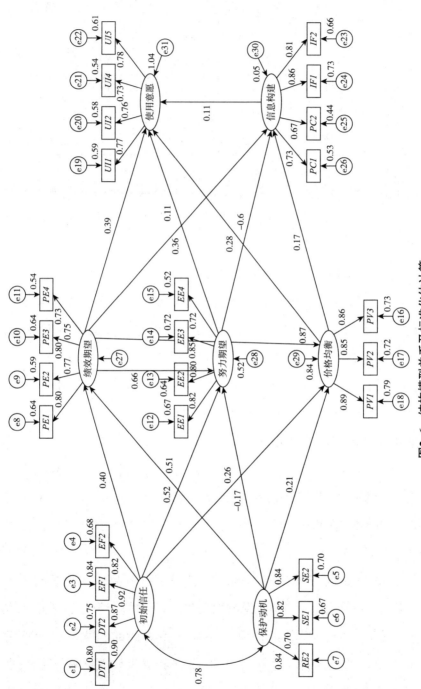

图2-6 结构模型关系及标准化估计算

的前提下运用逐次修改法选择去除对修正指数和 P 值影响较大的
测量变量，根据对修正指数的影响程度，由高到低，每次仅删除
一个测量变量，依次删除变量 $UI5$ 与 $PE1$，经过修正后新的指标
拟合值如表 2-14 所示。

表 2-13　模型拟合度指标及评价标准

拟合指标	CMIN/DF	RMR	GFI	AGFI	NFI	IFI	CFI	RMSEA
可接受值	<3	<0.1	>0.85	>0.8	>0.9	>0.9	>0.9	<0.08
拟合结果	2.101	0.054	0.851	0.815	0.899	0.944	0.944	0.065

表 2-14　模型第一次修正拟合度指标及评价标准

拟合指标	CMIN/DF	RMR	GFI	AGFI	NFI	IFI	CFI	RMSEA
可接受值	<3	<0.1	>0.85	>0.8	>0.9	>0.9	>0.9	<0.08
拟合结果	1.884	0.051	0.875	0.841	0.915	0.958	0.958	0.058

表 2-14 显示，所有的拟合指标均处于可接受范围之内，利用
极大似然估计法对路径系数进行标准化操作，得到的标准化系数，
形成的路径系数、标准差、t 检验值与显著性，详见表 2-15。

表 2-15　模型第一次修正参数估计结果

路径			路径系数	标准差	t 检验值	显著性
绩效期望	←	初始信任	0.276	0.075	3.690	***
绩效期望	←	保护动机	0.550	0.090	6.127	***
努力期望	←	初始信任	0.542	0.068	8.015	***
价格均衡	←	初始信任	0.270	0.062	4.375	***
努力期望	←	保护动机	-0.135	0.092	-1.455	—

路径			路径系数	标准差	t 检验值	显著性
价格均衡	←	保护动机	0.170	0.085	2.000	**
努力期望	←	绩效期望	0.566	0.103	5.483	***
价格均衡	←	绩效期望	0.548	0.097	5.623	***
信息构建	←	绩效期望	0.058	0.270	0.214	—
信息构建	←	努力期望	-0.028	0.195	-0.146	—
信息构建	←	价格均衡	0.199	0.251	0.794	—
使用意愿	←	绩效期望	0.404	0.141	2.877	**
使用意愿	←	努力期望	0.379	0.099	3.814	***
使用意愿	←	信息构建	0.089	0.036	2.491	**
使用意愿	←	价格均衡	0.241	0.128	1.881	*
DT1	←	初始信任	1.000	—	—	—
DT2	←	初始信任	0.928	0.045	20.533	***
EF1	←	初始信任	1.056	0.045	23.548	***
EF2	←	初始信任	0.837	0.046	18.336	***
SE2	←	保护动机	1.000	—	—	—
SE1	←	保护动机	0.941	0.061	15.467	***
RE2	←	保护动机	0.965	0.061	15.943	***
PE2	←	绩效期望	1.000	—	—	—
EE1	←	努力期望	1.000	—	—	—
EE2	←	努力期望	1.016	0.067	15.159	***
EE3	←	努力期望	1.059	0.064	16.538	***
EE4	←	努力期望	0.867	0.067	13.012	***
PV3	←	价格均衡	1.000	—	—	—

路径			路径系数	标准差	t 检验值	显著性
PV2	←	价格均衡	1.031	0.058	17.838	***
PV1	←	价格均衡	1.043	0.055	19.105	***
IF2	←	信息构建	1.000	—	—	—
IF1	←	信息构建	1.124	0.079	14.185	***
PC2	←	信息构建	0.808	0.074	10.937	***
PC1	←	信息构建	0.943	0.077	12.201	***
PE4	←	绩效期望	0.961	0.075	12.743	***
PE3	←	绩效期望	1.064	0.077	13.854	***
UI2	←	使用意愿	0.943	0.065	14.456	***
UI1	←	使用意愿	1.000	—	—	—
UI4	←	使用意愿	0.908	0.068	13.442	***

注：＊＊＊表示在 0.001 水平上显著；＊＊表示在 0.05 水平上显著。全书同，不再赘述。

根据表 2-15 的拟合结果，煤矿关键物资管理电子商务平台使用意愿研究中，研究假设 H5、H9、H11、H13 以及 H14 这 5 个研究假设的 P 值大于可接受的 0.05 水平，说明这 5 条路径假设没有得到数据支持，需要修正。本书利用修正指数对模型进行逐次修正，每次仅对一条路径进行修改并在每次修改后再运行一遍软件，根据每次修正后的拟合结果及修正指数，决定是否要再次修正及修正的对象，经过修正后得到的结构模型详见图 2-7。

模型经过第二次修正后的拟合度指标表现值如表 2-16 所示。

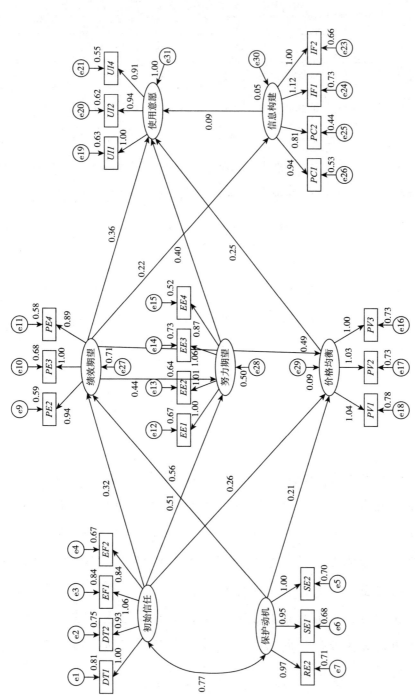

图2-7 模型第二再次修正后路径关系图及标准化估计值

表 2-16 模型第二次修正拟合度指标及评价标准

拟合指标	CMIN/DF	RMR	GFI	AGFI	NFI	IFI	CFI	RMSEA
可接受值	<3	<0.1	>0.85	>0.8	>0.9	>0.9	>0.9	<0.08
拟合结果	1.872	0.052	0.874	0.842	0.915	0.958	0.958	0.058

表 2-16 显示，第二次修正后所有的拟合指标都在可接受范围内，第二次修正后的参数估计结果如表 2-17 所示。

表 2-17 模型第二次修正模型参数估计结果

路径			路径系数	标准差	t检验值	显著性
绩效期望	←	初始信任	0.319	0.077	4.124	***
绩效期望	←	保护动机	0.559	0.092	6.102	***
努力期望	←	初始信任	0.511	0.062	8.248	***
价格均衡	←	初始信任	0.263	0.061	4.324	***
价格均衡	←	保护动机	0.206	0.081	2.549	**
努力期望	←	绩效期望	0.440	0.068	6.473	***
价格均衡	←	绩效期望	0.487	0.086	5.673	***
信息构建	←	绩效期望	0.215	0.068	3.148	**
使用意愿	←	绩效期望	0.355	0.126	2.807	**
使用意愿	←	努力期望	0.396	0.099	4.013	***
使用意愿	←	信息构建	0.085	0.035	2.411	**
使用意愿	←	价格均衡	0.249	0.124	2.002	**
DT1	←	初始信任	1.000	—	—	—
DT2	←	初始信任	0.928	0.045	20.541	***
EF1	←	初始信任	1.057	0.045	23.549	***
EF2	←	初始信任	0.837	0.046	18.320	***
SE2	←	保护动机	1.000	—	—	—
SE1	←	保护动机	0.949	0.062	15.414	***
RE2	←	保护动机	0.973	0.061	15.880	***

续表

路径			路径系数	标准差	t 检验值	显著性
PE2	←	绩效期望	0.940	0.067	13.988	***
EE1	←	努力期望	1.000	—	—	—
EE2	←	努力期望	1.013	0.067	15.131	***
EE3	←	努力期望	1.059	0.064	16.563	***
EE4	←	努力期望	0.866	0.067	13.018	***
PV3	←	价格均衡	1.000	—	—	—
PV2	←	价格均衡	1.032	0.058	17.865	***
PV1	←	价格均衡	1.043	0.055	19.080	***
IF2	←	信息构建	1.000	—	—	—
IF1	←	信息构建	1.124	0.079	14.183	***
PC2	←	信息构建	0.808	0.074	10.937	***
PC1	←	信息构建	0.943	0.077	12.198	***
PE4	←	绩效期望	0.899	0.065	13.892	***
PE3	←	绩效期望	1.000	—	—	—
UI2	←	使用意愿	0.942	0.065	14.443	***
UI1	←	使用意愿	1.000	—	—	—
UI4	←	使用意愿	0.909	0.068	13.441	***

由表 2-17 可得，只有"电子商务平台的保护动机对价格均衡""电子商务平台的绩效期望对信息构建""电子商务平台的绩效期望对使用意愿""电子商务平台的信息构建对使用意愿"与"电子商务平台的价格均衡对使用意愿"这 5 个研究假设分别在 0.05 的统计水平上显著，其余路径假设均在 0.001 统计水平上显著，因此所有的路径假设均通过模型拟合，无须再次修正。

（四）实证结果讨论

初始信任对绩效期望的影响系数为 0.32，初始信任对努力期望的影响系数为 0.51，初始信任对价格均衡的影响系数为 0.26，保护动机对绩效期望的影响系数为 0.56，保护动机对价格均衡的影响系数为 0.21，绩效期望对努力期望的影响系数为 0.44，绩效期望对价格均衡的影响系数为 0.49，绩效期望对信息构建的影响系数为 0.22，绩效期望对使用意愿的影响系数为 0.36，努力期望对使用意愿的影响系数为 0.40，价格均衡对使用意愿的影响系数为 0.25，信息构建对使用意愿的影响系数为 0.09。在这些路径中，保护动机对绩效期望的影响作用最为显著，信息构建对使用意愿的影响作用最不明显。

根据对煤矿关键物资管理电子商务平台用户接受模型的多次修正和拟合，最终得到的影响路径如图 2-8 所示，实线表示通过检验的影响路径，虚线表示未通过检验的影响路径。

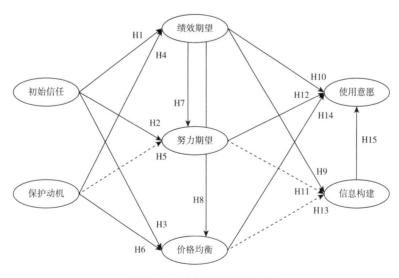

图 2-8 验证后模型路径

通过验证性因子分析，本书可以得出结论：按照影响力大小，影响潜在用户对煤矿关键物资管理电子商务平台使用意愿的因素依次为潜在用户对平台的绩效期望、价格均衡、努力期望与信息构建，除信息构建之外，其他三个因素对使用意愿的影响系数较大；潜在用户的初始信任与保护动机对潜在用户的绩效期望和价格均衡愿望的影响作用明显，初始信任对努力期望具有影响。

四　平台设计及运营原则

研究成果表明绩效期望、努力期望、价格均衡及信息构建均会对平台的使用意愿产生直接影响。绩效期望还影响着信息构建，绩效期望对努力期望与价格均衡也有影响，绩效期望、努力期望与价格均衡都受初始信任的影响，保护动机则可以对绩效期望与价格均衡产生影响，不能对努力期望起作用。根据以上结论可知要想提高煤矿关键物资管理电子商务平台的被接受度，平台的设计与运营需要坚持以下原则（见图 2-9）。

第一，围绕煤矿关键物资管理的业务主线，发挥平台在多功能集约、便捷高效、数字规范化等方面的独特优势，满足潜在用户对煤矿关键物资管理电子商务平台的绩效期望及反应效能的要求。

第二，有针对性地邀请部分企业提前体验平台，采取优惠会员费等促销方式激发其推荐意愿，增强潜在用户的初始信任，人为创造从众的"羊群效应"，提高未入驻企业的环境压力。

第三，降低平台对基础设施的要求，减少系统不兼容等情况发生的概率，通过简化平台界面、设置操作流程指引、对使用过程中遇到的问题提供及时咨询与维护、设置合理的会员费标准等方式减少潜在用户的自我效能、努力期望等障碍预期以提高其使用积极性。

第四，致力于提高入驻企业所属行业的丰富性、促进协同业务的开展与协同效益的产生，提高潜在用户的价格均衡感受度。

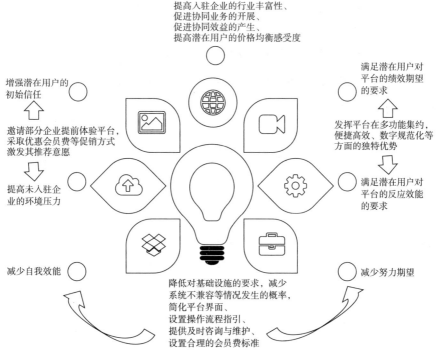

图 2-9 平台设计与运营原则

此外，在保障平台信息的质量、丰富性与实时性基础上，对平台上信息的陈列方式与布局进行优化，如根据信息的重要性对平台信息先组织分类，然后在平台上合理布局信息的展示模块，做到界面的简洁易懂，提高平台的信息构建水平；保障交互渠道畅通及各种导航、交互链接的有效性，提高潜在用户搜集信息的成功率及交互的可达性，降低用户使用平台的努力期望。

第四节 平台用户业务需求分析

平台用户业务大致可分为协同业务、垂直业务及辅助业务三大类，本节分别详述不同业务类型下不同用户群体对平台功能的需求。

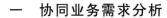

一 协同业务需求分析

(一) 煤矿关键物资采购业务

煤炭企业的采购业务可以分为现货业务和订单业务。现货业务是指在煤炭企业采购之前，煤矿关键物资已经被生产出来并存于煤矿关键物资供应商的仓库中，煤矿关键物资供应商在收到采购方的订单后即可予以发货；采购方还可以采用订单累计达到一定量或者联合其他有共同需求的同质企业共同发出订单，以增强讨价还价能力，实现规模效益。采购方也可以只对值得信赖，位列白名单的煤矿关键物资供应商发出订单。与之对应，煤矿关键物资供应商的现货销售也可分为一般现货销售与联合现货销售。订单业务是先接受订单再组织生产的业务形式，有利于降低煤矿关键物资供应商的存货成本以及存货积压风险，但采购方会存在一定的时间成本，因此急用关键物资不宜采用此方式。订单业务分为一般定制采购、联合定制采购。订单销售则分为一般定制销售和联合定制销售。煤矿关键物资采购业务功能详见图 2-10。

(二) 煤矿关键物资租赁业务

传统的煤炭企业的关键物资租赁主要采用内部租赁模式，即向企业内设的物资管理部门或者集团内设的物资租赁公司租借。煤矿关键物资管理电子商务平台的关键物资租赁业务模块实现了由内部租赁向外部租赁的转变，将专门的物资租赁公司纳入平台成员范围，在接受专业租赁服务的同时将企业资源优化配置到核心业务中去。租赁业务分为煤炭企业的寻租业务与煤矿关键物资租赁商的招租业务，而且两个贸易主体都作为群体存在，突破了一家企业的限制，在一般寻租和一般招租的业务模式，还可以实现联合寻租和协同招租。租赁形式可分为经营租赁和融资租赁，

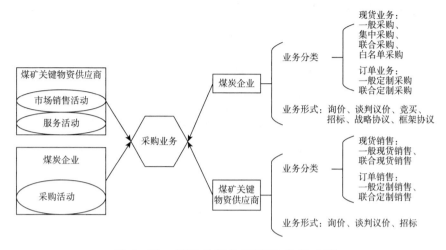

图 2-10　煤矿关键物资采购业务功能

业务形式一般采用询价和谈判两种。煤矿关键物资租赁业务功能详见图 2-11。

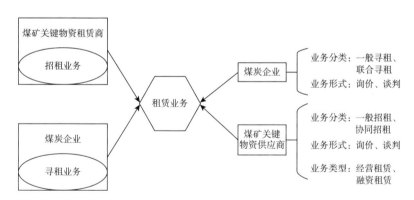

图 2-11　煤矿关键物资租赁业务功能

(三) 废旧物资处置业务

对废旧物资的管理业务可以分为对废旧物资的再利用业务与处置业务。对于具有再利用价值的物资，煤炭企业可以寻找并选择可以废旧物资翻新再造企业，实现废旧物资的翻新再利用或者转卖给其他煤炭企业。搜寻废旧物资翻新再造企业的过程与寻找煤矿关键物资供应商类似，均可以采用询价、谈判等方式。对于没有再利用价值的物资可以通过零星出售、集中出售和联合出售等方式以最大限度获取废旧物资的最后现金流，方式可采用询价、谈判和招标等方式。废旧物资回收商通过一般回收和联合回收实现废旧物资的回收，废旧物资翻新再造企业则通过一般业务和联合业务实现对废旧物资的翻新再制造。废旧物资处置业务功能详见图 2-12。

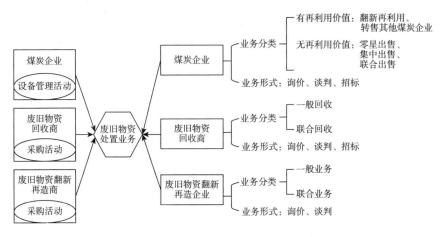

图 2-12　废旧物资处置业务功能

（四）第三方物流业务

物流业务分为运输业务和仓储业务，目前很多企业的物流业务采用两种模式：一是自营模式，即运用企业自身的组织资源构筑自营物流配货系统；二是传统外包模式，由企业之外的独立第三方提供物流服务。第一种模式有利于加强企业对物流环节的控制力，但也在一定程度上增加了企业负担，加上专业化程度低、配送效率低下、只配送本企业货物等，造成资产闲置浪费。第二种模式虽然精简了企业职能、节约了物流成本，但是未能充分地利用物流能力，还有资源继续优化配置的空间。煤矿关键物资管理电子商务平台的第三方物流模块则致力于在第三方物流与煤矿关键物资管理网络其他节点之间搭建桥梁，提升物流服务的提供方与接受方之间、提供方与提供方之间、接受方与接受方之间自行整合的能力。第三方物流模块还可以实现物流服务与融资业务的结合，挖掘在途物资和仓储物资的质押保障功能，实现兼具纵向煤矿关键物资供应链条整合与横向行业整合的混合整合，使第三方物流成为煤矿关键物资供应链条上新的利润增长点。服务接受方与服务提供方的业务分类、业务形式等详见图 2-13。

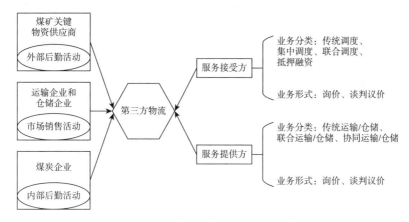

图 2-13　第三方物流业务功能

（五）融资业务模块

煤矿关键物资管理电子商务平台的融资业务模块是众筹业务与供应链金融的结合体，它不局限于向银行等传统金融机构贷款，而是采用众筹的模式，由各个理财产品在各个众筹平台上募集闲散资金，然后入驻煤矿关键物资管理电子商务平台，采用询价、谈判等方式由融资者综合考虑融资成本及偿还条件等因素，选择适宜的理财产品作为融资来源。

众筹分为售前众筹以及贷款众筹，售前众筹只面向产品或服务的消费者筹集资金，筹资一方既是筹资者也是产品或服务的提供者，投资一方既是资金提供者也是消费者。售前众筹采用由筹资者在线发布新产品或服务信息，消费者对感兴趣的产品或服务提前支付全部或部分价款的筹资方式。售前众筹起到了不仅筹资金更是筹客源的作用，可以通过资金的筹集量判断产品或服务在目标消费者中的受欢迎程度，取代了市场调研等辅助价值活动；对于消费者而言，则可以享受到现货交易所没有的现金折扣，互利共赢。贷款众筹则面向专门的金融产品，企业以一定的资产为抵押向入驻平台的互联网金融项目贷款，按照抵押的资产不同分为应收账款模式、保兑仓模式（以预付账款为抵押物）和融通仓模式（以存货为抵押物）。第三方物流企业不仅提供运输和仓储服务，还可作为各个互联网金融项目的合作者，承担对质押品的存在性与保值性进行监管的角色。融资模式详见图 2-14。

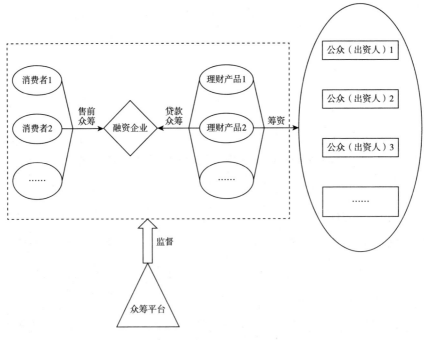

图 2-14　融资模式

二　垂直业务需求分析

与协同业务相对应，垂直业务是指以企业范围为边界，不涉及其他企业的单一企业内部业务，如市场销售管理、生产运营管理等业务。

（一）库存管理

库存管理模块与各企业内部信息系统中存货模块对接，能实现企业的在线库存共享，协调与外部仓储的关系，设定联合库存预警值，并根据企业煤矿关键物资进出量，运用数据挖掘模型预测企业所需保持的库存总量与库存结构，确定企业自营仓储与外部仓储在库存中所占比重，根据煤矿关键物资的类型确定哪些物资适宜存放于第三方物流企业，哪些物资适宜存放于企业自营仓库，确定仓储数量和物资类型等问题。

（二）订货优化

订货优化模块与企业内部信息系统的存货模块对接，与协同业务中的采购业务解决向哪些供应商订货、各自订货量分别是多少不同，订货优化解决的是订货时点与订货数量问题。本业务模块需要以库存管理模块功能为基础，对比企业所需保持的库存总量、库存结构与实际的库存数量、库存结构，根据拟采用的订购方式确定订货时点、订货数量。此外，在联合库存管理模式下，如何在数据共享模式下协调企业的订货结构、订购数量和订购时间，制订科学、合理的联合采购计划以实现成本最优目标。

（三）销售预测

销售预测模块与企业内部信息系统的销售模块与生产模块相连，主要包括两部分内容。其一，根据特定煤矿关键物资近期市场交易数据及企业成交量、成交额占市场的比重预测未来该类型煤矿关键物资的市场需求量，并据此合理安排生产经营活动，生产适销对路的煤矿关键物资，减少物资积压造成的库存成本上升及资金链断裂的风险。其二，根据市场需求信息及市场同类煤矿关键物资的价格走势为企业生产的煤矿关键物资合理定价，避免物资定价过高导致有价无市，或定价过低导致盈利空间萎缩等问题。

（四）融资优化

融资优化模块与企业内部信息系统的采购模块、生产模块及现金模块相连，当企业预期资金短缺时，煤矿关键物资采购企业需要根据采购计划、生产企业需要根据生产计划来合理预期资金缺口，并根据各网贷平台的融资成本以最佳组合安排不同融资主体及不同融资方式下的融资规模，在降低融资风险的同时，最大限度地降低融资成本。

（五）现场物资管理优化

现场物资管理优化模块与企业内部信息系统的资产模块相连。利用现场物资管理优化模块可实现及时对企业的煤矿关键物资进行盘点、折旧测算等业务活动，根据煤矿关键物资的现实状况及可使用年限提前安排好后续处置工作。当煤矿关键物资服役到期时企业可在现场物资管理优化模块作出对其进行翻新改造还是出售的决策。如若出售，出售给其他煤炭企业还是处置给废旧物资回收商的一系列评估决策也是在现场物资管理优化模块实现的。

（六）协同伙伴选择

协同伙伴选择模块主要针对协同业务中对同质协同伙伴与异质协同伙伴的选择问题。如果用户在业务模式中选择了协同模式，无论是联合购买、联合寻租，还是联合销售，都需要选择同质协同伙伴；如果用户在业务形式中选择了招标业务，那么将面临供应商等异质协同伙伴的选择。选择哪些协同伙伴及业务量在协同伙伴间如何分配，这些问题都将在协同伙伴选择模块得到解决。

（七）租赁优化

租赁优化模块对不同交易主体所实现的功能不同，对寻租方而言，此模块致力于帮助其决定是否需要寻租，是采用单独寻租还是联合寻租方式。对于租赁方而言，此模块可实现其对采用一般招租还是协同招租的选择。

（八）物流优化

对于物流服务提供方与接受方而言，物流优化模块可对运输模式进行一般运输、联合运输、协同运输的决策，对协同运输业务还可根据需要进行协同伙伴数量、运输量分配等方面的筹划。这里的协同伙伴同样包括同质协同伙伴和异质协同伙伴。本模块致力于减少物流服务接受方的物流成本，同时提高物流服务提供方的利润空间。

三　辅助业务需求分析

辅助业务不必根据业务类型进行角色分类，因为每个用户的辅助业务需求基本相同，主要有用户的注册、登录与基础信息的维护、合同管理、订单管理、网上对账、合作伙伴管理、纠纷处理、在线支付、纳税筹划与在线保险等业务。

用户的注册与登录需要经过平台的准入条件筛选，企业在上传企业的营业执照、出资证明等资质证书后获得准入资质。只有具备资质的企业才能注册成功并登录平台，进而对本企业的基础信息进行录入和更改等操作。

合同管理包括合同的制定、修改、签订、传送以及公证生效等业务，交易双方根据协商内容拟定、修改合同内容，在不违反法律及交易双方真实意思表示的前提下，传送给对方后经双方电子签名认可后合同将产生法律效力，交易双方均享有合同赋予的权利，同时也要严格遵守合同中的义务约束条款限制，违约方将受到合同惩戒条款的制裁。

订单管理包括订单的查询、付款情况追踪及物流跟踪等功能。通过订单管理可以实现订单的合并、删除和整理。物流跟踪功能可以为用户实时追踪货物的在途情况，通过全球定位系统与射频识别跟踪技术采集在途货物的空间位置信息，通过全球数字移动系统进行信息交换，通过地理信息系统进行信息呈现，实现客户对装载货物车辆基础信息的掌握，如车型、载重量以及承运人的姓名、联系方式，并满足客户对装载货物车辆的物理移动信息的实时跟踪。

网上对账功能有利于企业定期与往来客户对账、了解在途款项情况，并确保应收账款等往来科目核算正确。

合作伙伴管理模块指对合作伙伴，如煤矿关键物资供应商、废旧物资回收商、第三方物流企业、互联网金融企业等的评价与分类管理。对合作伙伴信用评级与分类管理的依据为其以往的成交记录和交易情况、交货和付款及时性、货物及服务质量等。合作伙伴管理也为以后其他企业的交易提供了参考。

纠纷处理模块的功能为处理交易中产生的纠纷。企业先对纠纷对象进行申诉，平台受理后有平台内部和外部两种解决途径。平台内部解决主要依靠专家库中相关领域专家的调解；平台外部解决则是通过绿色仲裁通道与绿色法律通道依靠外部力量解决。

在线支付模块主要通过与微信、支付宝、百度钱包等类似的在线支付平台合作，帮助交易双方在保证资金安全的前提下提高交易效率。

在线保险模块可满足企业通过煤矿关键物资管理电子商务平台为交易行为或者交易标的物进行投保，降低违约、在途物资遗失等交易风险。

纳税筹划模块可通过对相关税务法律制度的解读，对涉税业务进行筹划，提供多个交易方案供交易双方协商选择，在不违反法律的前提下，为交易双方合理避税、减轻税负。同时，还设置了各地税务部门的直达链接，方便交易双方在线缴纳税款。

四　平台定位

电子商务平台依据构建主体可分为企业自有电子商务平台、依托第三方的电子商务平台、行业类协同电子商务平台和国际化电子商务平台（孟晓明，2009）。根据平台用户需求分析，只有行业类协同电子商务平台才能通过规避煤炭企业在煤矿关键物资采购过程中面临的采购渠道狭窄、采购周期过长、物资价格偏高、物资质量参差不齐、供应链中断风险高等弊端，满足所有用户需求。因此，本书将煤矿关键物资管理电子商务平台定位为行业类协同电子商务平台。

（一）行业类协同电子商务平台的优点

与企业自有电子商务平台相比，行业类协同电子商务平台突破了特定企业的界限，服务于煤炭全行业，解决了某些规模较小、信息化水平较低的煤炭企业与市场衔接的问题。煤炭企业在缴纳一定会员费后即可入驻平台，实现以较低的成本享用平台的信息资源与大数据资源，提升管理效率的同时降低了经营管理成本。此外，加入行业类协同电子商务平台的煤炭企业基于平等信任、互惠互利的原则，除了可以实现产业链上下游不同节点的纵向异质企业协同，还能使煤炭产业内的横向同质企业协同成为可能，便于开展协同计划、协同采购和协同决策等横向协同业务。最后，行业类协同电子商务平台中的交易主体必然多于单一企业所建的电子商务平台，各个平台主体间的交易信息等数据随着平台运营时间的增长累积为大数据，为煤炭企业煤矿关键物资管理提供可行性保障。

与依托第三方的电子商务平台相较，行业类协同电子商务平台是业内人士依据清晰的目标所建，在平台准入等方面辨识能力较强，保证了平台的良好运营。而依托第三方的电子商务平台仅扮演了信息中介及数据处理商的角色，至于交易主体与客体的相关情况未必有深入了解。平台成员的资质审核、商品的品控等业务属于第三方非主营业务与非相关业务，可能造成平台这个虚拟社区鱼龙混杂、虚假信息充斥，在信息不对称的情况下增加了交易的辨别成本与时间成本。

与国际化电子商务平台相较，行业类协同电子商务平台的管理和运营都更为简洁、高效，煤炭作为国家能源战略性物资，使用行业类协同电子商务平台不存在国际化电子商务平台具有的资质认证标准互不承认、适用法律存在分歧、煤炭生产信息泄露等风险。

（二）行业类协同电子商务平台的缺点

与企业自有电子商务平台相比，行业类协同电子商务平台难以保障业务保密性，可能加剧同业竞争。同时，因为所有使用该平台的煤炭企业均可以享受平台福利，所以煤炭企业个体失去了电子商务渠道的相对优势。再者，协同业务虽是在互信互惠的基础上开展的，但不同企业的经营理念不同、危机应对方式也不尽相同，在交易过程中难免产生纠纷，降低交易效率并增加交易成本。此外，在平台服务企业增多的条件下，平台的设施、信息处理能力等硬件条件及流程优化、协同管控等软件开发能力均面临更高要求。

与依托第三方的电子商务平台相比，行业类协同电子商务平台是由交易一方所建，行业的营利属性决定了平台创建方在设计交易规则及平台运营规则时必然站在己方立场，维护己方利益，作为利益相关方难以保持客观中立的立场，在发生交易纠纷时难以通过和平调解的方式解决，只能通过法律等正规渠道去解决。而依托第三方的电子商务平台运营商的主业是为电子商务提供专业化服务，因此拥有丰富的电子商务平台运营经验。专业化服务除了能相对降低平台的运营成本，还能将交易双方从繁琐的平台运营事务中解放出来，使其专注于自己的主营业务与交易本身。并且第三方作为利益无关方，还具有客观公正属性，可以担任信用中介、支付中介和调解中介的职责。在发生交易纠纷时第三方平台运营商可以充当调解员，最大限度地降低纠纷成本。

与国际化电子商务平台相比，行业类协同电子商务平台将供应链上产、供、销各个节点限制在本国范围内，放弃了在全球范围优化配置资源的机会。尤其对于煤矿关键物资这种耗资大、专业性强、技术含量高的生产资料，与国际接轨才能接触到先进的生产技术，借鉴国际同行前沿的生产方式，才能促进国内煤炭企业生产效率的提高。

第五节 平台功能设计

一 平台功能框架

在平台用户需求分析基础上设计的平台功能框架如图 2-15 所示，平台主要包含三个模块：信息发布与查询、决策、辅助。其中用户的垂直业务基本集中于决策模块，协同业务则需信息发布与查询模块与决策模块共同运作。

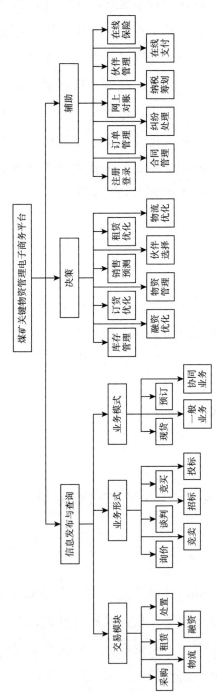

图2-15 煤矿关键物资管理电子商务平台功能模块

二 平台业务逻辑

(一) 注册登录数据流

煤矿关键物资管理电子商务平台要求用户必须是企业而非个人,首次登录用户需要通过注册并提出加入平台的申请,经验证通过后才能登录平台。非首次登录用户可直接通过验证账号、密码等信息后登录平台开展电子商务活动。具体的操作流程如图 2-16 所示。

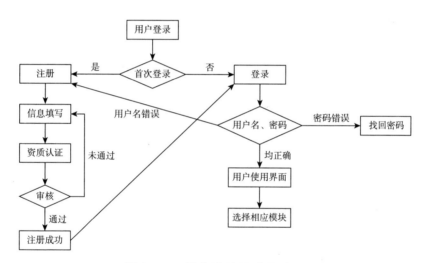

图 2-16 用户注册及登录流程

(二) 煤矿关键物资管理业务逻辑

用户登录平台后要根据业务类型及用户角色在平台上进行相应的操作。以煤矿关键物资的采购业务为例,该业务涉及采购方煤炭企业与出售方煤矿关键物资供应商,数据流跟随业务流程传递。因采购方与出售方的业务逻辑不同,所以煤矿关键物资采购业务的促成可通过两种方式,一种方式是自己发布求购信息或者出售信息,等待潜在交易对象来应单;另一种方式是根据自己可接受的交易条件去筛选满足条件的交易对象。

第一种方式的业务逻辑为：物资采购方首先在决策模块中通过库存管理功能了解到本企业的煤矿关键物资短缺情况，并在订货优化功能中根据设定的选择条件得到最佳订货方案，然后在信息发布与查询模块选定采购模块，根据最佳订货方案分别设定业务形式与业务模式，经平台审核通过后发布求购信息。物资出售方则通过决策模块中的销售预测模块制定本企业的销售计划，根据销售计划在信息发布与查询模块选定采购模块，根据最佳销售方案分别设定业务形式与业务模式，经平台审核通过后发布出售信息（见图 2-17）。

第二种方式的业务逻辑为：在信息发布与查询模块通过设定筛选条件在已发布的交易信息中选出可接受的交易条件，然后通过决策模块的伙伴选择功能选择最理想的交易对象，这里的交易对象不仅涉及买卖双方异质协同伙伴，还涉及协同业务中联合出售、协同购买的同质协同伙伴。当多方达成合作意愿之后，通过辅助模块的合同管理功能签订合同；通过在线支付功能支付货款，提高付款效率；通过订单管理功能追踪订单的付款情况、发货信息及在途物资状况；通过在线保险功能为本次订单投保，规避交易风险；通过网上对账功能定期与合作伙伴核对往来账单，为审计工作提供便利条件；通过纳税筹划功能制定合理避税方案，实现在线缴纳税款；当出现交易纠纷时，通过纠纷处理功能申请仲裁或者寻求法律途径解决。在交易的最后环节通过伙伴管理功能，交易双方进行互评，得到各自的信用评分。

其他业务，如租赁、废旧物资的翻新改造与回收、融资、物流等业务的业务逻辑与数据流动轨迹与之类似，只是在不同功能模块中涉及的功能不同，限于篇幅不再一一列举。

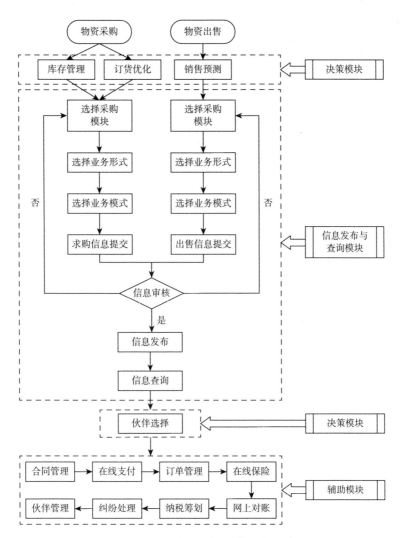

图 2-17　煤矿关键物资采购业务逻辑之一

三　平台系统逻辑

系统逻辑是在人机交互过程中，系统通过各种功能件接收、处理输入的信息并将处理结果反馈给使用者的过程。煤矿关键物资管理电子商务平台其实是一个复杂的系统，其在硬件基础设施基础上，运用现代信息技术将采购、租赁、融资等各项服务整合在一起。煤矿关键物资管理电子商务平台的逻辑结构如图 2-18 所示。

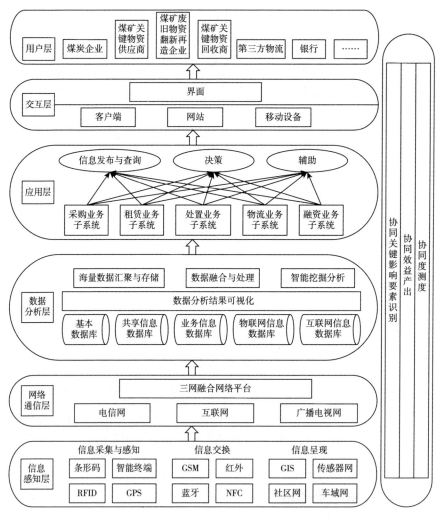

图 2-18 煤矿关键物资管理电子商务平台逻辑结构

第六节　煤矿关键物资管理数据生态系统的构成

一　煤矿关键物资管理数据生态系统的形成条件

（一）煤矿关键物资管理主体是数据生态系统形成的核心要素

煤矿关键物资管理主体的目标是追求自身价值的最大化。当数据生态系统能促使主体产生初始信任、满足主体的保护动机需求、有利于实现主体的绩效期望、努力期望与价格均衡目标时，煤矿关键物资管理主体将提高使用意愿。在上述条件均满足的前提下，煤矿关键物资管理主体将有意愿入驻平台，促进数据生态系统的萌发与扩展。

（二）煤矿关键物资管理对象为数据生态系统的形成提供动力

煤矿关键物资管理工作直接决定了主体之间的业务协同关系。主体之间虽然存在竞争，但更多的时候主体之间是利益相关且不可或缺的，彼此之间有相互合作的必要，这就为数据生态系统中物质流、信息流、资金流的交互和数据流的产生创造了条件。在主体协同过程中，贯穿整个煤矿关键物资管理网络，横跨多行业、多环节的协同主体间将产生海量的物质、信息和资金数据，且会随着时间推移呈现增长态势，这些数据资源都将以数据形式存储于介质之中，为数据生态系统的形成提供动力。

（三）大数据存储、数据挖掘等技术的发展为数据生态系统的形成提供支持

数据生态系统是建立在大数据等信息技术之上的，随着互联

网、物联网、云存储等技术的日臻成熟，煤矿关键物资管理过程中信息的收集、传递、存储、利用、向数据转化、数据挖掘等活动才逐渐展开。信息技术的发展提升了信息流转效率、降低了信息共享成本、提高了信息的数据转化效率、增强了数据挖掘能力，为大数据商业价值的实现提供了技术保障，促进了数据生态系统的良好运转。

二 煤矿关键物资管理数据生态系统的数据来源

(一) 按照媒介区分

按照承载、传播的媒介区分，煤矿关键物资管理数据生态系统的数据可分为物联网数据、智能设备数据、互联网平台交易数据、系统自动导入数据、移动终端交易数据，其中最重要的是互联网平台交易数据与移动终端交易数据 (陈国兰，2014)。

物联网数据。通过对入驻煤矿关键物资管理电子商务平台的煤炭企业的相关煤矿关键物资安装传感器，搜集煤矿关键物资的现场状态等数据，积累现场煤矿关键物资的大数据资源，有助于煤炭企业分析煤矿关键物资的现场使用情况、折旧情况。

智能设备数据。通过对煤矿关键物资供应商生产的煤矿关键物资安装射频识别装置，可实现在煤矿关键物资销售出厂后实时跟踪煤矿关键物资的地理位移，帮助交易双方预估到货时间；同时也可起到出厂煤矿关键物资计数器的功能，用于评估不同煤矿关键物资供应商的成交量。

互联网平台交易数据。当 11 类用户群体入驻煤矿关键物资管理电子商务平台并对煤矿关键物资进行管理时，必然产生巨大的交易记录，煤矿关键物资管理电子商务平台是数据生态系统中数据的主要来源。比如通过对用户的检索记录、访问记录进行分析可以预测用户需求，以向用户智能推荐符合其需求的产品；通过对用户成交记录进行分析可以得到用户生产的煤矿关键物资或者提供的相应服务在市场的占有率。

系统自动导入数据。库存信息、资金信息等数据资源是可以利用企业原有的内部系统（如 ERP 系统、用友系统）获得的。

移动终端交易数据。煤矿关键物资管理电子商务平台除了可以在电脑端登录，还可以在手机等移动终端的 APP 登录，能够保障用户随时随地在线开展煤矿关键物资管理业务。移动终端和互联网平台交易端均会产生巨大的交易数据，用于判断用户的使用习惯、浏览倾向等，进而帮助煤矿关键物资供应商等预测用户的交易需求。

（二）按照数据类型区分

按照数据类型区分，煤矿关键物资管理数据生态系统的数据可分为产品或服务数据、用户数据、运营数据与交易数据（嵇婷和吴政，2015）。产品或服务数据指在煤矿关键物资管理电子商务平台上交易的煤矿关键物资、弃置物资、物流服务、仓储服务及互联网金融服务等数据。用户数据包括入驻平台企业的类型、规模、征信资料等数据。运营数据指平台运营过程中产生的数据，如单日登录人次、某个时点在线用户数量等。交易数据指平台用户在平台进行一系列煤矿关键物资管理操作时产生的数据，如发布某型号煤矿设备招租公告、检索并访问某类设备供应商、签约等操作行为产生的数据。

（三）按照数据的生命周期区分

根据数据的生命周期，从数据的产生到消失可将煤矿关键物资管理数据生态系统的数据分为生成阶段的数据、获取阶段的数据、存储阶段的数据与分析阶段的数据。生成阶段的数据主要指通过安装在煤矿关键物资上的红外线传感器、射频识别装置等搜集到的数据以及用户登录平台进行煤矿关键物资管理业务一系列操作时产生的数据；获取阶段的数据主要指通过网络爬虫、监控组件、应用数据库等手段将相关数据搜集整合到一起，并通过删除重复数据，去除错误、无效数据等预处理手段得到的数据；存储阶段的数据指存储于平台系统或者云资源的数据；分析阶段的数据指通过一系列建模方法或者分析工具挖掘到的具有商业价值的数据。

（四）　按照数据结构区分

按照数据结构可将煤矿关键物资管理数据生态系统的数据区分为结构化数据、半结构化数据和非结构化数据。其中，交易双方对对方的信用互评分数、某类煤矿设备的精确型号、平台上交易的煤矿关键物资报价等数字信息均为结构化数据；煤矿关键物资管理平台商品界面既包含商品名称、图片展示等共性元素，又包含不同供应商对不同商品的一些个性化介绍，比如供应商介绍的产品服务期限信息，这种平台运营过程中产生的 HTML 文档就是半结构化数据；供应商对出售的煤矿关键物资的文字描述和拍摄的产品照片、交易双方的语音沟通资料等文本、图像、语音资源等属于非结构化数据。

综上所述，伴随煤矿关键物资管理电子商务平台的使用，以上各类数据资源将实时增长，且平台将通过分类分析、聚类分析、关联分析、异常分析等数据挖掘技术进一步挖掘数据资源的商业价值。因此，数据生态系统中的数据满足"大数据"体量大、高速、异构性和价值化的四维特征，煤矿关键物资管理数据生态系统可由煤矿关键物资管理电子商务平台衍化而成。

三　煤矿关键物资管理数据生态系统的构成要素

为了研究方便，本书将煤矿关键物资管理体系中的协同模块单独拿出来，并借鉴生态学理论，把它视为一个数据生态系统。在这个系统之中，每一个行业看作一个种群，行业之间以及行业内部的数据交互与协同可以看作种群之间以及种群内部个体之间的数据交互与协同。

根据数据生态系统的定义、构成要素及设计好的煤矿关键物资管理体系中协同模块的功能，煤矿关键物资管理数据生态系统可分为三部分（见图 2-19）。

第一，从煤矿关键物资供应商到煤炭企业，再到煤矿关键物资回收商或煤矿废旧物资翻新再造企业的基本交易链条，构成了煤矿关键物资协同模块数据生态系统的核心体系。煤矿关键物资管理电子商务平台突破了传统商务模式受时间、空间、局部信息等多重因素的限制，打破了交易局部最优的格局，实现了第一时间发布商品信息、最大范围选择商务伙伴、横向与纵向多项协同、低成本、便捷化等多重优势，实现了交易信息的全方位优化，搭建了煤矿关键物资管理数据生态系统的总体框架。

第二，银行、互联网金融企业、第三方物流企业是数据生态系统的支撑体系，为核心体系达成完整交易、履行交易合同提供了商品流通渠道和资金流通渠道。

第三，根据 PEST 模型①，把政策法律环境、经济发展环境、社会文化环境、技术环境以及传统煤矿关键物资供应产业作为数据生态系统的外部网络环境，其对系统内部所有交易行为都有影响作

———————————

① PEST 模型是一种用于评估外部宏观环境的工具，通过分析政治、经济、社会和技术四个方面的因素，帮助企业了解和预测市场环境的变化。

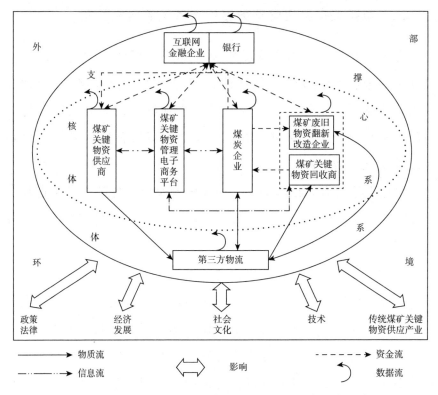

图 2-19　煤矿关键物资管理数据生态系统构成要素

用，但不直接参与煤矿关键物资的实际管理工作。

四　煤矿关键物资管理数据生态系统的生态学特征

生态系统是一个由自然环境与生态因子组成的统一体，系统内部的生物种群因与整个生态系统存在着物质交换与能量循环而不断演化，演化形式分竞争、互惠、共生等多种形式。煤矿关键物资管理数据生态系统是围绕煤矿关键物资管理形成的一个后天系统，它与自然的生态系统存在着某些共性，因此才被称为数据生态系统，具体的共性见表 2-18。

表 2-18 自然生态系统与煤矿关键物资管理数据生态系统的共性

类型	层级	自然生态系统	煤矿关键物资管理数据生态系统
共性结构	系统性	按照捕食关系组成的整体结构	按照供需关系组成的整体结构
	层次	群落、种群、个体	生态系统、种群、企业
	构成因素	生产者、分解者、消费者和无机环境	煤炭企业、煤矿关键物资供应商、煤矿关键物资租赁商、煤矿废旧物资翻新再造企业、煤矿关键物资回收商等 11 个种群
	系统内关系	相互影响、相互依存	相互制约、相互依存
	反馈	正、负反馈	正、负反馈
	价值结构	食物链、能量网	物质流、资金流、信息流、数据流
	开放性	能量的输入、循环、输出	煤矿关键物资、资金、信息与数据的输入、循环与输出
共性特征	功能	物质循环、能量流动、生物进化	供需流动、信息共享、数据共享、价值创造
	运行机制	适者生存、优胜劣汰	适者生存、优胜劣汰
	自组织	自组织、自适应、自调节	自组织、自适应、自调节
	进化形式	产生、发展、进化	入驻、发展、演进

五 煤矿关键物资管理数据生态系统与信息生态系统的区别

传统的信息生态系统中仅将生态因子之间的物质流与资金流视作重要资源，信息流存在的意义仅限于信息的传递，在信息达到目标之后便失去了意义。在数据生态系统中数据流也被视为珍贵资产，节点企业之间产生的交易信息等信息流都将在生态系统内累积成宝贵的大数据资源，实现信息流向大数据资源的转化，日后还可对这部分数据资源进行挖掘，发挥大数据资源的商业价值。煤矿关键物资管理数据生态系统与信息生态系统相比的优越性主要体现在以下几方面。

（一）延伸信息价值实现路径

在传统的信息生态系统中，信息增值主要沿着信息的输入、信息的输出及信息的反馈的路径实现，因首端生态因子向末端生态因子发出的信息输入操作使信息的末端生态因子获得信息，信息实现第一次价值；由末端生态因子向首端生态因子发出的信息输出与信息反馈使首端生态因子获得反馈信息，信息实现第二次价值。在煤矿关键物资管理数据生态系统中，煤矿关键物资管理业务信息在输出之后、反馈之前还会进一步形成大数据资源，通过对大数据资源的数据挖掘也可以服务于一定的煤矿关键物资管理目标，数据挖掘的结果除了可供首、末两端生态因子使用，也可供整个生态系统中其他生态因子使用，即除了信息的第一次和第二次增值，还有大数据资源的第三次增值与变现（见图2-20）。

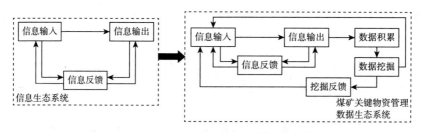

图 2-20　两系统的信息增值路径

（二）实现由"三流"向"四流"的转化①

信息流的基础是数据，数据组成信息流，但数据不具备商业价

---

① "三流"指信息流、物质流和资金流；"四流"指信息流、物质流、资金流和数据流。

值。信息流的商业价值仅限于信息的传递价值，信息流集合形成的大数据才是一种可用来共享、分析的无形资产，才是宝贵的商业资源。在信息生态系统中，信息流只承担传递资讯的功能，生态因子之间因物质流、资金流和信息流产生联结。而在煤矿关键物资管理数据生态系统中，可以实现对信息流的清洗、整合、序化以及共享，使信息除了承担在生态因子之间传递讯息的功能，还承担反映信息流途经的生态因子某方面状况的功能，使每个生态因子都成为数据资源的增长点，在物质流、资金流和商业流之外又增添了每个生态因子的数据流。煤矿关键物资管理数据生态系统可根据特定的商业目的，迅速调动和优化配置相应的数据资源，对数据资源的商业价值进行深入挖掘。因此，煤矿关键物资管理数据生态系统实现了由"三流"向"四流"的转化（见图 2-21）。

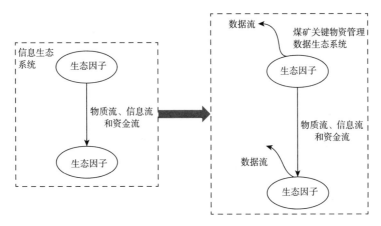

图 2-21　两系统内因子间关系区分

第三章
数据生态系统协同关键影响要素识别

　　本章融合概念格与复杂网络理论，通过对数据生态系统内生态因子间协同关键影响因素进行识别，利用 UCINET 软件进行可视化呈现，具象描述煤矿关键物资管理数据生态系统的致因路径。

第一节　协同关键影响要素识别思路

　　数据生态系统作为一个新兴概念，虽然已经受到学术界的关注，但应用于煤矿关键物资管理领域的研究还不太多，本书在对数据生态系统与信息生态系统区别分析的基础上，借鉴以往学者对信息生态系统的研究成果，针对数据生态系统的独有特征，对原有信息生态系统中生态因子协同影响因素加以整合扩充。面对复杂多样的因素，识别对数据生态系统中生态因子协同具有根源性与重要决定作用的因素异常困难，同时数据生态系统的协同对于系统的正常运转具有重要意义。鉴于 DEMATEL 中的原因度能测度因素的根源度，中心度又解决了重要性的评估问题，本书通过该模型构建了数据生态系统协同结构要素模型，有效解决了关键影响因素的识别问题。

首先，本章在归纳总结现有研究的基础上对数据生态系统的协同影响因素进行初步筛选，构建基于 DEMATEL—德尔菲—概念格的数据生态系统协同关键影响因素识别模型。DEMATEL 确定研究框架，德尔菲专家咨询法解决数据来源问题，然后借鉴概念格的理论观点，将专家对各个因素间关系的评分做概念格聚类，以此作为将各专家在因素间一对一影响关系的评分进行综合汇总的权重分配基础，实现各个专家直接影响矩阵 A_{ijz} 向汇总直接关系矩阵 B_{ij} 的转化，汇总直接影响矩阵再经规范化及极限处理得到综合关系矩阵 T_{ij}。在综合关系矩阵基础上，研究向两个方向延伸，其一是对综合影响矩阵进行数据处理，分别得到影响度、被影响度，并据此计算中心度与原因度，在笛卡尔坐标图中通过确定 X 轴与 Y 轴的结果—原因分界点区分结果型因素和原因型因素，并对影响因素进行精简；其二是将综合影响矩阵与单位矩阵 I 相加得到整体关系矩阵 D_{ij}，以研究确定的 ω 值为分割点确定可达矩阵元素，构建可达矩阵 E_{ij}。通过计算可达集与前因集对可达矩阵进行多次删减，确定数据生态系统协同影响因素的层次分级，最后从复杂网络视角进行影响因素对数据生态系统的作用路径研究，利用复杂网络分析软件 UCINET 对作用路径按照解释结构模型的分级结论进行描绘，同时通过将影响因素层次分级结果与 DEMATEL 确定的关键影响因素进行双向验证，证明 DEMATEL 确定的关键影响因素在解释结构模型确定的协同影响因素因果路径层次结构中处于高层。最后，根据识别出的关键要素构建协同结构要素模型，为协同效益产出函数推导与数据生态系统协同度测度进行测度指标体系的框架预设奠定基础，整体研究思路见图 3-1。

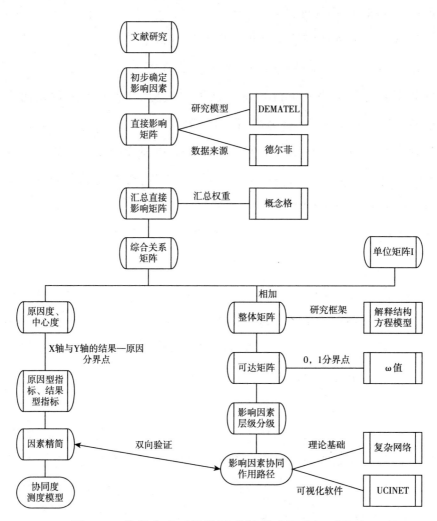

图 3-1 数据生态系统协同关键影响要素识别思路

第二节 协同关键影响因素识别

一 初步影响因素筛选

在煤矿关键物资管理电子商务平台基础上建立的煤矿关键

物资管理数据生态系统，其协同受多方面因素的影响。为了全面、科学地确定该数据生态系统的直接影响因素，本书采用文献分析法，一方面汇总现有关于数据生态系统协同直接影响因素的研究成果；另一方面对业内专家进行访谈，汇总专家意见及作者的研究思考，确定初步筛选指标。具体筛选步骤如下。

首先，选择合适的检索条件，对与煤矿关键物资管理数据生态系统紧密相关的公开发表的文献进行检索，包括博硕学位论文、期刊论文与会议论文。值得注意的是，本书认为数据生态系统的协同包括宏观层面的整个电子商务平台的信息协同与数据协同；中观层面的节点间协同，包括不同种群间的纵向协同与同一种群内的横向协同；微观层面的节点内协同，如企业内部领导者对协同业务的态度等。因此，检索的文献也主要围绕这三方面展开。

其次，对检索的文献进行阅读分析，从中筛选与本书相关的直接影响因素内容，罗列有代表性的观点，形成数据生态系统协同直接影响因素列表。

再次，根据列表中各因素的含义，对列表中的因素进行归纳整理，将重合因素进行删减合并，不重合因素进行扩展，力求筛选出的因素能够涵盖列表中所有因素内容。

最后，确定初步筛选指标列表。

经过整理汇总，本书共提取了 35 位代表性学者的研究成果，这些学者涉及高校、研究院所等，研究内容各有侧重，能很好地代表数据生态系统协同直接影响因素的现有研究水平。煤矿关键物资管理数据生态系统初步影响因素详见表 3-1。

表 3-1　数据生态系统协同初步影响因素

序号	主要研究者	直接影响因素
1	张良卫 （2015）	信息平台和技术的先进性、信息服务质量及传递效率、信息多样化、线上线下适配性和一体化及物流园区的网络化程度
2	何施陶等 （2014）	供应链伙伴关系、信息共享、利益分配、冲突解决、资源共享和软硬件基础设施
3	李微 （2013）	企业信息系统资源、信息协同支持机制、信息协同过程能力、信息协同的时间优势、成本优势、财务优势及发展能力
4	桂晓苗 （2013）	电子商务生态链资源状况、生态位的重叠与互补、电子商务生态链的长度与宽度、节点的战略因素、电子商务产品属性、电子商务生态链的政策制度
5	孙文红 （2012）	供应链伙伴关系、信息共享、利益分配、冲突解决、资源共享和软硬件基础设施
6	朱文平 （2010）	信息可得性、信息有效性、信息及时性、信息准确性和信息丰富性
7	张悟移和 马源（2016）	信赖与相互信赖、竞争程度、企业资本输出能力、收益分配问题、技术差距、工作人员执行能力、合作机制完善程度、目标一致性、知识产权保护力度、政府行为（制度和政策）、工作人员自身知识水平程度、工作人员对协同创新认知程度、信息传输能力、激励机制
8	姚瑶（2015）	集群内企业协同创新意愿、集群内企业的自身能力、集群内企业之间关系、集群内企业与其他主体的关系、集群信息网络、技术、资金、人才、市场环境、政策环境
9	张艳等 （2014）	客户满意度、预测准确率、运营成本、企业竞争力、协同合作能力
10	杨颖（2013）	组织环境特征、决策者支持、企业支撑环境、平台支撑环境、可感知的易用性

续表

序号	主要研究者	直接影响因素
11	陈张琪（2013）	微观的战略协调能力、文化协同能力、资源协同能力、组织协同能力、财务协同能力；宏观的创新协同能力、信息协同能力、商务协同能力、合约协同能力、流程协同能力
12	周丕化等（2012）	技术、市场、经营、营销、竞争和财务
13	张婧（2011）	集群内中小企业素质、集群内中小企业与其他成员的关系、集群内中小企业协同创新资源、集群内网络支撑条件和宏观环境
14	刘红胜等（2011）	环境因素、组织因素、技术因素
15	曾文杰（2010）	信任、沟通、承诺、适应、相互依赖、合作、环境因素、组织内部因素、技术因素
16	赵云鹏（2009）	可得性、及时性、准确性
17	赵宏霞和杨皎平（2009）	感知、支持、动力、关系
18	孙忠林和崔焕庆（2009）	技术协同、组织协同、市场协同、文化协同、战略协同
19	白巧兵（2009）	知识管理能力、文化协同能力、关系协同能力、企业信息技术能力、物流能力
20	彭澎和蔡莉（2007）	区位禀赋、产业特性、市场需求、企业家和机遇
21	杨丽伟（2011）	协同主体间关系因素、协同创新策略因素、协同创新技术保障因素
22	张向先等（2010）	信息生态因子、信息整合能力、信息动态组织机构和信息资源协调配置

序号	主要研究者	直接影响因素
23	娄赤刚（2007）	信息人与信息人之间的协同、信息组织与信息人之间的协同
24	辛霞等（2003）	企业内部协同、企业与供应链协同、企业与社会相关部门协同
25	刘胜华（2005）	硬件设施建设、合同制度建立、弹性诚信的合作机制、权责明晰机制、公正机制、沟通机制、激励机制
26	赵俊仙（2008）	财务指标、业务流程指标、客户服务能力指标、发展能力指标、抗风险能力指标
27	王洁（2014）	政策环境、服务体系、竞争储备、市场需求、科研能力、员工素质、资源整合
28	尚林（2015）	政府支持、企业合作支持、科技中介支持、高校与科研院所科技支持
29	张艳（2014）	信息延展度、信息强度、信息质量
30	金燕和周婷（2015）	信息质量、管理质量、用户体验质量、服务质量
31	李凤（2013）	点度、中心度、中介性、接近度、关系强度
32	凌鸿等（2006）	协同层次、组织因素、技术因素、环境因素
33	陈志祥（2004）	供应链环境与技术基础、内部企业管理、外部企业管理、供应链结构
34	王冰（2014）	技术协同、市场协同、战略协同、文化协同、组织协同、协同创新能力
35	徐刚等（2016）	访客生成数据质量、数据采集存储状态、数据处理分析能力、数据发布共享质量

　　根据数据生态系统协同初步影响因素，结合研究目的及煤矿关键物资的特征，为确保不遗漏重要信息，本书在初步筛选阶段尽可能多地保留了以往研究成果，删除或合并具有重复释义或包含关系的因素后，初步预留了22个直接影响因素进入下一轮筛选，具体释义见表3-2。

表3-2　数据生态系统协同直接影响因素及其释义

因素	因素名称	释义
$a1$	数据生态系统资源状况	整合供需双方所需的客户资源、产品资源等，主要由数据生态系统的生态链长度、生态链宽度及生态位重叠程度等指标反映
$a2$	信息协同过程能力	反映有效信息以最小的时间成本传达给最合适对象的能力，受信息延展度、信息强度和信息共享品质及信息整合能力的影响
$a3$	线上线下适配性和一体化	线上信息与线下需求、线下资源支持的一致性
$a4$	感知成本	对数据生态系统的建设及运营的投资成本、运营成本、在线交易成本、库存占用成本、运输配送成本等
$a5$	需求匹配度	平台提供的功能与潜在用户的需求之间的匹配度，匹配度越高，协同越好，匹配度越低，协同越差
$a6$	宏观环境支持	政策、法律、经济、社会、技术等方面对数据生态系统运行的支持程度，如相关法律对生态因子的信息及大数据资源的取得、使用与转让行为进行的规范和约束
$a7$	大数据协同发展能力	采集、记录并存储用户在平台上访问、交易等数据，并对形成的大数据资源按照特定目的进行分析处理，由数据协同范围、数据协同效率、数据有效挖掘率、数据处理分析能力及数据分布共享能力等维度体现
$a8$	数据协同时间优势	平台对客户指令的响应时间、平台新业务的开发周期以及平台设定的订单响应时间限制等

续表

因素	因素名称	释义
$a9$	运营能力协同优势	主要指应收账款、存货、流动资产、非流动资产及营运资本的周转情况
$a10$	权责明晰	权利与义务的确立
$a11$	诚信合作	诚信、守信与信任的合作机制
$a12$	平台支持机制	平台支持机制作为软环境为数据生态系统协同提供制度保障，平台准入机制、信息及数据安全保密机制、信息协同激励机制、平台公正机制、协同业务种类及协同技术创新能力等作为软的辅助支持因素影响平台协同效应的实现
$a13$	合约协同能力	主要考察企业的按时交货情况、违约情况等合约履行能力
$a14$	信息文化	人们或企业运用信息技术进行生产要素交易的意识，信息文化氛围越浓厚，对信息技术、大数据技术的利用率越高，这两项技术带来的效益也越高
$a15$	硬件基础设施	数据生态系统建立在一定的硬件基础上，硬件基础设施越完善，协同度越高
$a16$	抗风险能力	大数据系统时刻面临着被"黑客"袭击、数据外泄、系统崩溃等风险，对协同有极大的损害，数据生态系统的抗风险能力越强，对协同的保障力越强
$a17$	文化协同能力	协同企业间的文化是否契合和相互协同直接影响双方的协同效率，从而间接影响协同效益
$a18$	创新协同能力	技术的发展瞬息万变，创新协同能力能保障煤矿关键物资管理数据生态系统的物质流、资金流、信息流及数据流的流通效率，保障大数据资源商业价值的实现
$a19$	商务关系状况	协同主体分企业、产业、社会相关部门及整个生态链，它们之间的关系体现在生态因子间合作互赖程度的大小、收益分配的公平性、双方的竞争压力及战略协同能力
$a20$	企业内部流程协同	用户内部对组织、业务流程及其与信息的整合、协同配置的能力

因素	因素名称	释义
$a21$	市场协同能力	企业内部的生产计划、库存计划与外部的销售预测的协同能力
$a22$	企业支撑环境	平台协同效应的发挥离不开企业内部环境的支持，如企业征信资料的公开度、企业决策者对平台的态度、企业的信息系统建设水平及企业信息人员的专业素质等

二　基于 DEMATEL-德尔菲-概念格的关键影响因素识别

为了进行协同直接影响要素的识别，本书组织专家组进行了专家决策。鉴于 Marlin 等（1994）关于专家组规模最好控制在 5~7 人的研究结论，本书在数据生态系统协同影响因素的德尔菲调研阶段，从煤炭行业、煤矿关键物资供应行业、废旧物资回收行业、第三方物流行业、互联网金融行业分别聘请了一位专家作为决策组成员进行决策，性别是 4 男 1 女。

数据收集通过发放调查问卷（见附录 B）的方式进行，问卷卷首向评审专家介绍了调研的目的和意义，然后对初步筛选出的指标意义及评分规则进行解释和说明，请各位专家依据自己以往经验对 22 个因素之间的影响程度进行评估打分，分值 4、3、2、1、0 分别代表影响程度很高、影响程度较高、影响程度一般、影响程度较小及完全没有影响。问卷回收后，本书将 5 位评审专家的直接影响矩阵 A_{ijz}（i 为影响因素，j 为被影响因素，z 为专家）（见附录 B）按照式（1.14）~式（1.15）分配矩阵中每个因素下每位专家的权重 λ_{ijz}（$1 \leqslant z \leqslant 5$）（见表 3-3~表 3-7），再根据这些权重按照式（1.16）得到汇总直接影响矩阵 B_{ijz}（见表 3-8），由汇总直接影响矩阵按照式（1.3）得到正规影响矩阵 C_{ijz}（见表 3-9），再由正规影响矩阵 C_{ijz} 按照式（1.4）得到综合影响矩阵 T_{ijz}（见表 3-10）。

表 3-3　专家 1 各因素权重

因素	a1	a2	a3	a4	a5	a6	a7	a8	a9	a10	a11	a12	a13	a14	a15	a16	a17	a18	a19	a20	a21	a22
a1	0.20	0.27	0.15	0.09	0.09	0.20	0.14	0.09	0.09	0.24	0.23	0.27	0.22	0.20	0.09	0.24	0.27	0.23	0.14	0.22	0.22	0.22
a2	0.27	0.20	0.24	0.15	0.22	0.24	0.23	0.23	0.14	0.22	0.22	0.29	0.14	0.22	0.22	0.14	0.14	0.24	0.22	0.22	0.23	0.29
a3	0.22	0.22	0.20	0.15	0.14	0.22	0.22	0.11	0.11	0.11	0.29	0.09	0.29	0.06	0.14	0.09	0.15	0.22	0.22	0.14	0.09	0.23
a4	0.20	0.22	0.15	0.20	0.29	0.22	0.09	0.14	0.22	0.27	0.29	0.09	0.22	0.06	0.22	0.11	0.11	0.23	0.29	0.22	0.14	0.22
a5	0.27	0.22	0.09	0.22	0.20	0.23	0.29	0.27	0.23	0.22	0.22	0.09	0.23	0.11	0.09	0.22	0.22	0.09	0.09	0.14	0.22	0.27
a6	0.20	0.06	0.27	0.27	0.24	0.20	0.22	0.20	0.20	0.06	0.29	0.27	0.20	0.23	0.23	0.23	0.20	0.24	0.09	0.14	0.20	0.24
a7	0.22	0.14	0.27	0.14	0.22	0.11	0.20	0.20	0.11	0.09	0.22	0.27	0.14	0.27	0.27	0.14	0.09	0.15	0.22	0.09	0.11	0.14
a8	0.23	0.27	0.23	0.23	0.27	0.22	0.24	0.20	0.23	0.23	0.27	0.23	0.20	0.20	0.24	0.24	0.20	0.20	0.24	0.24	0.24	0.22
a9	0.27	0.20	0.24	0.14	0.23	0.20	0.27	0.27	0.20	0.23	0.20	0.20	0.20	0.24	0.24	0.24	0.24	0.24	0.27	0.20	0.24	0.22
a10	0.24	0.15	0.24	0.20	0.22	0.06	0.22	0.22	0.23	0.20	0.09	0.24	0.20	0.20	0.09	0.20	0.24	0.27	0.09	0.27	0.24	0.14
a11	0.27	0.22	0.20	0.23	0.20	0.21	0.14	0.24	0.20	0.06	0.20	0.20	0.22	0.20	0.14	0.09	0.15	0.24	0.22	0.22	0.20	0.29
a12	0.29	0.29	0.09	0.24	0.14	0.20	0.20	0.14	0.09	0.09	0.09	0.22	0.20	0.14	0.22	0.24	0.09	0.22	0.29	0.24	0.09	0.22
a13	0.11	0.29	0.09	0.22	0.23	0.20	0.20	0.23	0.15	0.24	0.24	0.22	0.27	0.15	0.24	0.24	0.09	0.27	0.27	0.14	0.14	0.23
a14	0.27	0.22	0.11	0.09	0.14	0.27	0.27	0.20	0.20	0.15	0.27	0.23	0.20	0.29	0.20	0.27	0.29	0.11	0.27	0.29	0.14	0.27
a15	0.15	0.22	0.29	0.20	0.20	0.29	0.27	0.24	0.09	0.06	0.27	0.14	0.22	0.23	0.20	0.06	0.20	0.09	0.27	0.09	0.20	0.27
a16	0.14	0.29	0.23	0.23	0.09	0.22	0.22	0.22	0.27	0.23	0.24	0.24	0.14	0.29	0.09	0.20	0.29	0.24	0.23	0.20	0.14	0.27
a17	0.14	0.29	0.27	0.24	0.24	0.23	0.22	0.06	0.20	0.09	0.23	0.20	0.29	0.22	0.09	0.24	0.20	0.27	0.27	0.24	0.15	0.14
a18	0.20	0.29	0.29	0.23	0.11	0.06	0.14	0.09	0.23	0.11	0.09	0.24	0.29	0.14	0.14	0.20	0.14	0.20	0.14	0.09	0.22	0.29
a19	0.29	0.22	0.11	0.09	0.14	0.14	0.09	0.14	0.14	0.09	0.15	0.22	0.20	0.20	0.23	0.29	0.11	0.09	0.20	0.20	0.27	0.27
a20	0.23	0.24	0.06	0.24	0.23	0.27	0.14	0.24	0.27	0.20	0.22	0.24	0.14	0.22	0.23	0.09	0.20	0.23	0.27	0.29	0.20	0.11
a21	0.29	0.22	0.29	0.29	0.22	0.24	0.24	0.27	0.20	0.15	0.27	0.11	0.14	0.14	0.23	0.24	0.09	0.20	0.23	0.27	0.20	0.27
a22	0.22	0.22	0.09	0.22	0.09	0.11	0.22	0.22	0.14	0.14	0.23	0.09	0.14	0.14	0.27	0.22	0.22	0.14	0.22	0.27	0.15	0.20

表 3-4　专家 2 各因素权重

因素	a1	a2	a3	a4	a5	a6	a7	a8	a9	a10	a11	a12	a13	a14	a15	a16	a17	a18	a19	a20	a21	a22
a1	0.20	0.09	0.23	0.27	0.09	0.20	0.29	0.27	0.09	0.06	0.23	0.27	0.22	0.20	0.09	0.24	0.09	0.23	0.14	0.22	0.11	0.22
a2	0.27	0.20	0.06	0.15	0.22	0.06	0.15	0.15	0.14	0.11	0.22	0.14	0.29	0.11	0.22	0.29	0.14	0.24	0.22	0.22	0.23	0.14
a3	0.22	0.22	0.20	0.15	0.29	0.22	0.22	0.22	0.22	0.22	0.29	0.27	0.14	0.24	0.29	0.09	0.23	0.22	0.22	0.29	0.27	0.15
a4	0.20	0.11	0.23	0.20	0.14	0.22	0.09	0.29	0.22	0.27	0.29	0.09	0.22	0.24	0.22	0.22	0.22	0.15	0.14	0.22	0.29	0.22
a5	0.27	0.22	0.27	0.22	0.20	0.23	0.14	0.27	0.23	0.22	0.22	0.09	0.23	0.22	0.27	0.11	0.22	0.09	0.27	0.14	0.22	0.27
a6	0.20	0.24	0.27	0.27	0.24	0.20	0.11	0.20	0.20	0.24	0.14	0.09	0.20	0.23	0.23	0.15	0.20	0.24	0.27	0.29	0.20	0.24
a7	0.22	0.14	0.09	0.29	0.24	0.22	0.20	0.22	0.22	0.27	0.22	0.27	0.14	0.27	0.27	0.29	0.27	0.15	0.22	0.27	0.22	0.29
a8	0.15	0.27	0.15	0.23	0.27	0.22	0.24	0.20	0.23	0.15	0.09	0.23	0.20	0.20	0.09	0.24	0.20	0.20	0.24	0.06	0.24	0.22
a9	0.27	0.20	0.24	0.14	0.23	0.20	0.09	0.27	0.20	0.23	0.20	0.20	0.20	0.06	0.24	0.24	0.06	0.24	0.09	0.20	0.24	0.29
a10	0.24	0.15	0.24	0.20	0.20	0.24	0.22	0.22	0.23	0.23	0.09	0.24	0.20	0.20	0.27	0.24	0.06	0.27	0.09	0.22	0.24	0.14
a11	0.27	0.22	0.20	0.20	0.20	0.22	0.14	0.24	0.20	0.24	0.20	0.11	0.20	0.20	0.29	0.24	0.23	0.24	0.11	0.22	0.20	0.22
a12	0.29	0.09	0.09	0.23	0.14	0.11	0.14	0.14	0.27	0.09	0.27	0.20	0.22	0.14	0.22	0.27	0.27	0.22	0.14	0.22	0.09	0.23
a13	0.22	0.14	0.27	0.24	0.23	0.20	0.20	0.23	0.20	0.06	0.24	0.20	0.20	0.23	0.06	0.24	0.09	0.27	0.09	0.24	0.24	0.27
a14	0.27	0.11	0.22	0.20	0.29	0.09	0.20	0.27	0.15	0.23	0.09	0.24	0.27	0.20	0.27	0.09	0.14	0.22	0.27	0.14	0.27	0.27
a15	0.23	0.22	0.24	0.24	0.20	0.14	0.14	0.24	0.20	0.24	0.09	0.23	0.20	0.15	0.20	0.24	0.20	0.09	0.27	0.27	0.20	0.27
a16	0.14	0.14	0.09	0.23	0.27	0.22	0.27	0.22	0.27	0.15	0.24	0.14	0.22	0.14	0.09	0.20	0.14	0.24	0.23	0.22	0.29	0.29
a17	0.29	0.14	0.27	0.24	0.24	0.15	0.14	0.27	0.29	0.09	0.15	0.24	0.14	0.22	0.09	0.20	0.27	0.09	0.27	0.22	0.23	0.27
a18	0.20	0.22	0.22	0.27	0.22	0.24	0.09	0.14	0.09	0.22	0.27	0.22	0.29	0.29	0.22	0.20	0.14	0.20	0.14	0.24	0.22	0.27
a19	0.14	0.24	0.14	0.24	0.14	0.27	0.09	0.24	0.20	0.27	0.23	0.24	0.20	0.14	0.29	0.14	0.22	0.27	0.09	0.14	0.09	0.22
a20	0.15	0.24	0.15	0.29	0.15	0.24	0.14	0.09	0.15	0.15	0.22	0.24	0.29	0.20	0.23	0.27	0.20	0.15	0.20	0.27	0.20	0.14
a21	0.14	0.11	0.24	0.22	0.22	0.22	0.24	0.22	0.14	0.14	0.09	0.27	0.14	0.11	0.23	0.24	0.22	0.20	0.23	0.29	0.20	0.09
a22	0.22	0.22	0.27	0.22	0.27	0.22	0.22	0.22	0.14	0.14	0.15	0.27	0.14	0.14	0.09	0.22	0.22	0.14	0.22	0.27	0.23	0.20

表 3-5　专家 3 各因素权重

因素	a1	a2	a3	a4	a5	a6	a7	a8	a9	a10	a11	a12	a13	a14	a15	a16	a17	a18	a19	a20	a21	a22
a1	0.20	0.27	0.23	0.27	0.27	0.20	0.14	0.09	0.27	0.24	0.15	0.09	0.11	0.20	0.27	0.06	0.09	0.15	0.14	0.22	0.22	0.11
a2	0.09	0.20	0.24	0.23	0.22	0.24	0.23	0.23	0.29	0.22	0.22	0.14	0.14	0.22	0.22	0.29	0.14	0.24	0.11	0.11	0.15	0.14
a3	0.22	0.22	0.20	0.23	0.14	0.22	0.22	0.22	0.22	0.22	0.14	0.09	0.14	0.24	0.14	0.27	0.23	0.11	0.11	0.14	0.27	0.23
a4	0.20	0.22	0.23	0.20	0.29	0.22	0.27	0.29	0.22	0.27	0.14	0.27	0.22	0.24	0.11	0.22	0.22	0.15	0.14	0.22	0.29	0.11
a5	0.27	0.11	0.27	0.22	0.20	0.15	0.14	0.09	0.15	0.22	0.22	0.27	0.15	0.22	0.27	0.22	0.22	0.27	0.27	0.29	0.22	0.27
a6	0.20	0.24	0.27	0.27	0.24	0.20	0.22	0.20	0.20	0.24	0.14	0.27	0.20	0.23	0.23	0.15	0.20	0.06	0.09	0.14	0.20	0.24
a7	0.22	0.14	0.27	0.29	0.11	0.22	0.20	0.22	0.22	0.27	0.22	0.09	0.29	0.09	0.09	0.14	0.27	0.23	0.22	0.09	0.22	0.14
a8	0.15	0.09	0.15	0.23	0.27	0.11	0.06	0.20	0.23	0.15	0.09	0.15	0.20	0.20	0.06	0.24	0.20	0.20	0.27	0.24	0.24	0.22
a9	0.09	0.20	0.06	0.14	0.23	0.20	0.27	0.27	0.20	0.23	0.20	0.20	0.20	0.24	0.06	0.20	0.24	0.06	0.27	0.20	0.24	0.29
a10	0.06	0.23	0.20	0.20	0.20	0.24	0.14	0.22	0.23	0.20	0.27	0.24	0.20	0.20	0.27	0.24	0.24	0.27	0.27	0.09	0.24	0.14
a11	0.09	0.22	0.27	0.15	0.29	0.22	0.20	0.24	0.20	0.24	0.20	0.11	0.20	0.20	0.14	0.06	0.15	0.06	0.22	0.11	0.24	0.22
a12	0.14	0.27	0.22	0.24	0.20	0.20	0.14	0.29	0.27	0.27	0.09	0.20	0.20	0.29	0.22	0.27	0.09	0.22	0.14	0.22	0.27	0.15
a13	0.22	0.29	0.27	0.23	0.29	0.27	0.29	0.15	0.20	0.24	0.24	0.11	0.20	0.15	0.24	0.24	0.27	0.27	0.09	0.24	0.27	0.09
a14	0.09	0.22	0.24	0.24	0.20	0.14	0.24	0.27	0.23	0.23	0.27	0.22	0.20	0.29	0.09	0.27	0.14	0.22	0.27	0.29	0.14	0.14
a15	0.15	0.11	0.27	0.20	0.27	0.24	0.09	0.24	0.20	0.15	0.24	0.15	0.11	0.22	0.20	0.20	0.20	0.24	0.15	0.09	0.14	0.09
a16	0.29	0.14	0.20	0.23	0.24	0.15	0.09	0.22	0.27	0.27	0.23	0.29	0.11	0.29	0.27	0.20	0.14	0.27	0.09	0.27	0.23	0.29
a17	0.14	0.14	0.27	0.24	0.24	0.24	0.22	0.24	0.14	0.20	0.09	0.24	0.14	0.22	0.27	0.24	0.20	0.20	0.29	0.11	0.27	0.14
a18	0.20	0.14	0.22	0.23	0.22	0.14	0.29	0.09	0.09	0.20	0.23	0.22	0.20	0.14	0.11	0.20	0.29	0.20	0.20	0.27	0.22	0.27
a19	0.14	0.22	0.15	0.14	0.14	0.14	0.29	0.14	0.14	0.27	0.22	0.24	0.14	0.14	0.14	0.14	0.22	0.09	0.09	0.27	0.14	0.22
a20	0.23	0.24	0.24	0.24	0.23	0.09	0.24	0.24	0.20	0.20	0.27	0.22	0.20	0.20	0.27	0.27	0.20	0.23	0.20	0.20	0.20	0.29
a21	0.14	0.22	0.15	0.14	0.22	0.24	0.24	0.27	0.23	0.23	0.27	0.24	0.29	0.22	0.23	0.24	0.27	0.20	0.15	0.14	0.20	0.27
a22	0.11	0.22	0.27	0.22	0.27	0.22	0.11	0.11	0.14	0.14	0.23	0.27	0.14	0.14	0.09	0.22	0.22	0.29	0.22	0.09	0.23	0.20

表 3-6　专家 4 各因素权重

因素	a1	a2	a3	a4	a5	a6	a7	a8	a9	a10	a11	a12	a13	a14	a15	a16	a17	a18	a19	a20	a21	a22
a1	0.20	0.09	0.15	0.27	0.27	0.20	0.14	0.27	0.27	0.24	0.23	0.27	0.22	0.20	0.27	0.24	0.27	0.15	0.29	0.11	0.22	0.22
a2	0.09	0.20	0.24	0.23	0.11	0.24	0.23	0.23	0.29	0.22	0.22	0.29	0.29	0.22	0.22	0.14	0.29	0.06	0.22	0.22	0.15	0.14
a3	0.11	0.22	0.20	0.23	0.14	0.22	0.11	0.22	0.22	0.22	0.14	0.27	0.14	0.24	0.14	0.27	0.15	0.22	0.22	0.14	0.09	0.15
a4	0.20	0.22	0.15	0.20	0.14	0.22	0.27	0.14	0.22	0.09	0.14	0.27	0.11	0.24	0.22	0.22	0.22	0.23	0.29	0.22	0.14	0.22
a5	0.09	0.22	0.09	0.22	0.20	0.23	0.29	0.27	0.23	0.11	0.11	0.27	0.23	0.22	0.27	0.22	0.11	0.27	0.27	0.14	0.22	0.09
a6	0.20	0.24	0.09	0.09	0.24	0.20	0.22	0.20	0.20	0.24	0.14	0.27	0.20	0.15	0.15	0.23	0.20	0.24	0.27	0.29	0.20	0.24
a7	0.22	0.29	0.09	0.14	0.09	0.22	0.20	0.22	0.22	0.09	0.11	0.09	0.29	0.27	0.27	0.29	0.09	0.23	0.11	0.27	0.22	0.14
a8	0.23	0.27	0.23	0.15	0.15	0.22	0.24	0.20	0.15	0.23	0.27	0.23	0.20	0.20	0.24	0.24	0.20	0.20	0.24	0.24	0.06	0.11
a9	0.09	0.20	0.24	0.29	0.09	0.20	0.09	0.09	0.20	0.15	0.20	0.20	0.20	0.24	0.27	0.06	0.20	0.24	0.27	0.20	0.06	0.14
a10	0.24	0.23	0.20	0.20	0.15	0.24	0.11	0.22	0.15	0.20	0.27	0.06	0.20	0.20	0.27	0.20	0.24	0.09	0.27	0.09	0.06	0.29
a11	0.09	0.22	0.27	0.23	0.11	0.22	0.14	0.24	0.20	0.24	0.20	0.22	0.20	0.20	0.29	0.24	0.23	0.24	0.22	0.22	0.20	0.22
a12	0.14	0.27	0.27	0.06	0.14	0.20	0.29	0.14	0.09	0.27	0.27	0.20	0.22	0.14	0.11	0.09	0.27	0.11	0.29	0.11	0.27	0.15
a13	0.22	0.14	0.27	0.11	0.15	0.20	0.20	0.15	0.20	0.24	0.24	0.22	0.20	0.23	0.24	0.06	0.27	0.09	0.27	0.24	0.09	0.27
a14	0.27	0.22	0.22	0.27	0.14	0.24	0.22	0.09	0.23	0.15	0.27	0.11	0.09	0.20	0.27	0.06	0.29	0.22	0.09	0.29	0.29	0.09
a15	0.23	0.22	0.24	0.20	0.20	0.29	0.27	0.24	0.20	0.24	0.27	0.23	0.20	0.23	0.20	0.20	0.20	0.27	0.09	0.09	0.20	0.27
a16	0.29	0.14	0.09	0.15	0.27	0.22	0.09	0.11	0.27	0.23	0.24	0.14	0.22	0.14	0.27	0.24	0.29	0.24	0.23	0.27	0.14	0.14
a17	0.29	0.14	0.27	0.24	0.06	0.23	0.22	0.24	0.09	0.27	0.23	0.24	0.29	0.22	0.27	0.20	0.14	0.09	0.29	0.22	0.15	0.14
a18	0.20	0.14	0.22	0.15	0.22	0.24	0.29	0.27	0.29	0.22	0.27	0.11	0.29	0.14	0.27	0.24	0.22	0.20	0.20	0.09	0.27	0.09
a19	0.14	0.11	0.14	0.27	0.29	0.14	0.27	0.29	0.27	0.09	0.23	0.22	0.14	0.14	0.23	0.20	0.20	0.27	0.29	0.09	0.11	0.22
a20	0.23	0.24	0.23	0.24	0.23	0.27	0.06	0.24	0.20	0.20	0.22	0.24	0.20	0.20	0.29	0.29	0.27	0.15	0.20	0.27	0.27	0.22
a21	0.14	0.22	0.24	0.14	0.22	0.22	0.22	0.22	0.23	0.23	0.27	0.22	0.14	0.22	0.23	0.06	0.27	0.20	0.23	0.14	0.20	0.14
a22	0.22	0.22	0.09	0.11	0.09	0.22	0.22	0.22	0.29	0.29	0.23	0.27	0.29	0.29	0.27	0.22	0.22	0.29	0.11	0.09	0.23	0.20

表 3-7　专家 5 各因素权重

因素	a1	a2	a3	a4	a5	a6	a7	a8	a9	a10	a11	a12	a13	a14	a15	a16	a17	a18	a19	a20	a21	a22
a1	0.20	0.27	0.23	0.09	0.27	0.20	0.29	0.27	0.27	0.24	0.15	0.09	0.22	0.20	0.27	0.24	0.27	0.23	0.29	0.22	0.22	0.22
a2	0.27	0.20	0.24	0.23	0.22	0.24	0.15	0.15	0.14	0.22	0.11	0.14	0.14	0.22	0.11	0.14	0.29	0.24	0.22	0.22	0.23	0.29
a3	0.22	0.11	0.20	0.23	0.29	0.11	0.22	0.22	0.22	0.22	0.14	0.27	0.29	0.24	0.29	0.27	0.23	0.22	0.22	0.29	0.27	0.23
a4	0.20	0.22	0.23	0.20	0.14	0.11	0.27	0.14	0.11	0.09	0.14	0.27	0.22	0.24	0.22	0.22	0.22	0.23	0.14	0.11	0.14	0.22
a5	0.09	0.22	0.27	0.11	0.20	0.15	0.14	0.09	0.15	0.22	0.22	0.27	0.15	0.22	0.09	0.22	0.22	0.27	0.09	0.29	0.11	0.09
a6	0.20	0.24	0.09	0.09	0.06	0.20	0.20	0.20	0.20	0.24	0.29	0.09	0.20	0.15	0.15	0.23	0.20	0.24	0.27	0.14	0.20	0.06
a7	0.11	0.29	0.27	0.14	0.22	0.22	0.20	0.22	0.22	0.27	0.22	0.27	0.14	0.09	0.27	0.14	0.27	0.23	0.22	0.27	0.22	0.29
a8	0.23	0.20	0.23	0.15	0.09	0.20	0.24	0.20	0.15	0.15	0.27	0.15	0.20	0.20	0.27	0.24	0.20	0.20	0.24	0.24	0.24	0.14
a9	0.27	0.20	0.06	0.29	0.14	0.09	0.27	0.09	0.20	0.20	0.20	0.20	0.20	0.24	0.24	0.20	0.24	0.24	0.09	0.20	0.14	0.14
a10	0.24	0.23	0.24	0.20	0.20	0.14	0.09	0.06	0.15	0.20	0.27	0.20	0.20	0.20	0.09	0.20	0.24	0.09	0.27	0.27	0.24	0.14
a11	0.27	0.11	0.20	0.15	0.09	0.22	0.29	0.11	0.15	0.24	0.27	0.24	0.20	0.20	0.14	0.27	0.23	0.24	0.22	0.22	0.24	0.11
a12	0.14	0.09	0.27	0.24	0.29	0.11	0.14	0.29	0.27	0.27	0.27	0.20	0.11	0.29	0.22	0.27	0.27	0.22	0.14	0.22	0.20	0.23
a13	0.22	0.14	0.09	0.22	0.15	0.20	0.20	0.23	0.20	0.24	0.06	0.06	0.20	0.23	0.24	0.24	0.27	0.09	0.27	0.06	0.09	0.09
a14	0.09	0.22	0.22	0.09	0.14	0.09	0.22	0.09	0.23	0.23	0.09	0.22	0.09	0.20	0.27	0.27	0.14	0.22	0.09	0.14	0.14	0.09
a15	0.23	0.06	0.06	0.20	0.09	0.14	0.09	0.06	0.20	0.24	0.06	0.15	0.20	0.20	0.20	0.20	0.20	0.27	0.27	0.27	0.20	0.09
a16	0.14	0.29	0.27	0.15	0.09	0.22	0.09	0.22	0.09	0.23	0.15	0.29	0.22	0.14	0.27	0.20	0.14	0.06	0.15	0.09	0.29	0.14
a17	0.14	0.29	0.09	0.06	0.24	0.23	0.11	0.24	0.27	0.27	0.27	0.06	0.29	0.11	0.27	0.20	0.20	0.27	0.09	0.22	0.23	0.20
a18	0.20	0.29	0.22	0.15	0.27	0.24	0.14	0.27	0.14	0.22	0.15	0.24	0.14	0.14	0.22	0.24	0.29	0.20	0.14	0.27	0.22	0.14
a19	0.29	0.22	0.29	0.09	0.29	0.29	0.27	0.29	0.27	0.27	0.11	0.11	0.20	0.20	0.14	0.14	0.22	0.23	0.27	0.09	0.27	0.09
a20	0.15	0.06	0.23	0.06	0.15	0.09	0.14	0.06	0.20	0.20	0.09	0.06	0.14	0.22	0.15	0.09	0.20	0.23	0.15	0.20	0.20	0.09
a21	0.29	0.22	0.24	0.14	0.11	0.06	0.24	0.09	0.15	0.23	0.09	0.22	0.14	0.22	0.15	0.24	0.27	0.20	0.22	0.14	0.20	0.09
a22	0.22	0.11	0.27	0.22	0.27	0.22	0.22	0.22	0.29	0.29	0.15	0.09	0.29	0.29	0.27	0.11	0.11	0.14	0.22	0.27	0.15	0.20

表 3-8　汇总直接影响矩阵

因素	a1	a2	a3	a4	a5	a6	a7	a8	a9	a10	a11	a12	a13	a14	a15	a16	a17	a18	a19	a20	a21	a22
a1	0.00	2.27	3.31	2.82	2.73	3.00	2.14	3.00	2.55	2.06	2.31	1.91	2.56	2.00	3.00	2.06	3.00	3.31	2.14	2.67	3.33	1.78
a2	1.00	0.00	2.06	2.69	2.44	3.06	1.62	2.69	3.14	3.33	3.00	1.00	2.57	1.67	3.33	2.29	2.71	2.94	2.22	3.00	3.31	1.43
a3	1.33	1.33	0.00	1.69	2.57	1.78	2.00	2.22	2.33	2.22	2.29	1.36	2.43	0.12	3.14	0.45	0.92	1.33	0.78	1.86	1.09	0.31
a4	1.00	1.33	1.23	0.00	2.71	3.00	0.27	2.71	3.22	2.82	2.57	1.36	3.11	0.12	3.00	0.67	3.22	0.69	1.43	2.33	3.14	1.00
a5	1.73	0.67	0.45	3.22	0.00	2.31	2.29	3.55	2.62	3.11	3.22	1.73	3.31	0.78	3.00	3.33	3.33	0.45	0.27	2.43	1.44	1.27
a6	0.00	1.06	0.27	0.64	0.24	0.00	1.78	0.00	0.00	0.24	2.14	0.36	0.00	0.31	3.38	0.31	0.00	0.12	1.00	1.00	0.00	0.06
a7	2.00	2.43	3.00	2.14	2.56	2.22	0.00	2.22	3.33	3.00	2.33	1.00	2.29	1.91	2.91	2.71	3.55	2.69	2.22	3.00	3.22	1.29
a8	1.31	1.00	0.69	0.62	0.27	2.00	1.18	0.00	1.23	2.77	3.45	1.31	0.00	0.00	3.73	0.06	0.00	0.00	1.06	3.76	0.24	1.00
a9	1.00	2.00	0.06	2.43	0.31	4.00	1.91	3.55	0.00	2.77	4.00	1.00	0.00	0.06	3.94	0.06	0.24	0.94	0.27	4.00	0.24	0.86
a10	0.18	1.69	0.06	0.78	0.67	3.76	1.33	2.11	1.23	0.00	3.55	1.12	0.00	0.00	3.45	0.00	0.18	0.27	0.27	0.64	0.24	1.14
a11	0.36	1.00	0.00	0.00	0.00	0.89	1.29	0.12	0.00	0.06	0.00	0.67	0.00	0.00	1.00	0.06	0.31	0.06	1.67	0.89	0.00	1.00
a12	2.14	2.09	3.00	3.06	3.14	2.22	1.57	2.57	1.73	2.64	3.73	0.00	1.67	0.86	2.33	2.64	2.00	3.22	0.86	3.22	2.82	1.62
a13	1.00	1.29	0.27	0.78	0.31	4.00	2.00	3.69	4.00	3.94	3.94	1.78	0.00	0.31	3.94	0.12	0.45	0.27	0.27	3.76	0.45	0.45
a14	1.27	0.67	2.11	0.55	2.14	1.36	0.67	2.27	3.69	3.38	1.45	1.00	1.36	0.00	3.73	2.09	2.43	0.67	0.27	1.86	2.14	0.45
a15	0.69	2.78	0.06	0.00	0.00	1.00	0.27	0.24	0.00	0.06	0.36	0.31	0.00	0.31	0.00	0.12	0.00	0.27	1.18	0.45	0.00	0.36
a16	2.43	0.86	0.64	1.23	2.82	2.67	0.45	3.33	2.91	3.69	3.06	2.71	3.22	1.29	3.73	0.00	2.71	0.06	0.92	3.45	2.29	0.86
a17	0.86	1.86	0.27	0.06	0.06	3.69	2.11	3.88	2.14	3.73	3.31	0.18	3.14	1.00	3.00	0.31	0.00	0.36	0.36	3.33	2.69	1.29
a18	2.00	2.71	2.22	1.23	2.33	2.82	2.64	2.64	3.00	2.78	2.64	2.22	2.71	1.29	2.44	3.00	1.86	0.00	1.00	3.00	1.22	0.36
a19	1.43	2.56	2.57	2.82	2.71	3.00	1.14	3.14	3.64	3.64	3.31	0.78	1.86	1.29	3.00	2.57	3.33	2.82	0.00	3.45	2.82	2.33
a20	0.62	0.94	0.69	0.12	0.31	0.55	0.94	0.24	0.00	0.00	0.89	0.06	0.00	0.00	1.23	0.27	0.00	0.31	1.36	0.00	0.00	1.29
a21	1.00	0.67	0.18	0.86	1.22	3.88	0.94	3.00	2.77	3.31	3.73	2.44	3.00	0.67	3.08	0.06	0.45	0.00	0.62	3.00	0.00	0.55
a22	1.33	1.22	2.64	2.22	3.55	2.67	1.78	2.67	2.29	2.86	3.31	1.09	0.86	1.29	3.00	2.78	3.33	2.71	1.78	3.00	2.69	0.00

表 3-9　正规影响矩阵

因素	a1	a2	a3	a4	a5	a6	a7	a8	a9	a10	a11	a12	a13	a14	a15	a16	a17	a18	a19	a20	a21	a22
a1	0.00	0.04	0.06	0.05	0.05	0.05	0.04	0.05	0.05	0.04	0.04	0.03	0.05	0.04	0.05	0.04	0.05	0.06	0.04	0.05	0.06	0.03
a2	0.02	0.00	0.04	0.05	0.04	0.06	0.03	0.05	0.06	0.06	0.05	0.02	0.05	0.03	0.06	0.04	0.05	0.05	0.04	0.05	0.06	0.03
a3	0.02	0.04	0.00	0.03	0.05	0.03	0.04	0.04	0.04	0.04	0.04	0.02	0.04	0.00	0.06	0.01	0.02	0.02	0.01	0.03	0.02	0.01
a4	0.02	0.02	0.02	0.00	0.05	0.05	0.00	0.04	0.06	0.05	0.05	0.02	0.06	0.01	0.05	0.02	0.06	0.01	0.03	0.04	0.06	0.02
a5	0.03	0.01	0.01	0.06	0.00	0.04	0.04	0.06	0.05	0.06	0.06	0.03	0.06	0.01	0.05	0.01	0.06	0.01	0.00	0.04	0.03	0.02
a6	0.00	0.02	0.00	0.01	0.00	0.00	0.03	0.00	0.00	0.00	0.04	0.01	0.00	0.01	0.06	0.05	0.00	0.00	0.02	0.02	0.00	0.00
a7	0.04	0.04	0.05	0.04	0.04	0.04	0.00	0.04	0.06	0.05	0.04	0.02	0.04	0.03	0.05	0.00	0.06	0.05	0.04	0.05	0.06	0.02
a8	0.02	0.02	0.01	0.01	0.00	0.07	0.02	0.00	0.00	0.05	0.06	0.02	0.00	0.00	0.07	0.00	0.00	0.00	0.02	0.07	0.00	0.02
a9	0.02	0.04	0.00	0.04	0.01	0.07	0.03	0.06	0.00	0.05	0.07	0.02	0.02	0.00	0.07	0.00	0.00	0.02	0.00	0.07	0.00	0.02
a10	0.00	0.03	0.00	0.00	0.01	0.07	0.02	0.04	0.02	0.00	0.06	0.02	0.00	0.00	0.06	0.00	0.01	0.00	0.03	0.01	0.00	0.02
a11	0.01	0.02	0.05	0.01	0.04	0.02	0.02	0.07	0.03	0.05	0.00	0.00	0.00	0.02	0.04	0.05	0.04	0.06	0.02	0.02	0.05	0.02
a12	0.04	0.04	0.05	0.06	0.05	0.04	0.03	0.04	0.07	0.05	0.07	0.00	0.03	0.01	0.07	0.00	0.01	0.06	0.00	0.06	0.05	0.03
a13	0.02	0.02	0.00	0.01	0.01	0.07	0.04	0.07	0.07	0.07	0.07	0.03	0.00	0.07	0.07	0.00	0.04	0.01	0.00	0.07	0.00	0.01
a14	0.02	0.01	0.04	0.01	0.04	0.02	0.01	0.04	0.07	0.06	0.03	0.02	0.02	0.00	0.07	0.04	0.04	0.01	0.00	0.03	0.04	0.01
a15	0.01	0.05	0.01	0.00	0.05	0.02	0.04	0.00	0.05	0.00	0.01	0.05	0.01	0.02	0.00	0.00	0.00	0.00	0.02	0.01	0.00	0.01
a16	0.04	0.02	0.00	0.02	0.00	0.05	0.01	0.06	0.05	0.07	0.06	0.05	0.06	0.02	0.07	0.00	0.05	0.05	0.02	0.06	0.04	0.02
a17	0.02	0.03	0.01	0.00	0.04	0.07	0.04	0.07	0.05	0.05	0.06	0.00	0.06	0.02	0.05	0.00	0.00	0.00	0.01	0.06	0.05	0.02
a18	0.04	0.05	0.04	0.02	0.05	0.05	0.02	0.06	0.04	0.07	0.05	0.04	0.05	0.02	0.05	0.05	0.03	0.01	0.02	0.05	0.01	0.04
a19	0.03	0.05	0.05	0.05	0.01	0.05	0.05	0.00	0.05	0.00	0.06	0.01	0.03	0.02	0.02	0.00	0.06	0.02	0.00	0.06	0.05	0.02
a20	0.01	0.02	0.01	0.00	0.02	0.01	0.02	0.05	0.00	0.06	0.02	0.00	0.00	0.00	0.06	0.00	0.00	0.00	0.01	0.00	0.00	0.01
a21	0.02	0.01	0.00	0.02	0.06	0.07	0.03	0.00	0.05	0.05	0.07	0.04	0.05	0.01	0.06	0.05	0.01	0.05	0.03	0.05	0.05	0.01
a22	0.02	0.02	0.05	0.04	0.00	0.05	0.00	0.05	0.04	0.05	0.06	0.02	0.02	0.02	0.00	0.05	0.06	0.05	0.05	0.05	0.05	0.00

表 3-10　综合影响矩阵

因素	a1	a2	a3	a4	a5	a6	a7	a8	a9	a10	a11	a12	a13	a14	a15	a16	a17	a18	a19	a20	a21	a22
a1	0.04	0.10	0.10	0.10	0.10	0.15	0.10	0.14	0.12	0.13	0.15	0.08	0.10	0.06	0.17	0.07	0.11	0.10	0.08	0.14	0.11	0.07
a2	0.06	0.06	0.07	0.09	0.09	0.15	0.08	0.13	0.12	0.14	0.15	0.06	0.10	0.05	0.17	0.07	0.10	0.08	0.08	0.14	0.10	0.06
a3	0.05	0.06	0.02	0.06	0.07	0.09	0.07	0.09	0.08	0.09	0.11	0.05	0.07	0.02	0.13	0.03	0.05	0.05	0.04	0.09	0.05	0.03
a4	0.05	0.07	0.05	0.03	0.08	0.12	0.05	0.11	0.08	0.11	0.12	0.06	0.09	0.02	0.14	0.03	0.09	0.04	0.05	0.11	0.09	0.05
a5	0.06	0.06	0.04	0.09	0.04	0.11	0.08	0.12	0.10	0.12	0.14	0.06	0.10	0.03	0.14	0.04	0.10	0.04	0.04	0.11	0.06	0.05
a6	0.01	0.03	0.01	0.02	0.02	0.02	0.04	0.02	0.02	0.02	0.06	0.02	0.01	0.01	0.08	0.01	0.01	0.01	0.03	0.04	0.01	0.01
a7	0.08	0.10	0.09	0.09	0.09	0.14	0.06	0.12	0.13	0.14	0.15	0.06	0.09	0.06	0.16	0.08	0.11	0.08	0.08	0.15	0.11	0.06
a8	0.04	0.05	0.03	0.03	0.03	0.07	0.04	0.03	0.05	0.08	0.10	0.04	0.02	0.01	0.11	0.02	0.02	0.02	0.02	0.10	0.02	0.03
a9	0.04	0.07	0.02	0.07	0.03	0.12	0.06	0.10	0.03	0.09	0.12	0.04	0.02	0.01	0.13	0.02	0.03	0.04	0.03	0.12	0.03	0.04
a10	0.02	0.05	0.02	0.02	0.03	0.10	0.04	0.06	0.04	0.03	0.10	0.03	0.01	0.01	0.10	0.01	0.02	0.02	0.02	0.04	0.02	0.03
a11	0.02	0.03	0.01	0.02	0.01	0.03	0.03	0.03	0.02	0.02	0.02	0.02	0.01	0.01	0.04	0.01	0.02	0.02	0.02	0.04	0.01	0.03
a12	0.08	0.09	0.09	0.09	0.10	0.13	0.08	0.12	0.10	0.11	0.16	0.05	0.08	0.04	0.15	0.08	0.08	0.09	0.06	0.14	0.10	0.06
a13	0.04	0.06	0.03	0.04	0.03	0.12	0.07	0.11	0.11	0.11	0.13	0.05	0.02	0.02	0.14	0.02	0.03	0.03	0.03	0.12	0.03	0.03
a14	0.05	0.05	0.06	0.04	0.07	0.09	0.05	0.09	0.11	0.02	0.09	0.01	0.06	0.01	0.14	0.06	0.07	0.03	0.03	0.09	0.07	0.03
a15	0.02	0.06	0.01	0.01	0.01	0.04	0.05	0.02	0.01	0.12	0.03	0.01	0.10	0.01	0.02	0.01	0.09	0.03	0.05	0.03	0.08	0.05
a16	0.07	0.06	0.04	0.06	0.09	0.12	0.07	0.12	0.09	0.12	0.14	0.08	0.10	0.04	0.16	0.03	0.09	0.03	0.03	0.14	0.08	0.05
a17	0.04	0.07	0.03	0.03	0.03	0.13	0.07	0.12	0.09	0.12	0.12	0.03	0.08	0.03	0.13	0.02	0.03	0.03	0.03	0.12	0.07	0.05
a18	0.07	0.10	0.07	0.06	0.08	0.13	0.06	0.11	0.10	0.12	0.13	0.07	0.09	0.04	0.14	0.08	0.07	0.03	0.05	0.13	0.06	0.04
a19	0.07	0.11	0.09	0.10	0.10	0.15	0.10	0.14	0.13	0.15	0.17	0.06	0.09	0.05	0.17	0.08	0.11	0.09	0.04	0.16	0.10	0.08
a20	0.02	0.03	0.02	0.01	0.02	0.03	0.03	0.02	0.02	0.02	0.04	0.01	0.01	0.01	0.05	0.01	0.01	0.02	0.03	0.02	0.01	0.03
a21	0.04	0.05	0.02	0.04	0.05	0.12	0.05	0.10	0.09	0.10	0.13	0.07	0.08	0.02	0.12	0.02	0.03	0.02	0.04	0.11	0.02	0.03
a22	0.06	0.08	0.08	0.08	0.11	0.13	0.08	0.12	0.11	0.13	0.15	0.06	0.07	0.04	0.16	0.08	0.11	0.08	0.07	0.14	0.09	0.03

三　结果分析

在得到综合影响矩阵后，本书根据式（1.5）~（1.6）计算了各个因素的影响度与被影响度，再由式（1.7）~（1.8）得到中心度与原因度（见表3-11）。

表3-11　DEMATEL结果分析

因素	影响度	被影响度	中心度	原因度
$a1$	2.33	1.02	3.35	1.32
$a2$	2.15	1.45	2.92	0.70
$a3$	1.40	1.00	2.97	0.40
$a4$	1.66	1.19	3.15	0.47
$a5$	1.73	1.27	2.69	0.46
$a6$	0.52	2.30	2.05	-1.78
$a7$	2.24	1.33	3.14	0.90
$a8$	0.97	2.01	2.73	-1.04
$a9$	1.26	1.78	2.76	-0.51
$a10$	0.83	2.10	2.77	-1.27
$a11$	0.46	2.50	3.33	-2.04
$a12$	2.10	1.06	3.60	1.04
$a13$	1.38	1.31	2.74	0.06
$a14$	1.45	0.61	2.63	0.84
$a15$	0.42	2.72	2.98	-2.30
$a16$	1.83	0.89	2.41	0.94
$a17$	1.46	1.30	2.86	0.16
$a18$	1.83	0.94	2.99	0.90
$a19$	2.32	1.00	2.82	1.32

续表

因素	影响度	被影响度	中心度	原因度
$a20$	0.48	2.26	3.57	-1.78
$a21$	1.35	1.29	2.98	0.06
$a22$	2.07	0.91	3.04	1.15

本书以中心度为横坐标、原因度为纵坐标绘制笛卡尔坐标系并标注各影响因素在坐标系中的位置（见图 3-2）。横坐标轴之上为原因型因素，横坐标轴之下为结果型因素。本书设置中心度分界点为 2.9，原因度分界点为 0.6，得到关键因素划分图（见图 3-3）。第一象限的六个因素 $a1$、$a2$、$a7$、$a12$、$a19$ 与 $a22$ 的原因度与中心度双高，可以考虑将其作为数据生态系统协同的关键影响因素；$a14$、$a16$ 与 $a18$ 的原因度均高于原因度分界点，但是其中心度较小，对整个数据生态系统协同的重要性有限，故予以舍弃；虽然 $a5$、$a8$、$a9$、$a10$、$a11$ 与 $a15$ 的中心度较高，但原因度为负，属于结果型因素，因而也不能成为关键影响因素。

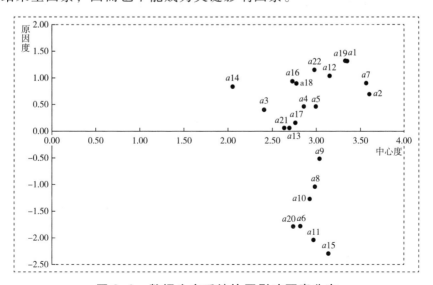

图 3-2　数据生态系统协同影响要素分布

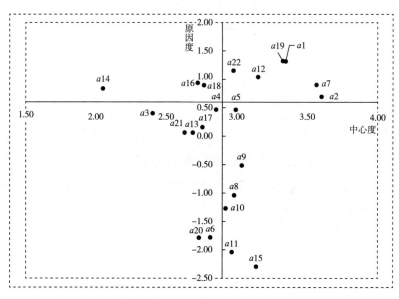

图 3-3　数据生态系统关键影响因素划分

第三节　解释路径研究

一　基于 DEMATEL-解释结构模型-复杂系统理论的解释路径研究

本书在 DEMATEL 的综合关系矩阵基础上，根据解释结构模型中式（1.27）可得整体矩阵 D_{ij}（见表 3-12），同时设定 $\omega = 0.09$，经式（1.28）转化可得可达矩阵 E_{ij}（见表 3-13），根据可达矩阵和式（1.22）和（1.23）可得前因集 $Q(S_i)$ 与可达集 $R(S_i)$（见表 3-14）。表 3-14 可知因素 $a6$、$a11$、$a15$、$a20$ 满足式（1.26），属于第一级致因因素。本书在可达矩阵中把这 4 个因素所在行和列删减，重新根据式（1.22）和（1.23）确定剩余因素的可达集与前因集，再根据式（1.26）再一次对可达矩阵进行缩减，如此重复，直至所有因素删减完毕，最后根据因素删减顺序，确定数据生态系统协同影响因素的层次结构为：

表 3-12 整体影响矩阵

因素	a1	a2	a3	a4	a5	a6	a7	a8	a9	a10	a11	a12	a13	a14	a15	a16	a17	a18	a19	a20	a21	a22
a1	1.04	0.10	0.10	0.10	0.10	0.15	0.10	0.14	0.12	0.13	0.15	0.08	0.10	0.06	0.17	0.07	0.11	0.10	0.08	0.14	0.11	0.07
a2	0.06	1.06	0.07	0.09	0.09	0.15	0.08	0.13	0.12	0.14	0.15	0.06	0.10	0.05	0.17	0.07	0.10	0.08	0.08	0.14	0.10	0.06
a3	0.05	0.06	1.02	0.06	0.07	0.09	0.07	0.09	0.08	0.09	0.11	0.05	0.07	0.02	0.13	0.03	0.05	0.05	0.04	0.09	0.05	0.03
a4	0.05	0.07	0.05	1.03	0.08	0.12	0.05	0.11	0.11	0.11	0.12	0.06	0.09	0.02	0.14	0.03	0.09	0.04	0.05	0.11	0.09	0.05
a5	0.06	0.06	0.04	0.09	1.04	0.11	0.08	0.12	0.10	0.12	0.14	0.06	0.10	0.03	0.14	0.04	0.10	0.04	0.04	0.11	0.06	0.05
a6	0.01	0.03	0.01	0.02	0.02	1.02	0.04	0.02	0.02	0.02	0.06	0.02	0.01	0.01	0.08	0.01	0.01	0.01	0.03	0.04	0.01	0.01
a7	0.08	0.10	0.09	0.09	0.09	0.14	1.06	0.12	0.13	0.14	0.15	0.06	0.09	0.06	0.16	0.08	0.11	0.08	0.08	0.15	0.11	0.06
a8	0.04	0.05	0.03	0.03	0.03	0.07	0.04	1.03	0.05	0.08	0.10	0.04	0.02	0.06	0.11	0.02	0.02	0.02	0.04	0.10	0.02	0.03
a9	0.04	0.07	0.02	0.07	0.03	0.12	0.06	0.10	1.03	0.09	0.12	0.04	0.02	0.01	0.13	0.02	0.03	0.04	0.03	0.12	0.03	0.04
a10	0.02	0.05	0.02	0.02	0.03	0.10	0.04	0.06	0.04	1.03	0.10	0.03	0.01	0.01	0.10	0.01	0.02	0.02	0.02	0.04	0.02	0.03
a11	0.02	0.03	0.01	0.02	0.01	0.03	0.03	0.02	0.02	0.02	1.02	0.02	0.01	0.01	0.04	0.01	0.02	0.01	0.04	0.04	0.01	0.03
a12	0.08	0.09	0.09	0.10	0.10	0.13	0.08	0.10	0.10	0.13	0.16	1.04	0.08	0.04	0.15	0.08	0.08	0.09	0.06	0.14	0.10	0.06
a13	0.04	0.06	0.03	0.03	0.04	0.12	0.07	0.11	0.11	0.11	0.13	0.05	1.02	0.02	0.14	0.02	0.03	0.03	0.03	0.12	0.03	0.03
a14	0.05	0.05	0.06	0.04	0.07	0.09	0.05	0.09	0.11	0.11	0.09	0.05	0.06	1.01	0.14	0.06	0.07	0.03	0.03	0.09	0.07	0.03
a15	0.02	0.06	0.02	0.01	0.01	0.04	0.02	0.02	0.01	0.02	0.03	0.01	0.01	0.01	1.02	0.01	0.01	0.01	0.03	0.03	0.01	0.01
a16	0.07	0.07	0.04	0.06	0.09	0.12	0.05	0.12	0.09	0.13	0.14	0.08	0.10	0.03	0.16	1.03	0.09	0.03	0.05	0.14	0.08	0.05
a17	0.04	0.07	0.03	0.03	0.03	0.13	0.07	0.12	0.10	0.12	0.12	0.03	0.08	0.03	0.13	0.02	1.03	0.03	0.03	0.12	0.07	0.05
a18	0.07	0.10	0.07	0.06	0.08	0.11	0.06	0.11	0.10	0.12	0.13	0.07	0.09	0.04	0.14	0.08	0.07	1.03	0.05	0.13	0.06	0.04
a19	0.07	0.11	0.09	0.10	0.10	0.15	0.10	0.14	0.13	0.15	0.17	0.06	0.09	0.05	0.17	0.08	0.11	0.09	1.04	0.16	0.06	0.08
a20	0.02	0.03	0.02	0.01	0.02	0.03	0.03	0.02	0.02	0.02	0.04	0.01	0.01	0.02	0.05	0.01	0.01	0.02	0.03	1.02	0.01	0.03
a21	0.04	0.05	0.02	0.04	0.05	0.12	0.05	0.10	0.09	0.10	0.13	0.07	0.08	0.02	0.12	0.02	0.03	0.02	0.04	0.11	1.02	0.03
a22	0.06	0.08	0.08	0.08	0.11	0.13	0.08	0.12	0.11	0.13	0.15	0.06	0.07	0.04	0.16	0.08	0.11	0.08	0.07	0.14	0.09	1.03

表 3-13　可达矩阵

因素	a1	a2	a3	a4	a5	a6	a7	a8	a9	a10	a11	a12	a13	a14	a15	a16	a17	a18	a19	a20	a21	a22
a1	1	1	1	1	1	1	1	1	1	0	1	0	1	0	1	0	1	1	0	1	1	0
a2	0	1	0	0	0	1	0	1	1	0	1	0	1	0	1	0	1	0	0	1	1	0
a3	0	0	1	0	0	1	0	0	0	0	0	0	0	0	1	0	0	0	0	1	0	0
a4	0	0	0	1	0	0	0	0	0	0	0	0	0	0	0	0	0	0	0	0	0	0
a5	0	0	0	0	1	1	0	0	0	0	0	0	0	0	0	0	0	0	0	0	0	0
a6	0	0	1	0	0	1	1	1	0	0	0	0	0	0	0	0	0	0	0	1	0	0
a7	0	1	0	0	0	0	1	1	0	0	0	0	0	0	0	0	0	0	0	1	1	0
a8	0	0	0	0	0	1	0	1	0	0	0	0	0	0	0	0	0	0	0	0	0	0
a9	0	0	0	0	0	0	0	0	1	1	0	0	0	0	0	0	0	0	0	0	0	0
a10	0	0	0	0	0	0	0	0	0	1	0	0	0	0	0	0	0	0	0	1	0	0
a11	0	1	0	1	0	0	0	1	0	0	1	0	0	0	0	0	0	0	0	1	0	0
a12	0	0	0	0	0	0	0	0	0	0	0	1	0	0	0	0	0	0	0	1	0	0
a13	0	0	0	0	0	0	0	0	0	0	0	0	1	0	0	0	0	0	0	0	0	0
a14	0	0	0	0	0	0	0	0	0	0	0	0	0	1	0	0	0	0	0	0	0	0
a15	0	0	0	0	0	1	0	0	0	0	0	0	0	0	1	0	0	0	0	0	0	0
a16	0	0	0	0	0	0	0	0	0	0	0	0	0	0	1	1	0	0	0	0	0	0
a17	0	0	0	0	0	0	0	0	0	0	0	0	0	0	0	1	1	0	0	0	0	0
a18	0	0	0	0	0	1	0	0	0	0	0	0	1	0	0	0	0	1	0	1	0	0
a19	0	1	0	1	0	1	0	0	0	0	0	0	0	0	0	0	0	1	1	0	1	0
a20	0	1	0	1	0	0	0	0	0	0	1	0	0	0	1	0	0	0	0	1	1	0
a21	0	0	0	0	0	1	0	0	1	0	1	0	0	0	0	0	0	0	0	1	1	0
a22	0	0	0	0	0	1	0	1	1	0	1	0	0	0	1	0	0	0	0	1	1	1

表 3-14　解释结构模型分析

因素	可达集	前因集	交集
a1	a1, a2, a3, a4, a5, a6, a7, a8, a9, a10, a11, a13, a15, a17, a18, a20, a21	a1	a1
a2	a2, a4, a6, a8, a9, a10, a11, a13, a15, a17, a20, a21	a1, a2, a7, a12, a18, a19	a2
a3	a3, a6, a10, a11, a15, a20	a1, a3, a7	a3
a4	a4, a6, a8, a9, a10, a11, a13, a15, a20	a1, a2, a4, a5, a12, a19	a4
a5	a4, a5, a6, a8, a9, a10, a11, a13, a15, a17, a20	a1, a5, a7, a12, a19, a22	a5
a6	a6	a1, a2, a3, a4, a5, a6, a7, a9, a10, a12, a13, a16, a17, a18, a19, a21, a22	a6
a7	a2, a3, a5, a6, a7, a8, a9, a10, a11, a13, a15, a17, a20, a21	a1, a7, a19	a7
a8	a8, a11, a15, a20	a1, a2, a4, a5, a7, a8, a9, a12, a13, a14, a16, a17, a18, a19, a21, a22	a8
a9	a6, a8, a9, a11, a15, a20	a1, a2, a4, a5, a7, a9, a12, a13, a14, a16, a17, a18, a19, a22	a9
a10	a6, a10, a11, a15	a1, a2, a3, a4, a5, a7, a10, a12, a13, a14, a16, a17, a18, a19, a21, a22	a10

续表

因素	可达集	前因集	交集
a11	a11	a1, a2, a3, a4, a5, a7, a8, a9, a10, a11, a12, a13, a14, a16, a17, a18, a19, a21, a22	a11
a12	a2, a4, a5, a6, a8, a9, a10, a11a, 12, a15, a18, a20, a21	a12	a12
a13	a6, a8, a9, a10, a11, a13, a15, a20	a1, a2, a4, a5, a7, a13, a16, a18	a13
a14	a8, a9, a10, a11, a14, a15, a20	a14	a14
a15	a15	a1, a2, a3, a4, a5, a7, a8, a9, a10, a12, a13, a14, a15, a16, a17, a18, a19, a21, a22	a15
a16	a6, a8, a9, a10, a11, a13, a15, a16, a20	a16	a16
a17	a6, a8, a9, a10, a11, a15, a17, a20	a1, a2, a5, a7, a17, a19, a22	a17
a18	a2, a6, a8, a9, a10, a11, a13, a15, a18, a20,	a1, a12, a18	a18
a19	a2, a4, a5, a6, a7, a8, a9, a10, a11, a15, a17, a19, a20, a21	a19	a19
a20	a20	a1, a2, a3, a4, a5, a7, a8, a9, a12, a13, a14, a16, a17, a18, a19, a20, a21, a22	a20
a21	a6, a8, a10, a11, a15, a20, a21	a1, a2, a7, a12, a19, a21, a22	a21
a22	a5, a6, a8, a9, a10, a11, a15, a17, a20, a21, a22	a22	a22

$$L_1 = \{a6, a11, a15, a20\}, \quad L_2 = \{a8, a10\},$$
$$L_3 = \{a3, a9, a21\}, \quad\quad\quad L_4 = \{a13, a14, a17\},$$
$$L_5 = \{a4, a16\}, \quad\quad\quad\quad L_6 = \{a2, a5\},$$
$$L_7 = \{a7, a18, a22\}, \quad\quad L_8 = \{a1, a12, a19\}。$$

在数据生态系统协同影响因素层次结构的基础上，本书引入复杂系统理论，将数据生态系统的影响因素视为网络节点，因素间关系视为有向边，则数据生态系统的致因路径形成了一个复杂网络；将可达矩阵输入社会网络分析软件 UCINET，按照解释结构模型确定的因素结构重排 UCINET 可视化图谱，将数据生态系统的协同机制路径具象化、可视化，详见图 3-4。

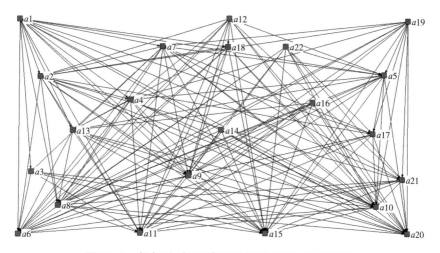

图 3-4　数据生态系统影响因素因果关系路径

二　结果分析

由图 3-4 可看出第一级致因因素为 a6 宏观环境支持、a11 诚信合作、a15 硬件基础设施与 a20 企业内部流程协同。第二层是第二级致因因素 a8 数据协同时间优势与 a10 权责明晰。第三层是第

三级致因因素 $a3$ 线上线下适配性和一体化、$a9$ 运营能力协同优势、$a21$ 市场协同能力。第四层是第四级致因因素 $a13$ 合约协同能力、$a14$ 信息文化、$a17$ 文化协同能力。第五层是第五级致因因素 $a4$ 感知成本、$a16$ 抗风险能力。第六层是第六级致因因素 $a2$ 信息协同过程能力、$a5$ 需求匹配度。第七层是第七级致因因素 $a7$ 大数据协同发展能力、$a18$ 创新协同能力、$a22$ 企业支撑环境。最上面一层是第八级致因因素 $a1$ 数据生态系统资源状况、$a12$ 平台支持机制与 $a19$ 商务关系状况。所在层级越高，因素的致因能力越强，对整个复杂系统的扰动越大。而且可以观察到，DEMATEL 分析得出的 6 个关键影响因素均处于 UCINET 因果关系路径图的最上面三层，表明两个理论的分析结果基本一致，不同点在于因果关系路径图的最上面三层还包含因素 $a18$ 创新协同能力与 $a5$ 需求匹配度。因为 $a5$ 需求匹配度的中心度较高，即整体影响与被影响能力是比较高的，甚至略高于关键影响因素 $a22$ 企业支撑环境，只是它的原因度相对较低，未达到关键影响因素的原因度分界点 0.6，因而没有进入关键影响因素的选择范围；而 $a18$ 创新协同能力的原因度很高，高于原因度分界点 0.6 与关键影响因素 $a2$ 信息协同过程能力的原因度，等于关键影响因素 $a7$ 大数据协同发展能力的原因度，说明 $a18$ 创新协同能力的影响能力较强，未能入选关键影响因素的原因在于它的被影响能力较低，对复杂系统的总体影响能力较低，所以未进入关键影响因素的选择范围。

第四节　数据生态系统协同结构要素模型

根据本章分析结果，本书确定了 6 个因素为数据生态系统协同的关键影响因素，分别为 $a1$ 数据生态系统资源状况、$a2$ 信息协同过程能力、$a7$ 大数据协同发展能力、$a12$ 平台支持机制、$a19$ 商务关系状况与 $a22$ 企业支撑环境。这 6 个关键影响因素对数据生态系统"四流"的影响体现为：数据协同发展能力保障数据流的畅通，信息协同过程能力、企业支撑环境保障信息流的畅通，数据生态系统资源状况、平台支持机制、商务关系状况体现或影响数据生态系统种群的丰富性与多样性，间接保障物质流与资金流的畅通。其中，$a1$ 数据生态系统资源状况与 $a19$ 商务关系状况具有有限性特征，即数据生态系统资源状况被 A 企业消耗，就不能被 B 企业消耗；一项业务若只能选择一个合作伙伴，若 C 企业选择与 A 企业开展商务合作就不能再选择 B 企业，因此这两个因素可归为竞争子系统。其余 4 个因素则与协同均是同向关系，因素表现越好，协同越好，因此可归为协同子系统。数据生态系统协同结构要素模型可表示为：

$$BDES = \{P_1, P_2\} \tag{3.1}$$

其中，$BDES$ 表示数据生态系统协同，P_1 为竞争子系统，P_2 为协同子系统，且满足：

$$P_1 = \{a1, a19\} \tag{3.2}$$

$$P_2 = \{a2, a7, a12, a22\} \tag{3.3}$$

两个子系统相互渗透、相互影响、相互制约，在协同发展过程中可以带来"1+1>2"的协同效应。

第四章
数据生态系统协同效益产出研究

第一节　协同效益产出研究思路

　　本章首先分析同一行业内同质企业间以及不同行业的异质企业间各自的协同类型，并确定其主协同类型；然后研究在不同的主协同类型下两个子系统的耦合模式；再根据耦合模式对 Lotka-Volterra 模型进行改造，通过平衡点稳定分析与相平面图分析得出稳定点下两个子系统各自的协同效益产出公式。具体思路见图 4-1。

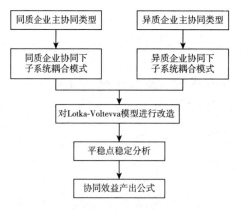

图 4-1　数据生态系统协同效益研究思路

第二节　种群协同类型

数据生态系统中的各生态因子在协同层面可以进行以下分层：在时间的某一静止节点，有微观的企业间信息传输、中观的种群间信息传输、宏观的平台间信息传输，以及综观的平台与外部环境的信息传输，分别对应微观的企业间协同、中观的种群间协同、宏观的平台间协同，以及综观的平台与外部环境间协同；在时间的动态序列上，随着时间的推移，数据生态系统中各个要素的交易记录等信息累积成大数据资源，形成数据资源协同，详见图4-2。

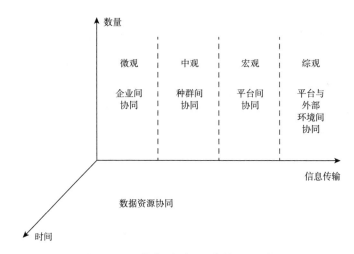

图4-2　数据生态系统协同层次

一　种群内同质企业协同类型

煤矿关键物资管理数据生态系统是围绕煤矿关键物资管理建立的有机统一体，其中生态因子包含煤炭企业、煤矿关键物资供应商、煤矿关键物资租赁商、煤矿关键物资翻新再造企业、煤矿废旧物资回收商、第三方物流企业、银行、网贷平台、在线理财平台、互联网保险和在线支付平台共 11 个种群，每个种群内部又由多个同质企业组成。同质企业在不同情形下有不同的相关关系，详见图 4-3。

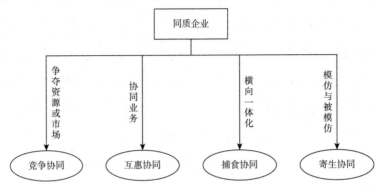

图 4-3　种群内同质企业协同类型

第一，同质企业之间使用的资源具有相似性，导致企业生态位的重叠，以及对生态资源或市场的争夺。一个企业的发展会侵占另一个企业的发展空间，二者此消彼长，相互抑制和干扰，此时同质企业之间是竞争协同模式。

第二，在联合采购、协同出售等协同业务中，同质企业间的合作又会产生规模效应，双方是互惠互利的关系，只不过另一方并没有重要到影响己方生存的地步。此外，两个实力均较强的同质企业的联合对双方均是有利的，此时同质企业之间是互惠协同模式。

第三，同质企业之间还会出现横向一体化，实力较强的企业兼并实力较弱的企业，属于一方被另一方兼并的捕食协同模式。

第四，同质企业之间还存在着同业模仿现象，一方花费一定的人力、物力成本开发出一个新产品或一个新市场，但无法独占成果，会被同业竞争者模仿跟进。前者被称为宿主企业，是创新与进步的来源，后者被称为寄生企业，在没有付出相应代价的前提下，直接分享吞食宿主企业的劳动成果，宿主企业与寄生企业之间的关系被称为寄生协同模式。只不过这种一方获益是以损害另一方利益为前提的单向索取模式注定只能是一个短暂的过渡阶段，宿主企业为了保卫创新成果，减少收益损失，必然产生剥离寄生企业的想法；而寄生企业为了维持与宿主企业之间的关系，必然会提升自我的创新能力，生产可用于与宿主企业互换、分享的成果。因此，寄生协同模式最后要么走向瓦解，要么转化成以互惠为原则的互惠协同模式。

虽然同质企业协同有四种类型，但是同质企业之间以争夺资源与市场为主，所以竞争协同模式是同质企业协同中最主要的类型。

二　种群间异质企业协同类型

纳入煤矿关键物资管理数据生态系统的各个种群均与煤矿关键物资的管理业务相关，所以种群之间均有关联，只是关联强度不同。关联强度伴随关联中间节点的增多而减弱，某些种群之间具有直接关联，如煤矿关键物资供应商直接给煤炭企业提供煤矿关键物资，这种直接关联方式就属于强关联。某些种群之间不能建立直接关联，必须通过中间节点过渡，这种间接关联方式就属于弱关联。如煤矿关键物资供应商与煤矿废旧物资回收商之间，必须将煤炭企业置于中间节点位置，煤矿关键物资供应商提供的崭新物资经煤炭企业使用后转化为废旧物资，再由煤矿废旧物资回收商进行回收。

具有无直接上下游关系的弱关联的异质种群之间，彼此之间相互影响作用甚小，对应生态理论中的中性关系。有直接强关联的种群，如果任一种群有纵向一体化意图，那么与其他种群是捕食关系。如果种群均无纵向一体化意图，那么根据种群来源可将种群间关系分为三种类型：一方来自核心体系，另一方来自支撑体系；双方均来自支撑体系；双方均来自核心体系。前两种类型，如第三方物流企业与互联网保险两个种群之间，双方存在相互促进作用，但双方均不是不可或缺的存在，因而对应生态系统中的互惠关系。第三种类型，以煤矿关键物资供应商与煤炭企业为例，由于煤矿关键物资具有行业专有属性，煤矿关键物资供应商不可能把产品销售给非煤炭企业，煤炭企业是其唯一客户群体，煤炭企业的正常生产也离不开煤矿关键物资供应商在物资方面的支持，种群之间不但相互促进，而且一方的存在以另一方的存在为前提，双方不可分离，因而对应生态理论中的共生关系。种群间异质企业协同类型详见图4-4。

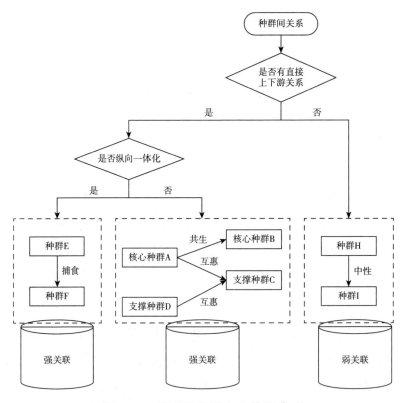

图4-4　种群间异质企业协同类型

种群间异质企业在交易中存在资源与功能的互补性，因而以互惠共生协同模式为主。

第三节　子系统耦合模式研究

Lotka-Volterra 模型问世以来，我国学者已对其展开较为深入的研究（赵进，2011；张林刚和陈忠，2009；强欣，2015；罗琼，2013；王毅和李鑫涛，2014；张亮和任立肖，2015；于超，2011；韩军涛，2014；陈瑜和谢富纪，2012；王瑞平，2010；高琴，2008；范太胜，2014）。Lotka-Volterra 模型最初多被用于种群之间的关系分析，后来学者们将其应用范围拓展到产业间耦合关系（卞曰瑭等，2011；唐强荣和徐学军，2008；杨青和彭金鑫，2011；蒙灼和严静，2007）、研发支出投入与国内生产总值增长预期、固定资产投入与消费者价格指数增长预期、物流产业发展水平与碳减水平间关系（唐建荣等，2016）、产业子系统与生态子系统间关系（周甜甜和王文平，2014；张智光，2014）等研究领域。不难发现，以往的研究对象多是一对既对立又统一的矛盾体，二者之间存在既合作又斗争的竞合关系。本书构建的煤矿关键物资管理数据生态系统协同结构要素模型由竞争子系统及协同子系统构成，两个子系统是存在竞合关系的矛盾体。因此，本书适合采用 Lotka-Volterra 模型研究煤矿关键物资管理数据生态系统协同效益产出的过程。

一　种群内同质企业协同下的耦合模式

因为种群内同质企业之间存在对生态系统中生态资源的争夺，

所以商务关系状况会随竞争的激烈程度而发生改变。当生态资源稀缺时，同质企业间争夺激烈，商务关系状况恶化；当生态资源能满足同质企业各自发展需要时，商务关系状况得到改善。同质企业间的关系虽然有竞争协同、互惠协同、捕食协同以及寄生协同四种模式，但以竞争协同模式为主。Smale（1976）认为竞争协同模式具有普适性。

随着信息技术等协同技术的发展以及平台协同机制等协同能力的增强，协同子系统不断发展，企业的协同能力也不断增强，随之带来的是企业相较之前占用的生态资源也变多，即企业的生态位不断变宽。在生态系统资源状况不变的情况下，生态资源消耗增多，将加剧生态资源消耗与生态资源存量之间的矛盾关系，同质企业间对生态资源的争夺将趋于激烈，商务关系状况不断恶化，此时协同子系统对竞争子系统造成偏害影响。

如果同质企业对生态资源的争夺没有得到遏制，商务关系状况继续恶化，将有个别在竞争中处于弱势地位的企业被淘汰，竞争子系统进一步被削弱，反过来抑制协同子系统，造成协同子系统中协同对象数量的减少。此时，两个系统之间相互抑制，属于竞争关系。

当协同双方属于种群内的同质企业时，两个子系统间的耦合机制如图 4-5 所示（虚线箭头代表抑制作用）。

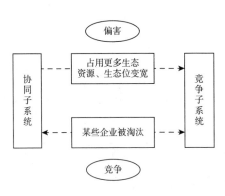

**图 4-5　同质企业协同下
两系统耦合机制**

二　种群间异质企业协同下的耦合模式

当协同双方来自不同种群时，一般不存在对生态资源的竞争，并且双方在生态资源与能力方面往往存在互补性，所以虽然异质企业间的协同包含捕食协同、互惠共生协同与中性协同三种模式，但以互惠共生模式为主。

随着协同子系统协同能力的不断增强，协同技术得到发展，协同机制得到改善，协同主体均能得到协同效益，从而吸引更多的企业入驻该生态系统，丰富数据生态系统资源，壮大数据生态系统规模。由于生态资源得到丰富，企业的生存空间得到扩大，企业之间生态位发生重叠的可能性减小，商务关系状况得到改善，此时协同子系统对竞争子系统有偏利关系。

随着竞争子系统发展水平的不断提升，入驻平台的企业数量和种类不断增加，协同伙伴选择范围得以扩大，使得企业开展更多种类的协同业务成为可能，协同方向更加多元化，生态因子之间的商务关系状况更加错综复杂，从而对单个生态因子的协同能力提出更高要求，反过来促进了协同子系统的发展。此时，两个子系统之间是互惠共生的耦合机制。

当协同双方属于种群间的异质企业时，两个子系统间的耦合机制如图4-6所示（实线箭头代表促进作用）。

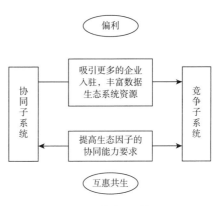

图4-6　异质企业协同下两系统耦合机制

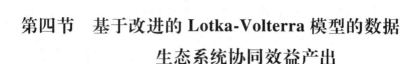

第四节　基于改进的 Lotka-Volterra 模型的数据生态系统协同效益产出

一　改进的 Lotka-Volterra 模型及其平衡点

本节利用 Lotka-Volterra 生态模型对煤矿关键物资管理数据生态系统的竞争子系统与协同子系统之间的耦合机制进行动态研究，并基于以下 2 个假设对原始 Lotka-Volterra 模型进行改进。

假设 1：协同主体之间来源不同，协同模式也不同。当主体处于同一种群，两个子系统之间的耦合机制遵循竞争协同（竞合共生）规律；当主体分属不同种群，两个子系统之间的耦合机制遵循互惠共生规律。

假设 2：两类子系统之间相互存在正向作用与影响，拥有正向协同效应，用 β_{12} 来代表子系统 2 对子系统 1 的合作系数，δ_{12} 表示子系统 2 对子系统 1 之间的竞争系数，$\beta_{12}-\delta_{12}$ 代表子系统 2 对子系统 1 的总的竞合系数。

根据以上假设，对原始 Lotka-Volterra 模型进行改进，得出在竞合共生模式下的方程为：

$$\begin{cases} \dfrac{dP_1}{dt}=r_1P_1\left[\dfrac{K_1-P_1}{K_1}+\dfrac{(\beta_{12}-\delta_{12})P_2}{K_2}\right]=r_1P_1\left[\dfrac{K_1-P_1}{K_1}+\dfrac{\eta_{12}P_2}{K_2}\right] \\ \dfrac{dP_2}{dt}=r_2P_2\left[\dfrac{K_2-P_2}{K_2}+\dfrac{(\beta_{21}-\delta_{21})P_1}{K_1}\right]=r_2P_2\left[\dfrac{K_2-P_2}{K_2}+\dfrac{\eta_{21}P_1}{K_1}\right] \end{cases} \tag{4.1}$$

其中，
$$\begin{cases} \eta_{12}=\beta_{12}-\delta_{12} \\ \eta_{21}=\beta_{21}-\delta_{21} \end{cases} \tag{4.2}$$

式中：

r_1 与 r_2 分别表示竞争子系统与协同子系统独自发展时的经济效益增长率，即内禀增长率；

P_1 与 P_2 分别表示竞争子系统经济效益水平与协同子系统经济效益水平；

K_1 与 K_2 分别表示当只有竞争子系统或协同子系统其中一个时，它们各自的经济效益所能达到的最高水平，相当于环境容量；

β_{12} 表示子系统 2 对子系统 1 的合作系数，度量因子系统 2 与子系统 1 的合作关系对子系统 1 的经济效益形成的增强作用；

δ_{12} 表示子系统 2 对子系统 1 的竞争系数，度量因子系统 2 与子系统 1 的竞争关系对子系统 1 的经济效益形成的削弱作用；

η_{12} 表示在子系统 2 对子系统 1 既存在竞争又存在合作时的竞合系数，当 $\eta_{12}>0$，$\eta_{21}>0$ 时，表示两个子系统之间是互惠共生耦合机制；当 $\eta_{12}<0$，$\eta_{21}<0$ 时，表示两个子系统之间是竞争耦合机制；当 $\eta_{12}<0$，$\eta_{21}=0$ 或 $\eta_{12}=0$，$\eta_{21}<0$ 时，表示两个子系统之间是偏害耦合机制；当 $\eta_{12}>0$，$\eta_{21}=0$ 或 $\eta_{12}=0$，$\eta_{21}>0$ 时，表示两个子系统之间是偏利耦合机制。

通过解常微分方程：

$$\begin{cases} f(P_1,P_2)=r_1P_1\left[\dfrac{K_1-P_1}{K_1}+\dfrac{\eta_{12}P_2}{K_2}\right]=0 \\[3mm] g(P_1,P_2)=r_2P_2\left[\dfrac{K_2-P_2}{K_2}+\dfrac{\eta_{21}P_1}{K_1}\right]=0 \end{cases} \tag{4.3}$$

可得出在 $\eta_{12}\eta_{21}\neq1$ 条件下，式（4.3）的平衡点为：

$$L_1\ (0,\ 0),\ L_2\ (0,\ K_2),\ L_3\ (K_1,\ 0),$$

$$L_4\left(\frac{K_1\,(1+\eta_{12})}{1-\eta_{12}\eta_{21}},\ \frac{K_2\,(1+\eta_{21})}{1-\eta_{12}\eta_{21}}\right)$$

二 平衡点的稳定性分析

本书进一步对平衡点的稳定性进行分析。依据式（4.3）分别对 P_1 与 P_2 求导，得到 J 矩阵：

$$
\begin{aligned}
J &= \begin{bmatrix} f_{P_1} & f_{P_2} \\ g_{P_1} & g_{P_2} \end{bmatrix} \\
&= \begin{bmatrix} r_1-\dfrac{2r_1P_1}{K_1}+\dfrac{r_1\eta_{12}P_2}{K_2} & \dfrac{r_1\eta_{12}P_1}{K_2} \\ \dfrac{r_2\eta_{21}P_2}{K_1} & r_2-\dfrac{2r_2P_2}{K_2}+\dfrac{r_2\eta_{21}P_1}{K_1} \end{bmatrix}
\end{aligned}
\tag{4.4}
$$

其中：

$$
\begin{aligned}
&f_{P_1}=\frac{\partial f(P_1,P_2)}{\partial P_1},\ f_{P_2}=\frac{\partial f(P_1,P_2)}{\partial P_2} \\
&g_{P_1}=\frac{\partial g(P_1,P_2)}{\partial P_1},\ g_{P_2}=\frac{\partial g(P_1,P_2)}{\partial P_2}
\end{aligned}
\tag{4.5}
$$

因为必须保证平衡点 L_4 在第一象限模型才有意义，故：

$$
\begin{cases}
\dfrac{K_1+\eta_{12}K_1}{1-\eta_{12}\eta_{21}}>0 \\
\dfrac{K_2+\eta_{21}K_2}{1-\eta_{12}\eta_{21}}>0
\end{cases}
\tag{4.6}
$$

对式（4.6）进行求解得到 $\eta_{12}\eta_{21}<1$。

将上述四个平衡点代入矩阵 J 做稳定性分析，令 m_i 为不同平

衡点 L_i（$i=1$，2，3，4）在 J 矩阵中对角线上元素之和的负数，n_i 为平衡点 L_i（$i=1$，2，3，4）代入 J 矩阵时的行列式值，即：

$$m_i = -(f_{P1}+g_{P2})\big|_{L_i}(i=1,2,3,4) \tag{4.7}$$

$$n_i = \det J\big|_{L_i}(i=1,2,3,4) \tag{4.8}$$

平衡点稳定的条件为 $m_i>0$、$n_i>0$，证明如下。

设 J 矩阵的特征值为 λ，则满足：

$$\begin{vmatrix} \lambda-f_{P_1} & f_{P_2} \\ g_{P_1} & \lambda-g_{P_2} \end{vmatrix} = 0 \tag{4.9}$$

式（4.9）的特征方程为：

$$\lambda^2-(f_{P_1}+g_{P_2})\lambda+f_{P_1}g_{P_2}-f_{P_2}g_{P_1}=0 \tag{4.10}$$

特征根具有负实部的充分必要条件是：

$$\begin{cases} m_i=-(f_{P_1}+g_{P_2})>0 \\ n_i=(\lambda-f_{P_1})(\lambda-g_{P_2})-f_{P_2}g_{P_1}>0 \end{cases} \tag{4.11}$$

由此，平衡点稳定的条件为 $m_i>0$，$n_i>0$ 得证。

在平衡点 L_1（0，0）处，即 $P_1=0$，$P_2=0$ 时，根据式（4.4）有：

$$J = \begin{bmatrix} r_1 & 0 \\ 0 & r_2 \end{bmatrix} \tag{4.12}$$

再根据式（4.11）可得：$\begin{cases} m_i=-(r_1+r_2)<0 \\ n_i=r_1r_2>0 \end{cases}$

因此，平衡点 L_1（0，0）不满足稳定的条件 $m_i>0$、$n_i>0$。

若直接推理特征根 ω，由特征根方程：

$$|J-\omega I| = \begin{vmatrix} r_1-\omega & 0 \\ 0 & r_2-\omega \end{vmatrix} = (\omega-r_1)(\omega-r_2) = 0$$

可得解：$\omega_1 = r_1 > 0$，$\omega_2 = r_2 > 0$。所以，L_1（0，0）不是稳定点。

在平衡点 L_2（0，K_2）处，即 $P_1 = 0$，$P_2 = K_2$ 时，根据式（4.4）有：

$$J = \begin{bmatrix} r_1(1+\eta_{12}) & 0 \\ \dfrac{r_2\eta_{21}K_2}{K_1} & -r_2 \end{bmatrix} \tag{4.13}$$

再根据式（4.11）可得：$\begin{cases} m_i = r_2-r_1(1+\eta_{12}) \\ n_i = -r_1r_2(1+\eta_{12}) \end{cases}$

当 $1+\eta_{12} < 0$，即 $\eta_{12} < -1$ 时，满足稳定条件 $m_i > 0$、$n_i > 0$，此时平衡点 L_2（0，K_2）是稳定点。

若直接推理特征根 ω，根据特征根方程：

$$J-\omega I = \begin{bmatrix} r_1(1+\eta_{12})-\omega & 0 \\ \dfrac{r_2\eta_{21}K_2}{K_1} & -r_2-\omega \end{bmatrix} = [r_1(1+\eta_{12})-\omega] \times (-r_2-\omega) = 0$$

可得解：$\omega_1 = r_1(1+\eta_{12})$，$\omega_2 = -r_2 < 0$。所以，平衡点 L_3（K_1，0）稳定的条件为：$\eta_{12} < -1$。

在平衡点 L_3（K_1，0）处，即 $P_1 = K_1$，$P_2 = 0$ 时，根据式（4.4）有：

$$J = \begin{bmatrix} -r_1 & \dfrac{r_1\eta_{12}K_1}{K_2} \\ 0 & r_2(1+\eta_{21}) \end{bmatrix} \tag{4.14}$$

再根据式（4.11）可得：$\begin{cases} m_i = r_1 - r_2 \ (1+\eta_{21}) \\ n_i = -r_1 r_2 \ (1+\eta_{21}) \end{cases}$

当 $1+\eta_{21}<0$，即 $\eta_{21}<-1$ 时，满足稳定条件 $m_i>0$、$n_i>0$，此时平衡点 L_3（K_1，0）是稳定点。

若直接推理特征根，根据特征根方程：

$$|J-\omega I| = \begin{vmatrix} -r_1-\omega & \dfrac{r_1\eta_{12}K_1}{K_2} \\ 0 & r_2(1+\eta_{21})-\omega \end{vmatrix} = (-r_1-\omega)\left[r_2(1+\eta_{21})-\omega\right] = 0$$

可得解：$\omega_1 = -r_1<0$，$\omega_2 = r_2$（$1+\eta_{21}$）

且当 $\eta_{21}<-1$ 时，$\omega_2<0$；当 $\eta_{21}>-1$ 时，$\omega_2>0$。所以，平衡点 L_3（K_1，0）稳定的条件为：$\eta_{21}<-1$。

在平衡点 $L_4\left(\dfrac{K_1\ (1+\eta_{12})}{1-\eta_{12}\eta_{21}}, \dfrac{K_2\ (1+\eta_{21})}{1-\eta_{12}\eta_{21}}\right)$ 处，即 $P_1 = \dfrac{K_1\ (1+\eta_{12})}{1-\eta_{12}\eta_{21}}$，

$P_2 = \dfrac{K_2\ (1+\eta_{21})}{1-\eta_{12}\eta_{21}}$ 时，根据式（4.4）有：

$$J = \begin{bmatrix} \dfrac{-r_1(1+\eta_{12})}{1-\eta_{12}\eta_{21}} & \dfrac{r_1K_1\eta_{12}(1+\eta_{12})}{K_2(1-\eta_{12}\eta_{21})} \\ \dfrac{r_2K_2\eta_{21}(1+\eta_{21})}{K_1(1-\eta_{12}\eta_{21})} & \dfrac{-r_2(1+\eta_{21})}{1-\eta_{12}\eta_{21}} \end{bmatrix} \qquad (4.15)$$

再根据式（4.11）可得：$\begin{cases} m_i = \dfrac{r_1\ (1+\eta_{12}) \ + r_2\ (1+\eta_{21})}{1-\eta_{12}\eta_{21}} \\ n_i = \dfrac{r_1r_2\ (1+\eta_{12}) \ (1+\eta_{21})}{1-\eta_{12}\eta_{21}} \end{cases}$

因为 $\eta_{12}\eta_{21}<1$，所以满足 $m_i>0$、$n_i>0$ 的条件为：

$$\begin{cases} 1+\eta_{12}>0 \\ 1+\eta_{21}>0 \end{cases} \qquad (4.16)$$

根据式（4.16）可知，当 $\eta_{12}>-1$ 且 $\eta_{21}>-1$ 时，平衡点 L_4 $\left(\dfrac{K_1\ (1+\eta_{12})}{1-\eta_{12}\eta_{21}},\ \dfrac{K_2\ (1+\eta_{21})}{1-\eta_{12}\eta_{21}}\right)$ 是稳定点。

此外，通过联立式（4.4）与式（4.11）可以得到 m_i 与 n_i 的值为：

$$\begin{cases} m_i=\dfrac{(2r_1-r_2\eta_{21})P_1}{K_1}+\dfrac{(2r_2-r_1\eta_{12})P_2}{K_2}-(r_1+r_2) \\ n_i=\left(r_1-\dfrac{2r_1P_1}{K_1}+\dfrac{r_1\eta_{12}P_2}{K_2}\right)\left(r_2-\dfrac{2r_2P_2}{K_2}+\dfrac{r_2\eta_{21}P_1}{K_1}\right)-\dfrac{r_1\eta_{12}P_1}{K_2}\times\dfrac{r_2\eta_{21}P_2}{K_1} \end{cases} \qquad (4.17)$$

将四个平衡点的坐标代入式（4.17），得到四个平衡点在矩阵 J 中的稳定性情况，详见表4-1。

表4-1　平衡点及稳定性

平衡点	m_i	n_i	稳定条件
$L_1\ (0,\ 0)$	$-\ (r_1+r_2)$	r_1r_2	不稳定
$L_2\ (0,\ K_2)$	$r_2-r_1\ (1+\eta_{12})$	$-r_1r_2\ (1+\eta_{12})$	$\eta_{12}<-1$
$L_3\ (K_1,\ 0)$	$r_1-r_2\ (1-\eta_{21})$	$-r_1r_2\ (1-\eta_{21})$	$\eta_{21}<-1$
$L_4\left(\dfrac{K_1\ (1+\eta_{12})}{1-\eta_{12}\eta_{21}},\right.$ $\left.\dfrac{K_2\ (1+\eta_{21})}{1-\eta_{12}\eta_{21}}\right)$	$\dfrac{r_1\ (1+\eta_{12})\ +r_2\ (1+\eta_{21})}{1-\eta_{12}\eta_{21}}$	$\dfrac{r_1r_2\ (1+\eta_{12})\ (1+\eta_{21})}{1-\eta_{12}\eta_{21}}$	$\eta_{12}>-1$ 且 $\eta_{21}>-1$

三　相平面图分析

对竞争子系统而言，当 $P_1=0$ 时，$P_2=\dfrac{-K_2}{\eta_{12}}$；当 $P_2=0$ 时，$P_1=$

K_1；点 $\left(0,\ \dfrac{-K_2}{\eta_{12}}\right)$ 与点 $(K_1,\ 0)$ 形成的直线表示竞争子系统的容量。对协同子系统而言，当 $P_1=0$ 时，$P_2=K_2$；当 $P_2=0$ 时，$P_1=\dfrac{-K_1}{\eta_{21}}$；点 $(0,\ K_2)$ 与点 $\left(\dfrac{-K_1}{\eta_{21}},\ 0\right)$ 形成的直线表示协同子系统的容量。竞争子系统减协同子系统的横坐标差 u 与纵坐标差 v 分别为：

$$\begin{cases} u=\dfrac{(1+\eta_{21})K_1}{\eta_{21}} \\ v=-\dfrac{(1+\eta_{12})K_2}{\eta_{12}} \end{cases} \tag{4.18}$$

代表两个子系统协同效益产出环境容量的两条直线之间可以有四种组合形式：

（1）当 $\begin{cases} u>0 \\ v>0 \end{cases}$，即 $\begin{cases} \dfrac{(1+\eta_{21})\ K_1}{\eta_{21}}>0 \\ -\dfrac{(1+\eta_{12})\ K_2}{\eta_{12}}>0 \end{cases}$ 时，子系统协同效益产出的相平面图见图 4-7。

由图 4-7 可看出，集聚点为 $L_3\ (K_1,\ 0)$。从坐标轴附近区域开始，在 Ⅰ 区内两个子系统的协同效益增长率均大于 0，两个子系统的协同效益产出均不断增加。一段时间后两个子系统的协同效益增长率达到 Ⅱ 区，协同子系统的效益产出达到最大值，无法继续增长，效益增长率开始为负；而竞争子系统的效益增长率依然大于 0，效益产出仍然可以继续增长，最终结果是竞争子系统的效益产出达到环境容量最大值 K_1，而协同子系统的效益产出减少至 0，说明两个子系统无法共生共存，平衡点 $L_3\ (K_1,\ 0)$ 不是两个子系统协同效益的稳定产出水平。

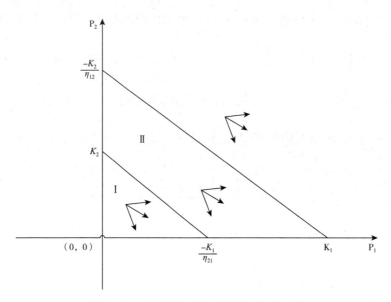

图 4-7　两个子系统之间关系（Ⅰ）

$$(2)\ 当\begin{cases}u<0\\v<0\end{cases},\ 即\begin{cases}\dfrac{(1+\eta_{21})\ K_1}{\eta_{21}}<0\\-\dfrac{(1+\eta_{12})\ K_2}{\eta_{12}}<0\end{cases}\ 时，子系统协同效益产出的$$

相平面图详见图 4-8。

从图 4-8 可看出，集聚点为 L_2（0，K_2）。从坐标轴附近区域开始，在Ⅰ区内两个子系统的协同效益增长率均大于 0，两个子系统的协同效益产出均不断增加。一段时间后两个子系统的协同效益增长率达到Ⅱ区，竞争子系统的效益产出达到最大值，无法继续增长，效益增长率开始为负，而协同子系统的效益增长率依然大于 0，效益产出仍然可以继续增长，最终结果是协同子系统的效益产出达到环境容量最大值 K_2，而竞争子系统的效益产出减少至 0，说明两个子系统无法共生共存，平衡点 L_2（0，K_2）不是两个子系统协同

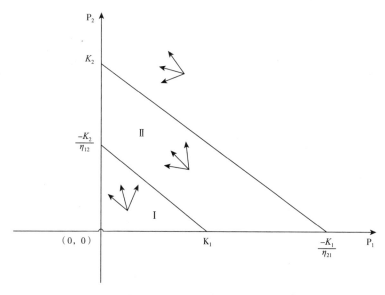

图 4-8 两个子系统之间关系（Ⅱ）

效益的稳定产出水平。

（3）当 $\begin{cases} u>0 \\ v<0 \end{cases}$，即 $\begin{cases} \dfrac{(1+\eta_{21})\ K_1}{\eta_{21}}>0 \\ -\dfrac{(1+\eta_{12})\ K_2}{\eta_{12}}<0 \end{cases}$ 时，子系统协同效益产出的

相平面图详见图 4-9。

从图 4-9 可看出，集聚点有两个，分别是平衡点 L_2（0，K_2）与平衡点 L_3（K_1，0）。从坐标轴附近区域开始，在Ⅰ区内两个子系统的协同效益增长率均大于 0，两个子系统的协同效益产出均不断增加。一段时间后若两个子系统的协同效益增长率达到Ⅱ区，协同子系统的效益产出达到环境容量极限，无法继续增长，协同效益增长率开始为负，而竞争子系统的效益增长率依然大于 0，效益产出仍然可以继续增长，最终结果是竞争子系统的效益产出达到环境容量最大值 K_1，而协同子系统的效益产出减少至 0；一段时间后若两

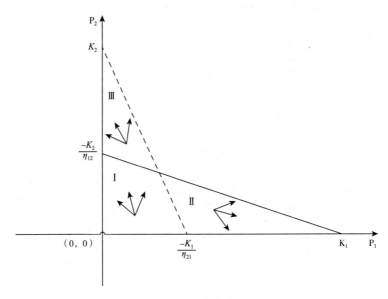

图 4-9　两个子系统之间关系（Ⅲ）

个子系统的协同效益增长率达到Ⅲ区时，竞争子系统的效益产出达到最大值，无法继续增长，效益增长率开始为负，而协同子系统的效益增长率依然大于 0，效益产出仍然可以继续增长，最终结果是协同子系统的效益产出达到环境容量最大值 K_2，而竞争子系统的效益产出减少至 0。说明无论在Ⅱ区还是Ⅲ区，两个子系统均无法共生共存，均不是稳定状态，平衡点 L_2（0，K_2）与平衡点 L_3（K_1，0）均不是两个子系统稳定的协同效益产出水平。

（4）当 $\begin{cases} u<0 \\ v>0 \end{cases}$，即 $\begin{cases} \dfrac{(1+\eta_{21})\ K_1}{\eta_{21}}<0 \\ -\dfrac{(1+\eta_{12})\ K_2}{\eta_{12}}>0 \end{cases}$ 时，子系统协同效益产出的

相平面图详见图 4-10。

从图 4-10 可看出，集聚点为 $L_4\left(\dfrac{K_1\ (1+\eta_{12})}{1-\eta_{12}\eta_{21}},\ \dfrac{K_2\ (1+\eta_{21})}{1-\eta_{12}\eta_{21}}\right)$。从

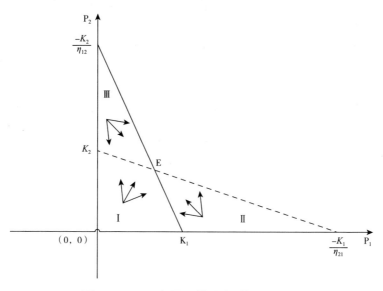

图 4-10　两个子系统之间关系（Ⅳ）

坐标轴附近区域开始，在Ⅰ区内两个子系统的协同效益增长率均大于 0，两个子系统的协同效益产出均不断增加。一段时间后若两个子系统的协同效益增长率达Ⅱ区，竞争子系统的效益产出已达到环境容量极限，无法继续增长，效益增长率开始为负，而协同子系统的效益增长率依然大于 0，效益产出仍然可以继续增长，协同子系统的协同效益向平衡点 L_2（0，K_2）趋近。而在区域Ⅲ，协同子系统的效益产出已达到最大值，无法继续增长，效益增长率开始为负。而竞争子系统的效益增长率依然大于 0，效益产出仍然可以继续增长，竞争子系统的协同效益向平衡点 L_3（K_1，0）趋近。最终在协同子系统的协同效益向平衡点 L_2（0，K_2）趋近，竞争子系统的协同效益向平衡点 L_3（K_1，0）趋近的过程中，两者稳定于平衡点 L_4，形成稳定的协同状态，所以 $L_4\left(\dfrac{K_1\left(1+\eta_{12}\right)}{1-\eta_{12}\eta_{21}},\ \dfrac{K_2\left(1+\eta_{21}\right)}{1-\eta_{12}\eta_{21}}\right)$ 是两个子系统稳定的协同效益产出水平。故两个子系统 P_1、P_2 各自的协同效益产出水平 G_1、G_2 分别为：

$$G_1 = \frac{K_1(1+\eta_{12})}{1-\eta_{12}\eta_{21}} \qquad (4.19)$$

$$G_2 = \frac{K_2(1+\eta_{21})}{1-\eta_{12}\eta_{21}} \qquad (4.20)$$

协同效益（SB）测度函数为：

$$SB = g(P_1, P_2) = G_1 + G_2 \qquad (4.21)$$

所以，在已知两个子系统经济效益水平 P_1、P_2 和各自经济效益能达到的最高水平 K_1、K_2 的前提下，可以根据竞合系数 η_{12}、η_{21} 求得两个系统耦合产生的协同效益。

第五章
数据生态系统协同度测度研究

第一节　数据生态系统协同度测度模型构建

一　测度总体流程

本章首先在煤矿关键物资管理数据生态系统协同效益结构要素模型基础上进一步细化测度指标，建立包含竞争、协同两个子系统的测度指标体系；然后分别利用层次分析法与改进的 Critic 法对测度指标体系执行主观与客观赋权，并计算出综合考虑主客观权重之后的综合权重。主要做法为对两个子系统的指标体系邀请第一组专家确定竞争强度与合作强度参数值，邀请第二组专家确定指标的主观权重，邀请第三组专家对每个指标在 5 个等级评语集下的单指标未确知测度进行打分，通过未确知理论确定每个二维指标所属的评语等级，并将属于该评语等级的竞合参数值提取出来，根据协同效益测度公式得到竞争、合作系数，根据协同度测度公式得到协同度数值，根据协同度所属区间判断协同模式。具体流程如图 5-1 所示。

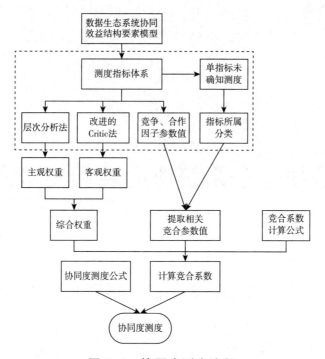

图 5-1　协同度测度流程

二　基于改进 Lotka-Volterra 的协同度测度模型

在式（3.1）与式（4.2）的基础上，构造共生协同度测度模型：

$$BDECD = f(\eta_{12}, \eta_{21}) = \frac{\eta_{12} + \eta_{21}}{\sqrt{\eta_{12}^2 + \eta_{21}^2}} \tag{5.1}$$

其中，

$$\begin{cases} \eta_{12} = \beta_{12} - \delta_{12} \\ \eta_{21} = \beta_{21} - \delta_{21} \\ -1 < \eta_{12} < 0 \\ -1 < \eta_{21} < 0 \end{cases} \tag{5.2}$$

$$\beta_{12} = \sum_{i=1}^{19} \omega_{1i}\tau_{1i} \quad (i = 1,2,\cdots,19) \tag{5.3}$$

$$\beta_{21} = \sum_{i=1}^{19} \omega_{1i}\tau_{2i} \quad (i = 1,2,\cdots,19) \tag{5.4}$$

$$\delta_{12} = \sum_{j=1}^{7} \omega_{1j}\xi_{1j} \quad (j = 1,2,\cdots,7) \tag{5.5}$$

$$\delta_{21} = \sum_{j=1}^{7} \omega_{1j}\xi_{2j} \quad (j = 1,2,\cdots,7) \tag{5.6}$$

基于协同度函数的性质，可知协同度的取值范围为：$BDECD \in [-\sqrt{2}, \sqrt{2}]$。

根据协同双方的来源不同，竞争子系统与协同子系统之间的耦合模式不同，并影响到协同度的取值，具体而言：竞争子系统与协同子系统之间为互惠共生耦合模式时，$BDECD \in (1, \sqrt{2}]$；竞争子系统与协同子系统之间为竞争耦合模式时，$BDECD \in [-\sqrt{2}, -1)$；竞争子系统与协同子系统之间为偏害耦合模式时，$BDECD \in [-1, 1]$。此时还可以进一步细分：若 $\eta_{12}+\eta_{21}>0$，$BDECD \in (0, 1]$，此时两个子系统之间有一定的互补性，向互惠共生耦合模式转变；若 $\eta_{12}+\eta_{21} \leq 0$，$BDECD \in [-1, 0]$，说明其中一个子系统对另一个子系统的抑制作用过强，长此以往将向竞争耦合模式转变。根据得出的 $BDECD$ 的具体取值属于哪个区间可以进一步判断两个子系统的耦合模式。

第二节　数据生态系统协同度测度指标体系构建

一　指标体系构建原则

评价结果主要由三大因素决定：评价的准绳——评价指标体系、准绳的重要性水平——指标权重、评价的工具——评价方法。

构建评价指标体系是评价工作的首要任务，可以为后续数据资料的搜集、权重及评价工具的选定等工作的开展提供框架和参考依据。在建立煤矿关键物资管理数据生态系统协同度测度指标体系的过程中需要遵循以下原则。

（一）以目标为导向原则

指标的确立要围绕协同度的测度展开，测度主体与测度目标的确定要立足于测度主体并服务于测度目标。本书的测度主体是煤矿关键物资管理数据生态系统中的生态因子，即煤矿关键物资管理电子商务平台的用户，测度目标是协同度。因此，确定的指标要能反映煤矿关键物资管理电子商务平台用户的特征且以协同度的测度为导向。

（二）简效与全面相结合原则

影响煤矿关键物资管理数据生态系统协同作用的因素众多，构建的评价指标体系一方面要最大限度地覆盖协同主体间同质协同与异质协同的方方面面；另一方面要遵循简效原则，减少指标间的相似性，使用更具代表性与针对性的指标，用尽可能少的指标覆盖尽可能多的信息量。此外，评价指标体系的构建也要重视全面性原则，力求在协同关键影响要素框架内避免评价指标体系不健全的问题的出现。

（三）普适性与可操作性原则

确立的评价指标体系需要具备适用于所有平台用户的属性，煤矿关键物资管理电子商务平台的潜在用户有 11 类，如果指标过于微观，仅适用于个别平台用户，必然造成某些平台用户在进行协同度测度时无法适用该指标，造成指标不具可比性。因此，协同度测度指标应该满足在所有用户群体中均普遍适用的特征，必须坚持普适性与可操作性原则。

二　指标体系的建立

根据第三章识别的数据生态系统协同关键影响要素，本书建立了由竞争子系统和协同子系统组成的一维指标。竞争子系统由数据生态系统资源状况和商务关系状况 2 个二级指标组成；协同子系统由信息协同过程能力、数据协同发展能力、平台支持机制及企业支撑环境 4 个二维指标组成。

根据表 3-2 对各个二级指标的释义，建立的数据生态系统协同度指标体系如表 5-1 所示。

表 5-1　数据生态系统协同度指标体系

分类	一维	二维	三维
数据生态系统协同度指标	竞争子系统 P_1	数据生态系统资源状况 A	煤矿关键物资管理电子商务平台中不同行业参与数量 a_1
			煤矿关键物资管理电子商务平台中同行业企业数量 a_2
			产品或服务的市场需求状况 a_3
		商务关系状况 B	与协同伙伴的合作互赖程度 b_1
			商务伙伴间收益分配公平性 b_2
			煤矿关键物资管理电子商务平台中开展协同业务种类 b_3
			与商务伙伴的战略协同能力 b_4
	协同子系统 P_2	信息协同过程能力 C	煤矿关键物资管理信息的共享延展度 c_1
			煤矿关键物资管理信息共享强度 c_2
			煤矿关键物资管理信息共享品质 c_3
			煤矿关键物资管理信息整合能力 c_4
		数据协同发展能力 D	煤矿关键物资管理数据协同范围 d_1
			煤矿关键物资管理数据协同效率 d_2
			煤矿关键物资管理数据有效挖掘率 d_3
			煤矿关键物资管理数据处理分析能力 d_4
			煤矿关键物资管理数据发布共享质量 d_5

分类	一维	二维	三维
数据生态系统协同度指标	协同子系统 P_2	平台支持机制 E	煤矿关键物资管理电子商务平台准入机制 e_1
			煤矿关键物资管理信息及数据安全保密机制 e_2
			煤矿关键物资管理电子商务平台的信息协同激励机制 e_3
			煤矿关键物资管理电子商务平台公正机制 e_4
			煤矿关键物资管理电子商务平台对交易数据的开放程度 e_5
			煤矿关键物资管理电子商务平台协同技术创新能力 e_6
		企业支撑环境 F	征信资料开放程度 f_1
			决策者支持力度 f_2
			企业信息系统建设完善程度 f_3
			企业信息人员素质水平 f_4

数据生态系统资源状况主要由煤矿关键物资管理电子商务平台的吸引力与辅助模块中注册登录功能决定；商务关系状况主要受电子商务平台的伙伴管理等功能的影响；信息协同过程能力主要受电子商务平台的信息发布与查询模块的影响；数据协同发展能力主要受电子商务平台的决策模块的影响；平台支持机制主要受电子商务平台的辅助模块的影响。

其中数据生态系统资源状况、信息协同发展能力与数据协同发展能力的三级指标的理解有一定难度，特予以说明。

煤矿关键物资管理电子商务平台中不同行业参与数量衡量的是煤矿关键物资管理数据生态系统的生态链长度，直接决定了该数据生态系统的协同业务类型与数量，参与的异质主体越多，可开展的协同业务类型越丰富，协同度越高。

煤矿关键物资管理电子商务平台中同行业企业数量指协同主体的数量，衡量的是煤矿关键物资管理数据生态系统的生态链宽度。

假如测度目标是某一型号的液压支架供应商，则同质企业数量指同时生产该型号液压支架的所有供应商数量。

产品或服务的市场需求状况衡量的是煤矿关键物资管理数据生态系统的市场资源状况，当市场广阔、需求状况良好时，异质企业间的协同业务会增多，同质企业间也会根据区域、消费者需求等因素对市场进行细分，以便在细分市场减小生态位重叠度，从而减弱竞争摩擦。

煤矿关键物资管理信息的共享延展度衡量的是煤矿关键物资管理电子商务平台上共享信息的广度与深度。与企业进行信息交互的其他企业在数据生态系统中所属种群数量越多代表该企业的共享信息越广；与企业进行信息交互的其他企业数量越多，代表该企业的共享信息越深。企业间共享信息的广度与深度越大，平台的信息协同能力越强。

煤矿关键物资管理信息共享强度指共享的煤矿关键物资管理信息集成度，衡量的是煤矿关键物资管理电子商务平台上共享信息的种类与数量。信息种类越丰富、体量越庞大，代表平台开展的商务活动越多，可转化的数据资源也越多，平台的信息协同能力越强。

煤矿关键物资管理信息共享品质包含信息的品质与共享品质两大方面内容，衡量的是煤矿关键物资管理电子商务平台上共享信息的准确度、完整性与时效性以及交互共享过程中协同伙伴响应的及时性与灵敏度。共享信息越准确、越完整、越及时，协同伙伴做出的响应越及时，平台的信息协同过程能力越强。

煤矿关键物资管理信息整合能力指平台将各种协同业务信息整合到一起加以分析，供平台用户决策使用，实现业务协同的能力。

如只有将煤矿关键物资需求信息与供应信息整合到一起，将物流服务或资金需求方与物流服务或资金提供方的信息整合到一起，才能将满足双方条件的煤矿关键物资供应方与采购方、物流服务提供方与接受方匹配到一起，才能同时实现采购业务与物流业务的协同；零星信息资源发挥的价值有限，只有将不同信息整合到一起才能真正促进协同业务的开展。

煤矿关键物资管理数据协同范围指标越优，代表电子商务平台中企业发布的信息及转化的数据资源越多，同时平台中可利用的其他企业的信息与数据资源也越多，平台的数据协同发展能力越强。

煤矿关键物资管理数据协同效率指能否实现煤矿关键物资管理电子商务平台上协同业务、业务信息、业务数据三者的即时协同，即当协同业务产生时业务信息能否及时转化为数据资源，中间时滞越小，数据协同效率越高。

煤矿关键物资管理数据有效挖掘率指在协同业务信息已转化为业务数据的基础上，基于特定目的对多大比重的数据资源进行数据挖掘。数据挖掘是实现数据资源商业价值的必要手段，没有经过数据挖掘分析的数据资源只是闲置资源，不产生商业价值。因此，煤矿关键物资管理数据有效挖掘率越高，煤矿关键物资管理电子商务平台的协同度也越高。

煤矿关键物资管理数据处理分析能力指煤矿关键物资管理电子商务平台基于不同目的对平台累积的数据资源进行挖掘的质量和水平，比如采购业务需要进行采购优化，库存环节需要建立库存预警等。根据需求不同，对数据进行挖掘的目标也不同，所需使用的数据资源类型与数据分析工具也不同。煤矿关键物资管理数据处理分析能力衡量的就是平台能否根据不同业务需求选择适宜的数据资源和数据分析工具，分析出可信赖结果的能力。

煤矿关键物资管理数据发布共享质量指平台对数据资源进行挖掘之后能否以清晰、明确的表现形式呈现给用户，帮助用户迅速作出科学决策，如可视化界面的设计、多种图表的煤矿关键物资管理数据发布与共享形式类型等。

第三节　协同度测度算例研究

本书选择使用煤矿关键物资管理电子商务平台的 JM 煤炭企业作为数值研究案例，下面就 JM 煤炭企业与和它开展过协同业务的企业之间的协同度进行测度，测度流程如下。

一　专家评分法获取竞争、合作因子参数值

本书将竞争子系统下属指标视为竞争因子，协同子系统下属指标视为合作因子。因为两个子系统下属指标均为定性指标，所以采用专家评分法给出不同情况下两个子系统之间的竞争系数与合作系数。评分规则为：分值区间为 0~1 分，当一个子系统对另一子系统的竞争、合作强度很大时，分值为 0.8；强度较大时，分值为 0.6；强度较小时，分值为 0.4；强度微弱时，分值为 0.2；若认为强度等级介于两个档级之间时，可以赋予分档标准之间的分值。

因为本书所设指标全部为正向指标，为便于表述，本书将指标属性分为五档，每档简单以优、较优、中、较差和差表述。比如，对于信息共享延展度指标，显然延展度越高越好，所以在该指标环境下，优代表延展度高、差表示延展度低。

专家调查共分为3组，一共23人。第一组专家（3人）主要负责对两个子系统间竞争强度与合作强度的评估；第二组专家（10人）主要负责对两个子系统指标进行两两比较以确定指标的主观权重值；第三组专家（10人）主要负责对两个子系统内单指标未确知测度的打分，以确定二维指标层面的等级归属。

第一组专家（3人）就两个子系统之间的竞争强度与合作强度分别打分时，需要对竞争子系统下的竞争因子进行竞争强度打分，对协同子系统下的合作因子进行合作强度评估。无论是竞争强度还是合作强度，专家均需要对每个指标给出两个分值，一个是竞争子系统对协同子系统的竞争强度或合作强度，用"竞争—协同"代表，另一个是协同子系统对竞争子系统的竞争强度或合作强度，用"协同—竞争"代表。表5-2是专家给出的竞争子系统竞争强度分值。

表5-2　竞争子系统竞争强度分值

分类	二维指标	三维指标	竞争类型	得分				
				优	较优	中	较差	差
竞争子系统	数据生态系统资源状况 A	a_1	竞争—协同 ξ_{11}	0.1	0.3	0.4	0.5	0.6
			协同—竞争 ξ_{21}	0.2	0.3	0.4	0.5	0.7
		a_2	竞争—协同 ξ_{12}	0.3	0.4	0.6	0.7	0.8
			协同—竞争 ξ_{22}	0.2	0.4	0.5	0.7	0.8
		a_3	竞争—协同 ξ_{13}	0.1	0.3	0.4	0.5	0.6
			协同—竞争 ξ_{23}	0.1	0.2	0.5	0.6	0.7
	商务关系状况 B	b_1	竞争—协同 ξ_{14}	0.2	0.3	0.5	0.7	0.9
			协同—竞争 ξ_{24}	0.2	0.4	0.5	0.7	0.9
		b_2	竞争—协同 ξ_{15}	0.1	0.2	0.4	0.5	0.6
			协同—竞争 ξ_{25}	0.2	0.3	0.4	0.5	0.6

续表

分类	二维指标	三维指标	竞争类型	得分				
				优	较优	中	较差	差
竞争子系统	商务关系状况 B	b_3	竞争—协同 ξ_{16}	0.3	0.4	0.5	0.7	0.8
			协同—竞争 ξ_{26}	0.2	0.3	0.5	0.7	0.8
		b_4	竞争—协同 ξ_{17}	0.2	0.5	0.6	0.8	0.9
			协同—竞争 ξ_{27}	0.3	0.4	0.5	0.6	0.7

如表 5-2 所示，在煤矿关键物资管理电子商务平台中不同行业参与数量最为理想的状况下，竞争子系统对协同子系统的竞争强度为 0.1，此时协同子系统对竞争子系统的竞争强度为 0.2；在煤矿关键物资管理电子商务平台中不同行业参与数量最不理想的状况下，竞争子系统对协同子系统的竞争强度为 0.6，此时协同子系统对竞争子系统的竞争强度为 0.7。该分类符合生态理论中，当生态资源紧缺时，生态因子之间的生态位发生重叠的可能性增大，重叠程度也加深，生态因子对生态资源的竞争将加剧的系统表现；当生态资源丰富时，生态资源能够满足每一个生态因子生存发展需要，生态因子之间的生态位发生重叠的可能性减小，重叠程度也降低，生态因子对生态资源的竞争将减弱的系统表现。其余指标类似，不再一一列举。

表 5-3 是专家给出的协同子系统合作强度分值。在表 5-3 中，当煤矿关键物资管理信息的共享延展度情况最为理想时，协同子系统对竞争子系统的合作强度为 0.8，此时竞争子系统对协同子系统的合作强度为 0.2；在煤矿关键物资管理信息的共享延展度情况最不理想的状况下，协同子系统对竞争子系统的合作强度为 0.3，此时竞争子系统对协同子系统的合作强度为 0.8。该分

类符合生态理论中随着协同技术的发展及协同机制的完善，生态系统及生态因子的协同能力不断增强，对生态资源的整合能力也得到提升，商务伙伴之间的合作关系也趋于互利双赢，协同子系统无论对数据生态系统资源状况还是系统内商务伙伴关系均有更多协同作用的系统表现。其余指标类似，不再一一列举。

表 5-3 协同子系统合作强度分值

分类	二维指标	三维指标	合作类型	得分				
				优	较优	中	较差	差
协同子系统	信息协同过程能力 C	c_1	协同—竞争 τ_{21}	0.8	0.6	0.5	0.4	0.3
			竞争—协同 τ_{11}	0.2	0.5	0.6	0.7	0.8
		c_2	协同—竞争 τ_{22}	0.7	0.6	0.8	0.5	0.4
			竞争—协同 τ_{12}	0.5	0.4	0.3	0.6	0.8
		c_3	协同—竞争 τ_{23}	0.5	0.6	0.7	0.5	0.4
			竞争—协同 τ_{13}	0.4	0.3	0.2	0.6	0.7
		c_4	协同—竞争 τ_{24}	0.9	0.7	0.5	0.3	0.2
			竞争—协同 τ_{14}	0.3	0.4	0.5	0.6	0.8
	数据协同发展能力 D	d_1	协同—竞争 τ_{25}	0.5	0.3	0.1	0.4	0.6
			竞争—协同 τ_{15}	0.3	0.6	0.8	0.5	0.3
		d_2	协同—竞争 τ_{26}	0.4	0.7	0.8	0.5	0.3
			竞争—协同 τ_{16}	0.5	0.3	0.2	0.7	0.8
		d_3	协同—竞争 τ_{27}	0.9	0.8	0.6	0.5	0.2
			竞争—协同 τ_{17}	0.2	0.3	0.4	0.5	0.7
		d_4	协同—竞争 τ_{28}	0.6	0.8	0.7	0.5	0.4
			竞争—协同 τ_{18}	0.4	0.2	0.3	0.6	0.5
		d_5	协同—竞争 τ_{29}	0.8	0.7	0.6	0.3	0.2
			竞争—协同 τ_{19}	0.2	0.4	0.6	0.7	0.8
	平台支持机制 E	e_1	协同—竞争 τ_{210}	0.7	0.6	0.5	0.4	0.3
			竞争—协同 τ_{110}	0.2	0.4	0.5	0.6	0.7

续表

分类	二维指标	三维指标	合作类型	得分				
				优	较优	中	较差	差
协同子系统	平台支持机制 E	e_2	协同—竞争 τ_{211}	0.8	0.6	0.4	0.3	0.2
			竞争—协同 τ_{111}	0.1	0.3	0.5	0.6	0.7
		e_3	协同—竞争 τ_{212}	0.6	0.7	0.8	0.5	0.4
			竞争—协同 τ_{112}	0.4	0.3	0.2	0.5	0.7
		e_4	协同—竞争 τ_{213}	0.9	0.7	0.6	0.5	0.4
			竞争—协同 τ_{113}	0.2	0.3	0.5	0.6	0.8
		e_5	协同—竞争 τ_{214}	0.5	0.7	0.8	0.6	0.3
			竞争—协同 τ_{114}	0.4	0.3	0.1	0.2	0.5
		e_6	协同—竞争 τ_{215}	0.6	0.7	0.4	0.3	0.1
			竞争—协同 τ_{115}	0.5	0.2	0.6	0.7	0.8
	企业支撑环境 F	f_1	协同—竞争 τ_{216}	0.9	0.8	0.6	0.5	0.2
			竞争—协同 τ_{116}	0.2	0.4	0.5	0.6	0.7
		f_2	协同—竞争 τ_{217}	0.6	0.9	0.8	0.7	0.5
			竞争—协同 τ_{117}	0.5	0.2	0.4	0.3	0.7
		f_3	协同—竞争 τ_{218}	0.7	0.9	0.6	0.4	0.3
			竞争—协同 τ_{118}	0.3	0.2	0.5	0.6	0.8
		f_4	协同—竞争 τ_{219}	0.6	0.8	0.7	0.4	0.2
			竞争—协同 τ_{119}	0.5	0.2	0.3	0.7	0.8

二　层次分析法获取指标主观权重值

本书邀请第二组专家分别对两个子系统内的指标进行两两比较，并将专家打分情况输入 Yaahp 软件，分别确定两个子系统在一维指标与二维指标下指标的权重值。

首先，本书对竞争子系统进行评价，建立的层次模型如图5-2
所示。

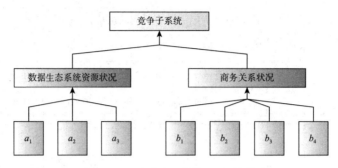

图5-2 竞争子系统层次结构

输入专家评分的成对比较矩阵之后，得到竞争子系统指标的主
观权重，详见表5-4。

表5-4 竞争子系统指标主观权重

分类	二维指标	二维权重	三维指标	三维权重	总权重
竞争子系统	数据生态系统资源状况	0.67	a_1	0.54	0.36
			a_2	0.16	0.11
			a_3	0.30	0.20
	商务关系状况	0.33	b_1	0.10	0.03
			b_2	0.17	0.06
			b_3	0.32	0.11
			b_4	0.41	0.14

然后，本书对协同子系统进行评价，建立的层次模型如图5-3
所示。

输入专家评分的成对比较矩阵之后，得到协同子系统指标的主
观权重，详见表5-5。

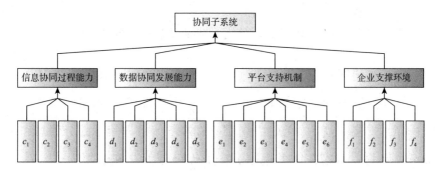

图 5-3　协同子系统层次结构

表 5-5　协同子系统指标主观权重

分类	二维指标	二维权重	三维指标	三维权重	总权重
协同子系统	信息协同过程能力	0.34	c_1	0.33	0.11
			c_2	0.08	0.03
			c_3	0.17	0.06
			c_4	0.42	0.14
	数据协同发展能力	0.38	d_1	0.21	0.08
			d_2	0.10	0.04
			d_3	0.22	0.08
			d_4	0.15	0.06
			d_5	0.32	0.12
	平台支持机制	0.17	e_1	0.18	0.03
			e_2	0.23	0.04
			e_3	0.07	0.01
			e_4	0.34	0.02
			e_5	0.11	0.01
			e_6	0.07	0.06
	企业支撑环境	0.11	f_1	0.17	0.02
			f_2	0.29	0.03
			f_3	0.12	0.01
			f_4	0.42	0.14

三 改进的 Critic 法确定指标客观权重及等级

本书邀请第三组专家对两个子系统内指标的单指标未确知测度进行打分，依据前文中对指标的分类方法，将评语集也分为优、较优、中、较差、差 5 个等级，每项指标在 5 个评语集下的分值总和为 10 分，且每位专家在每个指标下 5 个等级分值总和必须为 10，专家依据自己的判断给出相应分值，某评语集下分值越高代表专家越认为该指标属于该评语集。表 5-6 是协同度评价指标得分。

表 5-6　协同度评价指标得分

分类	二维指标	三维指标	得分				
			优	较优	中	较差	差
竞争子系统	数据生态系统资源状况	a_1	25	35	33	4	3
		a_2	54	44	1	1	0
		a_3	37	36	21	5	1
	商务关系状况	b_1	80	19	1	0	0
		b_2	54	44	1	1	0
		b_3	67	29	4	0	0
		b_4	57	31	9	2	1
协同子系统	信息协同过程能力	c_1	72	16	6	5	1
		c_2	48	36	15	1	0
		c_3	58	21	19	1	1
		c_4	66	21	9	2	2
	数据协同发展能力	d_1	57	23	17	3	0
		d_2	49	30	16	3	2
		d_3	29	35	27	7	2
		d_4	62	24	11	2	1
		d_5	42	33	19	4	2

分类	二维指标	三维指标	得分				
			优	较优	中	较差	差
协同子系统	平台支持机制	e_1	42	35	21	1	1
		e_2	8	27	48	11	6
		e_3	17	33	41	6	3
		e_4	37	29	28	5	1
		e_5	26	21	22	30	1
		e_6	15	24	31	23	7
	企业支撑环境	f_1	70	19	8	3	0
		f_2	69	18	11	2	0
		f_3	54	23	18	4	1
		f_4	67	28	2	1	2

由表 5-6 中的评分值，根据公式（1.46）~（1.52），分别求得两个子系统的客观权重（见表 5-7）。

表 5-7　按照一维子系统划分的客观权重

分类	二维	三维	$\overline{b_j}$	∂_j^2	v_j	C_j	P_j	w_j
竞争子系统	数据生态系统资源状况	a_1	0.53	0.19	0.82	2.69	2.19	0.25
		a_2	0.37	0.20	1.19	0.79	0.95	0.11
		a_3	0.53	0.17	0.79	0.92	0.73	0.08
	商务关系状况	b_1	0.25	0.15	1.54	1.31	2.02	0.23
		b_2	0.37	0.20	1.19	0.79	0.95	0.11
		b_3	0.30	0.15	1.29	0.87	1.12	0.13
		b_4	0.34	0.15	1.13	0.70	0.79	0.09
协同子系统	信息协同过程能力	c_1	0.27	0.14	1.39	4.78	6.66	0.06
		c_2	0.42	0.16	0.96	4.15	3.97	0.04
		c_3	0.33	0.13	1.10	4.23	4.63	0.04
		c_4	0.28	0.14	1.33	4.33	5.78	0.05

分类	二维	三维	$\overline{b_j}$	∂_j^2	v_j	C_j	P_j	w_j
协同子系统	数据协同发展能力	d_1	0.35	0.13	1.02	4.06	4.14	0.04
		d_2	0.38	0.14	0.98	3.95	3.89	0.04
		d_3	0.55	0.16	0.72	5.65	4.09	0.04
		d_4	0.31	0.14	1.19	4.11	4.88	0.05
		d_5	0.45	0.15	0.87	3.93	3.43	0.03
	平台支持机制	e_1	0.46	0.17	0.89	4.09	3.64	0.03
		e_2	0.33	0.14	1.13	13.06	14.77	0.14
		e_3	0.45	0.15	0.87	11.01	9.62	0.09
		e_4	0.53	0.16	0.75	4.13	3.11	0.03
		e_5	0.66	0.12	0.53	10.97	5.78	0.05
		e_6	0.54	0.12	0.63	13.20	8.37	0.08
	企业支撑环境	f_1	0.29	0.14	1.29	4.46	5.75	0.05
		f_2	0.29	0.13	1.27	4.42	5.61	0.05
		f_3	0.36	0.13	0.99	4.03	4.01	0.04
		f_4	0.29	0.15	1.35	4.41	5.95	0.06

若以二维指标进行区分，则每个二维指标的客观权重为：

$$g_1 = (0.38, 0.47, 0.15)$$

$$g_2 = (0.38, 0.35, 0.13, 0.13)$$

$$g_3 = (0.31, 0.34, 0.17, 0.18)$$

$$g_4 = (0.19, 0.12, 0.32, 0.26, 0.11)$$

$$g_5 = (0.21, 0.25, 0.14, 0.14, 0.14, 0.12)$$

$$g_6 = (0.18, 0.18, 0.27, 0.37)$$

将二维指标的主观、客观权重平均后得到每个二维指标的综合权重：

$$o_1 = (0.46, 0.32, 0.22)$$
$$o_2 = (0.24, 0.26, 0.23, 0.27)$$
$$o_3 = (0.32, 0.21, 0.17, 0.30)$$
$$o_4 = (0.20, 0.11, 0.27, 0.20, 0.22)$$
$$o_5 = (0.20, 0.24, 0.11, 0.24, 0.13, 0.10)$$
$$o_6 = (0.18, 0.24, 0.19, 0.39)$$

则数据生态系统资源状况的综合测度向量为：

$$\chi_1 = o_1 \cdot \mu_1$$

$$= (0.46, 0.32, 0.22) \begin{bmatrix} 0.25 & 0.35 & 0.33 & 0.04 & 0.03 \\ 0.54 & 0.44 & 0.01 & 0.01 & 0.00 \\ 0.37 & 0.36 & 0.21 & 0.05 & 0.01 \end{bmatrix}$$

$$= (0.369, 0.381, 0.201, 0.033, 0.016)$$

同理得其他维度的综合测度向量为：

$$\chi_2 = (0.637, 0.309, 0.038, 0.008, 0.003)$$
$$\chi_3 = (0.628, 0.226, 0.110, 0.026, 0.011)$$
$$\chi_4 = (0.464, 0.294, 0.188, 0.041, 0.014)$$
$$\chi_5 = (0.255, 0.286, 0.323, 0.106, 0.030)$$
$$\chi_6 = (0.655, 0.231, 0.083, 0.022, 0.010)$$

因为本书的指标属性集是从优到劣分布的，即评价等级 z_i 比评价等级 z_{i+1} 要好，因此使用置信度识别准则，取置信度 $\theta = 0.6$，由公式：

$$k_0 = \min_k \left[\left(\sum_{j=1}^{k} \mu_{ij} \right) \geqslant 0.6, \ k = 1, 2, \cdots, K \right] \qquad (6.10)$$

来判断 k 所属的评语等级。

所以，数据生态系统资源状况、商务关系状况、信息协同过程能力、数据协同发展能力、平台支持机制与企业支撑环境的等级分别为 Z_2、Z_1、Z_1、Z_2、Z_3、Z_1。

四　企业间协同度测度

根据两个子系统下指标的主观权重与客观权重可得到指标的平均总权重，其中竞争子系统与协同子系统下指标平均总权重分别为：

$$\omega_{1j} = (0.31, 0.11, 0.14, 0.13, 0.09, 0.12, 0.12)$$

$$\omega_{1i} = (0.09, 0.04, 0.05, 0.10, 0.06, 0.04, 0.06, 0.06,$$
$$0.08, 0.03, 0.09, 0.05, 0.05, 0.04, 0.05, 0.04,$$
$$0.04, 0.03, 0.05)$$

根据前文对二级指标的等级分类及表 5-2 与表 5-3 中各指标的竞争强度与合作强度评分，本书得到两个子系统中指标对应的参数值，进而根据式（5.3）~（5.6）求出对应的竞争系数与合作系数，详见表 5-8 与表 5-9。

表 5-8　竞争因子参数值、权重及竞争系数

二维指标	权重 ω_{1j}	竞争类型	竞争强度参数值 ξ_{1j}	$\omega_{1j}\xi_{1j}$	竞争类型	竞争强度参数值 ξ_{2j}	$\omega_{2j}\xi_{2j}$
数据生态系统资源状况	0.31	竞争—协同 ξ_{11}	0.30	0.09	协同—竞争 ξ_{21}	0.30	0.09
	0.11	竞争—协同 ξ_{12}	0.40	0.04	协同—竞争 ξ_{22}	0.40	0.04
	0.14	竞争—协同 ξ_{13}	0.30	0.04	协同—竞争 ξ_{23}	0.20	0.03

二维指标	权重 ω_{1j}	竞争类型	竞争强度参数值 ξ_{1j}	$\omega_{1j}\xi_{1j}$	竞争类型	竞争强度参数值 ξ_{2j}	$\omega_{2j}\xi_{2j}$
	0.13	竞争—协同 ξ_{14}	0.20	0.03	协同—竞争 ξ_{24}	0.20	0.03
商务关系状况	0.09	竞争—协同 ξ_{15}	0.10	0.01	协同—竞争 ξ_{25}	0.20	0.02
	0.12	竞争—协同 ξ_{16}	0.30	0.04	协同—竞争 ξ_{26}	0.20	0.02
	0.12	竞争—协同 ξ_{17}	0.20	0.02	协同—竞争 ξ_{27}	0.30	0.03

表 5-9　合作因子参数值、权重及合作系数

二维指标	权重 ω_{1i}	合作类型	合作强度参数值 τ_{1i}	$\omega_{1i}\tau_{1i}$	合作类型	合作强度参数值 τ_{2i}	$\omega_{2i}\tau_{2i}$
	0.09	竞争—协同 τ_{11}	0.20	0.02	协同—竞争 τ_{21}	0.80	0.07
信息协同过程能力	0.04	竞争—协同 τ_{12}	0.50	0.02	协同—竞争 τ_{22}	0.70	0.02
	0.05	竞争—协同 τ_{13}	0.40	0.02	协同—竞争 τ_{23}	0.50	0.03
	0.10	竞争—协同 τ_{14}	0.30	0.03	协同—竞争 τ_{24}	0.90	0.09
	0.06	竞争—协同 τ_{15}	0.60	0.04	协同—竞争 τ_{25}	0.30	0.02
数据协同发展能力	0.04	竞争—协同 τ_{16}	0.30	0.01	协同—竞争 τ_{26}	0.70	0.03
	0.06	竞争—协同 τ_{17}	0.30	0.02	协同—竞争 τ_{27}	0.80	0.05
	0.06	竞争—协同 τ_{18}	0.20	0.01	协同—竞争 τ_{28}	0.80	0.04
	0.08	竞争—协同 τ_{19}	0.40	0.03	协同—竞争 τ_{29}	0.70	0.05
	0.03	竞争—协同 τ_{110}	0.50	0.02	协同—竞争 τ_{210}	0.50	0.02
	0.09	竞争—协同 τ_{111}	0.50	0.05	协同—竞争 τ_{211}	0.40	0.04
平台支持机制	0.05	竞争—协同 τ_{112}	0.20	0.01	协同—竞争 τ_{212}	0.80	0.04
	0.05	竞争—协同 τ_{113}	0.50	0.02	协同—竞争 τ_{213}	0.60	0.03
	0.04	竞争—协同 τ_{114}	0.10	0.00	协同—竞争 τ_{214}	0.80	0.03
	0.05	竞争—协同 τ_{115}	0.60	0.03	协同—竞争 τ_{215}	0.40	0.02

二维指标	权重 ω_{1i}	合作类型	合作强度参数值 τ_{1i}	$\omega_{1i}\tau_{1i}$	合作类型	合作强度参数值 τ_{2i}	$\omega_{2i}\tau_{2i}$
企业支撑环境	0.04	竞争—协同 τ_{116}	0.20	0.01	协同—竞争 τ_{216}	0.90	0.03
	0.04	竞争—协同 τ_{117}	0.50	0.02	协同—竞争 τ_{217}	0.60	0.02
	0.03	竞争—协同 τ_{118}	0.30	0.01	协同—竞争 τ_{218}	0.70	0.02
	0.05	竞争—协同 τ_{119}	0.50	0.03	协同—竞争 τ_{219}	0.60	0.03

再根据式（5.2）得到两个子系统的竞合系数分别为：

$$\eta_{12} = \beta_{12} - \delta_{12} = 0.40 - 0.27 = 0.13$$

$$\eta_{21} = \beta_{21} - \delta_{21} = 0.68 - 0.26 = 0.42$$

其中，$\beta_{12} = \sum_{i=1}^{19} \omega_{1i}\tau_{1i}$；$\delta_{12} = \sum_{j=1}^{7} \omega_{1j}\xi_{1j}$；$\beta_{21} = \sum_{i=1}^{19} \omega_{2i}\tau_{2i}$；

$\delta_{21} = \sum_{j=1}^{7} \omega_{2j}\xi_{2j}$。

因为 $\eta_{12} > 0$，$\eta_{21} > 0$，所以两个子系统之间是互惠共生耦合模式。

根据式（5.1）得到两个子系统间共生协同度为：

$$BDECD = \frac{\eta_{12} + \eta_{21}}{\sqrt{\eta_{12}^2 + \eta_{21}^2}} = \frac{0.13 + 0.42}{\sqrt{0.13^2 + 0.42^2}} = 1.25$$

因为两个子系统间共生协同度在 $[1, \sqrt{2}]$ 范围内，也说明两者之间是互惠共生关系。

上述计算结果证明，JM 煤炭企业加入煤矿关键物资管理电子商务平台能为 JM 煤炭企业与它的协同伙伴带来正向协同效益，煤矿关键物资管理电子商务平台的协同版块业务的开展有利于提升双方的煤矿关键物资管理绩效。

第六章
结论与展望

第一节 主要结论

本书以煤矿关键物资管理为研究对象，以煤矿关键物资管理电子商务平台系统功能的设计、数据生态系统的构建、数据生态系统协同影响因素致因路径的研究与关键影响要素的识别、关键影响要素间动态协同耦合机制研究、协同效益产出研究与协同度测度为主线，对由煤矿关键物资管理电子商务平台形成的煤矿关键物资管理数据生态系统的协同机制进行了研究，得出以下研究结论。

第一，通过梳理国内外关于煤矿物资管理的研究进展，发现大部分学者的研究集中于煤矿物资分类、煤矿物资采购管理、煤矿物资库存管理、煤矿物资供应管理与煤矿物资的定价机制研究，且多集中于单一企业煤矿物资上述业务的研究。本书首先在分析煤矿物资的类型的基础上，将研究对象聚焦于煤矿关键物资；然后突破单一业务形式与单一企业研究的边界，研究多个煤矿关键物资管理业务下相关行业开展的横向同质企业协同与纵向异质企业协同所实现的协同效益问题。

第二，结合 UTAUT2、初始信任、保护动机与信息构建等理论研究，将结构方程模型引入煤矿关键物资管理电子商务平台潜在用户使用意愿的研究工作，运用 AMOS 与 SPSS 分析软件得到影响该平台被接受程度的因素间的因果作用路径。按照影响力大小，影响潜在用户对煤矿关键物资管理电子商务平台使用意愿的因素依次为绩效期望、价格均衡、努力期望、信息构建，其中价格均衡与努力期望对信息构建没有影响，绩效期望对努力期望、价格均衡与信息构建有正向影响，且绩效期望与价格均衡同时受到潜在用户初始信任与保护动机的影响，努力期望仅受初始信任的影响，不受保护动机的影响。据此，本书总结出平台的设计与运营原则以提高平台在潜在用户中的使用率。

第三，对煤矿关键物资管理业务进行分类，研究不同类型业务下的风险点及平台用户需求。对企业自有电子商务平台、依托第三方的电子商务平台、行业性质协同电子商务平台和国际化电子商务平台 4 种平台类型各自的优劣势进行分析，以平台特点与用户需求相契合为准绳，将煤矿关键物资管理电子商务平台界定为行业性质协同电子商务平台。然后以平台的设计与运营原则及平台定位为指导设计了由协同业务功能、垂直业务功能及辅助功能构成的功能框架，解释了不同业务类型在平台上操作的业务逻辑，展示了人机交互的系统逻辑。

第四，以煤矿关键物资管理电子商务平台用户群体为研究对象，分析了平台用户群体演化成煤矿关键物资管理数据生态系统的条件，数据生态系统的数据构成，系统内生态因子构成及生态因子间物质流、资金流、信息流与数据流的"四流"传输路径，系统的生态学特征及与传统信息生态系统的区别。

第五，在现有研究基础上，归纳以往学者认可的影响数据生态系统协同的影响因素，融合 DEMATEL、解释结构模型、概念格与复杂网络理论，根据致因能力将影响因素分为 8 个层次，并从中识别出中心度与原因度"双高"的 6 个关键影响因素，分别是：数据生态系统资源状况、信息协同过程能力、数据协同发展能力、平台支持机制、商务关系状况以及企业支撑环境。数据协同发展能力保障数据流的畅通，信息协同过程能力、企业支撑环境保障信息流的畅通，数据生态系统资源状况、平台支持机制、商务关系状况体现或影响数据生态系统种群的丰富性与多样性，间接保障物质流与资金流的畅通。最后根据这 6 个关键影响因素建立了数据生态系统协同结构要素模型。

第六，以数据生态系统协同结构要素模型为基础，研究两个子系统在同质企业协同与异质企业协同下的耦合模式，结合生态理论对 Lotka-Volterra 模型进行改进，通过平衡点稳定分析得到数据生态系统协同框架模型中竞争子系统协同效益产出水平与协同子系统协同效益产出水平的计算公式。

第七，在数据生态系统协同效益结构要素模型基础上建立协同度测度评价指标体系，运用层次分析法、改进的 Critic 法确定指标综合权重，既考虑了专家经验的影响又避免了单一主观决策带来的随机性，增强指标权重的科学性。

第八，将指标状态分为优、较优、中、较差和差 5 个等级，采用专家评分法确定在不同状态下竞争子系统与协同子系统的竞争强度参数与合作强度参数；运用单指标未确知测度确定指标评语集归属，提取归属该评语集下的竞争和合作强度参数，结合指标综合权重分别计算竞争系数与合作系数，由竞争系数与合作系数得到竞合系数。

第九，将煤矿关键物资管理协同结构要素模型进一步具体化，并以平台用户 JM 煤炭企业的协同业务为算例验证了测度模型的可行性，发现 JM 煤炭企业加入煤矿关键物资管理电子商务平台，与商务伙伴开展煤矿关键物资管理电子商务业务对双方是互惠共赢的。因此，加入煤矿关键物资管理电子商务平台开展同质与异质企业协同业务是极为经济和明智的，确实可以为企业带来协同效益。

第二节　主要创新点

本书针对上述内容的研究，相较于以往研究有以下创新：

第一，对煤矿关键物资管理电子商务平台进行了功能设计。明确了影响潜在用户对煤矿关键物资管理电子商务平台使用意愿的潜在变量，运用 AMOS 和 SPSS 软件分析了潜在变量构成的结构模型，根据潜在变量间的结构路径关系确立煤矿关键物资管理电子商务平台的设计与运营原则；根据用户需求与不同类型电子商务平台的优缺点对平台进行定位；在平台定位、设计与运营原则指引下设计了平台功能、业务逻辑与系统逻辑。

第二，引入数据生态系统概念，创新性地提出了煤矿关键物资管理数据生态系统的概念。以往学者在社会经济领域对生态理论的研究主要体现在信息生态系统、价值生态系统及商业生态系统等领域。数据生态系统属于新兴概念，近年来虽然开始受到学者的关注，但研究成果尚少，针对煤矿关键物资管理数据生态系统的研究更是无人涉足。本书将利用煤矿关键物资管理电子商务平台开展业务的用户群体视为数据种群，构建煤矿关键物资管理数据生态系统，论述了数据生态系统的生态特征与优越性。数据生态系统实现了由信息生态系统中物质流、资金流与信息流向物质流、资金流、信息流与数据流的转化与发展。

第三，提出了煤矿关键物资管理数据生态系统协同结构要素模型。借助文献研究、问卷调查等方法，本书提取了煤矿关键物资管理数据生态系统协同影响因素原始数据，采用概念格理论对不同专家的问卷数据进行汇总，融合 DEMATEL 与解释结构模型对影响因素的致因路径进行研究，识别了数据生态系统资源状况、信息协同过程能力、数据协同发展能力、平台支持机制、商务关系状况以及企业支撑环境这 6 个在解释结构模型中致因能力最强、层级最高，且中心度与原因度"双高"的关键影响因素，并将这 6 个关键影响因素分别组合为竞争子系统及协同子系统，以此作为函数因子构建了煤矿关键物资管理数据生态系统协同结构要素模型。

第四，研究了煤矿关键物资管理数据生态系统协同效益产出。本书研究了煤矿关键物资管理数据生态系统协同结构要素模型竞争子系统、协同子系统两个因子在同质企业协同与异质企业协同关系下不同的耦合机制，根据耦合机制对 Lotka-Volterra 模型进行改进，使模型更为准确地反映两个子系统间的耦合机制，并通过平衡点稳定分析得到两个子系统协同效益产出的函数表达式。

第五，构建了煤矿关键物资管理数据生态系统协同度测度模型。本书在煤矿关键物资管理数据生态系统协同结构要素模型基础上设计了协同度测度评价指标体系，融合单指标未确知测度、层次分析法与改进的 Critic 法，构建了煤矿关键物资管理数据生态系统中协同度测度模型，并以 JM 煤炭企业协同业务为算例验证了测度模型的可行性，论证了煤炭企业使用煤矿关键物资管理电子商务平台的重要意义。

第三节 研究展望

在大数据时代背景下，煤矿关键物资管理数据生态系统是一项具有重要意义的研究课题，其发展受到先进理念的引导、前沿技术的支撑、商业模式的调整、管理理论的跟进等多方面影响。笔者在研究过程中深感此课题下具备研究价值的内容颇多，迫于时间、精力压力及有限的知识结构，只能选择协同机制一个议题展开研究，研究中存在很多不足留待后续深入研究。

第一，煤矿关键物资管理电子商务平台可同时开展企业间的协同业务、单一企业的垂直业务以及辅助业务。本书将研究内容限定为协同机制，只针对协同业务的协同类型、协同效益影响因素致因路径、协同效益影响因素动态耦合机制、协同效益产出与协同度测度展开研究，没有对垂直业务，如订货优化、产品定价机制、库存管理等业务进行深入研究。

第二，研究角度过于宏观。本书站在整个煤矿关键物资管理数据生态系统的角度研究其协同机制，对煤矿关键物资管理电子商务平台实现的微观功能缺乏深入研究，如协同业务中协同伙伴的选择，协同采购、联合寻租等协同业务中最佳业务量的确定，垂直业务中最佳库存的确定，订货时间的预测等。每一项功能的实现都需要相应管理模型的匹配，都可以作为研究的切入点。

第三，数据生态系统作为一个前沿概念，目前处于提倡发展的萌芽状态，既没有真正实现，也没有太多的学术研究成果可供参考。因为数据生态系统是对信息生态系统的延伸与发展，所以协同度评价指标体系不得不参考一些信息生态系统的研究成果，再结合数据生态系统的概念构建。而且煤矿关键物资管理数据生态系统的形成是一个动态过程，随着现实中经济管理方式的进步，协同度评价指标体系还有进一步筛选、调整和完善的空间。

参考文献

阿尔文·托夫勒，1996，《第三次浪潮》，朱志焱译，新华出版社。

白巧兵，2009，《协同商务环境下企业协同能力的构成和评价研究》，硕士学位论文，西南财经大学。

卞日瑭、何建敏、庄亚明，2011，《基于 Lotka-Volterra 模型的生产性服务业发展机理研究》，《软科学》第 1 期。

波特，1997，《竞争优势》，陈小悦译，华夏出版社。

曾诗鸿、王成秀、董战峰，2022，《环保投入的碳减排协同效应研究》，《江淮论坛》，第 4 期。

曾文杰，2010，《基于合作伙伴关系的供应链协同影响因素研究》，博士学位论文，华中科技大学。

陈国兰，2014，《如何利用大数据构建图书馆新型知识服务体系》，《现代情报》第 9 期。

陈琳，2014，《YT 公司物资管理业务流程重组研究》，硕士学位论文，云南大学。

陈艳华，2012，《适婚群体对婚恋网站的使用意愿研究》，硕士学位论文，哈尔滨工业大学。

陈瑜、谢富纪，2012，《基于 Lotka—Volterra 模型的光伏产业生态创新系统演化路径的仿生学研究》，《研究与发展管理》第

3 期。

陈宇，2016，《葫芦岛供电公司物资管理系统优化研究》，硕士学位论文，吉林大学。

陈张琪，2013，《企业集团协同能力及其对信用风险影响的研究》，硕士学位论文，电子科技大学。

陈志祥，2004，《供应链管理中的供需合作关系研究》，《武汉理工大学学报》（信息与管理工程版）第 5 期。

程国平、汪波、程秀平，2003，《供应链中信息协同评价初探》，《中国机械工程》第 22 期。

程晓璐，2010，《基于 UTAUT 的移动商务用户接受模型研究》，硕士学位论文，浙江大学。

储节旺、李振延，2022，《图书馆大数据知识生态系统特征及构成研究》，《情报理论与实践》第 2 期。

崔强、武春友、匡海波，2013，《BP-DEMATEL 在空港竞争力影响因素识别中的应用》，《系统工程理论与实践》第 6 期。

邓聚龙，1987，《灰色系统基本方法（第一版）》，华中工学院出版社。

邓南圣、吴峰，2002，《工业生态学：理论与应用》，化学工业出版社材料科学与工程出版中心。

杜泽文，2013，《企业安全生产应急能力量化及其管理对策研究》，博士学位论文，哈尔滨工程大学。

范太胜，2014，《基于 Lotka-Volterra 模型的区域低碳产业生态系统演化研究》，《科技管理研究》第 15 期。

方晓义、蔺秀云、林丹华等，2006，《保护动机对农村流动人口性病艾滋病高危性行为的预测》，《心理学报》第 6 期。

高齐圣、路兰，2013，《农产品质量安全影响因素分析——基于

DEMATEL 和 QFD 方法》，《复杂系统与复杂性科学》第 1 期。

高琴，2008，《港口产业集群的复杂性研究》，博士学位论文，天津大学。

高扬、王向章，2016，《基于 G1-DEMATEL 法的通用航空维修安全影响因素研究》，《中国安全生产科学技术》第 2 期。

顾力刚、方康，2007，《企业生态学研究》，《科技进步与对策》第 10 期。

顾岩，2016，《保护动机理论对冠脉支架植入术后患者自我管理行为的影响》，硕士学位论文，吉林大学。

顾圆慧，2015，《手机淘宝使用行为研究》，硕士学位论文，上海交通大学。

桂晓苗，2013，《电子商务生态链协同竞争机制研究》，博士学位论文，华中师范大学。

哈肯，1989，《高等协同学》，郭治安译，科学出版社。

韩军涛，2014，《电子商务背景下我国快递业发展与协同机制研究》，博士学位论文，北京邮电大学。

何施陶、万芊山、张玉洁，2014，《电子商务供应链协同影响因素研究》，《行政事业资产与财务》第 6 期。

贺红梅，2012，《城市物流关键影响因素研究》，硕士学位论文，华中科技大学。

侯杰泰，2004，《结构方程模型及其应用》，经济科学出版社。

侯鹏、刘刚、刘晓洁、刘立涛、成升魁，2020，《产业生态学视角下的家庭代谢：理论框架、进展与展望》，《中国人口·资源与环境》第 12 期。

胡剑波、王楷文，2022，《碳达峰目标下中国绿色低碳循环发展的协同效应研究》，《河海大学学报》（哲学社会科学版）第

4 期。

华楠，2014，《水利参与式管理的利益主体博弈及其影响因素研究——基于 DEMATEL 的实证》，硕士学位论文，杭州电子科技大学。

惠维渊、李传明，2012，《对煤炭企业物资供应管理信息化建设的思考》，《煤炭经济研究》第 1 期。

嵇婷、吴政，2015，《公共文化服务大数据的来源、采集与分析研究》，《图书馆建设》第 11 期。

蒋惠凤、张兵、刘益平，2022，《组织生态学视角下现代产业学院高质量发展：内涵、困境与路径》，《中国高教研究》第 12 期。

金燕、周婷，2015，《协同内容创建系统的质量影响因素分析》，《情报理论与实践》第 4 期。

靳静波，2015，《如何有效控制煤矿物资管理的成本》，《中小企业管理与科技》（上旬刊）第 28 期。

兰静、诸大建，2016，《可持续交通消费的接受和使用行为研究——基于上海市汽车共享的调查》，《中国人口·资源与环境》第 11 期。

李凤，2013，《基于社会网络分析的物流联盟协同创新影响因素研究》，硕士学位论文，东北大学。

李嘉欣，2013，《CRMG 华南公司铁路物资管理系统改善研究》，硕士学位论文，华南理工大学。

李黎明，2008，《基于供应链的煤矿物资管理系统的研究与实现——淄矿集团物资管理系统的研究与实现》，硕士学位论文，西安科技大学。

李美娣，1998，《信息生态系统的剖析》，《情报杂志》第 4 期。

李微，2013，《供应链信息协同绩效评价研究》，硕士学位论文，大连理工大学。

李亚群、段万春、孙永河、杜元伟，2013，《基于证据理论的群组DEMATEL 改进方法》，《计算机工程与应用》第 20 期。

李云虹，2016，《大学生对快速消费品品牌 APP 的使用意愿研究》，硕士学位论文，山东大学。

梁飞强、彭显刚、梁志鹏，2016，《基于 DEMATEL-ANP-AEW-TOPSIS 的配电网综合能效评估》，《广东电力》第 1 期。

凌鸿、袁伟、胥正川等，2006，《企业供应链协同影响因素研究》，《物流科技》，第 3 期。

刘国、隋晓冬，2014《珲春煤矿物资采购管理优化研究》，《化工管理》第 33 期。

刘红胜、王延娜、颜永才，2011，《基于 ISM 的制造企业供应链协同绩效关键影响因素分析》，《当代经济》第 11 期。

刘炯艳，2006，《协同物流研究综述》，《工业技术经济》第 1 期。

刘俊辰，2016，《在华外资银行核心竞争力研究》，硕士学位论文，吉林大学。

刘胜华，2005，《电子商务环境下供应链协同管理研究》，《科技进步与对策》第 10 期。

刘伟，2011，《论煤矿企业物资管理中的成本控制》，《财经界》第 8 期。

刘英、田世宏，2016，《保护动机理论对社区糖尿病患者健康状况及自护水平的影响》，《临床护理杂志》第 5 期。

刘宗旭，2014，《电煤流通企业供应链金融服务风险管理研究》，硕士学位论文，北京交通大学。

娄赤刚，2007，《信息生态系统中的信息组织协同》，《农村经济与科技》第 8 期。

逯相雪、于东平、高冬冬，2016，《中小企业物流外包项目绩效关键要素识别研究——基于 DEMATEL 和 ISM 集成法》，《项目管理技术》，第 12 期。

罗琼，2013，《电子商务与快递行业供应链协同发展研究》，硕士学位论文，重庆交通大学。

罗珍，2009，《上市公司绩效动态综合评价方法研究》，硕士学位论文，湖南大学。

吕丽辉、陈瑛，2016，《预订类旅游 APP 用户初始信任影响因素研究》，《求索》第 10 期。

马捷、靖继鹏、张向先，2010，《信息生态系统的信息组织模式研究》，《图书情报工作》第 54 期。

马俊、胡沛，2015，《论"新常态"下煤矿物资供应管理》，《科技创新与应用》第 17 期。

蒙灼、严静，2007，《基于 Lotka-Volterra 种间竞争模型的能源产业竞争系统及实证分析》，《技术经济与管理研究》第 5 期。

孟庆松、韩文秀，1999，《复合系统整体协调度模型研究》，《河北师范大学学报》（自然科学版）第 2 期。

孟庆松、韩文秀，2000，《复合系统协调度模型研究》，《天津大学学报》（自然科学与工程技术版）第 4 期。

孟庆松、韩文秀、金锐，1998，《科技—经济系统协调模型研究》，《天津师大学报》（自然科学版）第 4 期。

孟庆松、韩文秀、金锐，1999，《复合系统"面向协调的管理"的概念模型》，《山东师大学报》（自然科学版）第 3 期。

孟晓明，2009，《我国农业电子商务平台的构建方案研究》，《科技进步与对策》第 4 期。

闵桂龙、端木京顺、高建国等，2015，《基于模糊 DEMATEL 的航空维修安全管理体系研究》,《中国安全科学学报》第 11 期。

莫扬海, 2022,《"信息生态型"舆情知识服务运行结构研究——以区域发展战略背景下的地方图书馆为视角》,《图书馆工作与研究》第 8 期。

潘开灵、白烈湖, 2006,《管理协同理论及其应用》,北京:经济管理出版社。

Rosenfeld L、Morville P, 2008,《Web 信息架构:设计大型网站》,陈建勋译,北京:电子工业出版社。

庞志强、王男, 2016,《内蒙古宝利煤炭有限公司物资管理信息系统》,《露天采矿技术》第 2 期。

彭澎、蔡莉, 2007,《基于协同学理论的高技术产业集群生成主要影响因素研究》,《山东大学学报》(哲学社会科学版)第 1 期。

彭少麟、陆宏芳, 2004,《产业生态学的新思路》,《生态学杂志》第 4 期。

钱丹丹, 2016,《微博信息生态系统构建机理》,《情报科学》第 9 期。

强欣, 2015,《电子商务平台企业间 Lotka-Volterra 竞争模型研究及其经济学解释》,硕士学位论文,云南财经大学。

秦晓楠、卢小丽, 2015,《基于 BP-DEMATEL 模型的沿海城市生态安全系统影响因素研究》,《管理评论》第 5 期。

丘伟辰, 2015,《消费者感知风险对 O2O 模式采纳态度的影响研究——以奢侈品牌市场为例》,硕士学位论文,首都经济贸易大学。

芮婷婷, 2016,《我国用户移动医疗服务使用意愿研究——以可穿戴设备为例》,硕士学位论文,西南交通大学。

尚林，2015，《企业协同创新网络构建与网络效率影响因素研究》，《科学管理研究》第 3 期。

石江瀚、佟泽华、韩春花等，2023，《我国科研大数据生态协同度测度研究》，《情报理论与实践》第 5 期。

史伟泽，2012，《基于 B/S 的铁路物资管理系统的设计与实现》，硕士学位论文，上海交通大学。

孙润良、马阁，2012，《浅谈矿用物资管理信息系统的开发与应用》，《物流工程与管理》第 9 期。

孙曙光，2015，《基于 QFD 的加工中心可用性保障技术研究》，博士学位论文，吉林大学。

孙天月，2015，《移动旅游预订用户接受行为研究》，硕士学位论文，浙江大学。

孙文红，2012，《电子商务环境下供应链协同影响因素研究》，硕士学位论文，燕山大学。

孙细明、程柳，2022，《信息生态视角下智库集群生态系统建设研究》，《智库理论与实践》第 3 期。

孙晓阳，2017，《煤矿大宗物资管理平台的功能设计》，《企业改革与管理》第 4 期。

孙星、蒋平、高烁等，2016，《广西环境可持续发展的协同效益途径研究》，《复旦学报》（自然科学版）第 5 期。

孙永河、秦思思、段万春，2016，《复杂系统 DEMATEL 关键因素遴选新方法》，《计算机工程与应用》第 8 期。

孙忠林、崔焕庆，2009，《面向多类用户的电子政务信息协同模式研究》，《山东科技大学学报》（自然科学版）第 1 期。

覃睿、王瑞、秦雪，2014，《国家创业系统的结构层次及关键要素识别——基于 DEMATEL 与 ISM 的集成法》，《地域研究与开发》第 6 期。

谭方利、李生栋、路晓崇等，2016，《基于 DEMATEL 的复杂多因
　　素烟农收益网络建模分析》，《湖北农业科学》第 21 期。

汤妙吉，2015，《信息构建研究进展》，《情报资料工作》第 1 期。

唐建荣、李晓静、杜聪，2016，《物流业碳减系统协同路径及其共
　　治研究——基于 Lotka-Volterra 模型的实证分析》，《软科学》
　　第 4 期。

唐强荣、徐学军，2008，《基于共生理论的生产性服务企业与制造
　　企业合作关系的实证研究》，《工业技术经济》第 12 期。

万岩、潘煜，2015，《大数据生态系统中的政府角色研究》，《管理
　　世界》第 2 期。，

汪忠平，2007，《协同效益对股东财富与经营绩效之影响——以台
　　湾地区购并企业为例》，博士学位论文，暨南大学。

王冰，2014，《电子商务生态系统协同创新机理研究》，硕士学位论
　　文，浙江工商大学。

王迪，2014，《南京地铁企业资产管理系统的物资管理之路》，《城
　　市轨道交通研究》第 6 期。

王恩旭，2014，《基于 G1-DEMATEL 的智慧旅游城市建设影响因素
　　识别研究》，《湖北社会科学》第 10 期。

王光远，1990，《未确知信息及其数学处理》，《哈尔滨建筑工程学
　　院学报》第 4 期。

王洁，2014，《集群内中小企业协同创新模式的研究》，硕士学位论
　　文，长春理工大学。

王今、邹纯龙、马海群，2022，《公共数据生态系统测度及优化路
　　径研究》，《情报理论与实践》第 10 期。

王兰成、李小青，2013，《知识服务中 Web 信息构建技术及应用研

究》，《浙江档案》第 4 期。

王林、张梦溪、吴江，2022，《信息生态视角下新冠肺炎疫情的网络舆情传播与演化分析研究》，《情报科学》第 1 期。

王梦燃，2016，《基于 UTAUT 模型的社会化电子商务网站消费者使用意愿的研究》，硕士学位论文，吉林大学。

王青，2015，《基于 TAM 和 PMT 整合模型的电动汽车购买意向研究》，硕士学位论文，北京理工大学。

王瑞平，2010，《两地间的三维竞争 Lotka-Volterra 系统中的分岔》，《上海交通大学学报》第 6 期。

王瑞霞，2009，《浅谈煤矿物资管理信息系统的开发与应用》，《科技信息》第 7 期。

王世营，2011，《煤炭企业物资供应及采购管理研究》，《煤炭经济研究》第 2 期。

王翔，2016，《基于协同视角的装配制造企业供应商选择优化研究》，博士学位论文，北京科技大学。

王秀艳、曲英、武春友，2016，《基于 Grey-DEMATEL 电子废弃物回收制约因素研究》，《当代经济管理》第 3 期。

王毅、李鑫涛，2014，《SDN 企业的生态协同创新模型研究》，《技术与创新管理》第 1 期。

王知津、蒋伟伟，2004，《第三代信息构建及其对情报学的影响》，《图书情报工作动态》第 3 期。

温廷新，2006，《基于业务流程再造的煤矿物资信息系统研究与实现》，硕士学位论文，辽宁工程技术大学。

翁异静、邓群钊、杜磊，2015，《复杂系统视角下的地方政府行政编制规模影响因素系统分析——基于 DEMATEL—ISM 集成方法》，《数学的实践与认识》第 23 期。

吴发彬，2014，《基于 PSO-SVM 的煤矿物资计划管理系统的研究》，硕士学位论文，西安科技大学。

武春友、陈兴红、匡海波，2014，《基于 Rough-DEMATEL 的企业绿色增长模式影响因素识别》，《管理评论》第 8 期。

解向锋，2015，《现行煤矿物资管理机制的创建和优化研究》，《中国管理信息化》第 12 期。

辛霞、王艳、方小翠，2003，《协同电子商务与供应链管理》，《技术经济与管理研究》第 6 期。

邢杰，2011，《应急物流快速信任的影响因子分析》，硕士学位论文，华中科技大学。

徐刚、陈红、荀启明，2016，《电子商务平台数据质量控制系统及仿真模型分析》，《现代情报》第 11 期。

徐浩鸣、徐建中、康姝丽，2003，《中国国有医药制造产业组织系统协同度模型及实证分析》，《中国科技论坛》第 1 期。

徐佳，2008，《钢铁集团生产物资供应管理系统研究及应用》，博士学位论文，大连理工大学。

徐蕾、王建琼、查建平，2014，《基于 UTAUT 的微型企业电子商务采纳行为研究》，《中央财经大学学报》第 7 期。

徐顺保，2013，《峰峰集团物资供应信息系统设计和实现》，硕士学位论文，河北科技大学。

徐雨，2015，《电力物资综合一体化管理信息平台需求分析与框架设计》，硕士学位论文，华北电力大学。

阎枫，2016，《基于供应链协同的大型煤炭企业物资供应商选择模型构建及应用》，硕士学位论文，太原理工大学。

杨华，2015，《基于保护动机理论的慢性阻塞性肺疾病患者自我管理研究》，硕士学位论文，山东大学。

杨凯、马垣，2012，《基于概念格的多层属性约简方法》，《模式识别与人工智能》第 6 期。

杨丽伟，2011，《供应链企业协同创新的内部影响因素研究》，《中国市场》第 15 期。

杨青、彭金鑫，2011，《创业风险投资产业和高技术产业共生模式研究》，《软科学》第 2 期。

杨曦、滕飞、王革华，2013，《温室气体减排的协同效益》，《生态经济》第 8 期。

杨旭，2012，《煤矿物资仓库管理系统的研究与应用》，硕士学位论文，电子科技大学。

杨颖，2013，《物流公共信息平台协同影响因素实证研究》，硕士学位论文，山西大学。

姚瑶，2015，《山西煤炭产业集群内企业协同创新影响因素研究》，硕士学位论文，山西财经大学。

殷猛、李琪，2016，《基于保护动机理论的健康 APP 用户使用研究》，《现代情报》第 7 期。

于伯新，2011，《青海油田 ERP 物资管理系统审计研究》，硕士学位论文，兰州大学。

于超，2011，《基于协同理论的物流园区内部资源分配方法研究》，硕士学位论文，吉林大学。

于大洋、黄海丽、雷鸣等，2012，《电动汽车充电与风电协同调度的碳减排效益分析》，《电力系统自动化》第 10 期。

于梅，2013，《北京燃气集团物资管理信息系统建设研究》，硕士学位论文，北京建筑大学。

余华杰，2013，《煤矿逆向物流网络建模与优化研究》，硕士学位论文，郑州大学。

曾诗鸿、王成秀、董战峰，2022，《环保投入的减排协同效应研究》，《江淮论坛》第 4 期。

张春英、张东春、刘保相，2006，《FAHP 中基于概念格的加权群体决策》，《数学的实践与认识》第 4 期。

张婧，2011，《集群内中小企业协同创新影响因素研究》，硕士学位论文，大连理工大学。

张立军、张潇，2015，《基于改进 CRITIC 法的加权聚类方法》，《统计与决策》第 22 期。

张良卫，2015，《信息流协同因素实证分析与模型构建》，《经济与管理研究》，第 2 期。

张亮、任立肖，2015，《基于多种群 Lotka—Volterra 的微博舆论竞争传播分析》，《情报杂志》第 10 期。

张林刚、陈忠，2009，《基于 Lotka—Volterra 模型的创新扩散模式研究》，《科学学与科学技术管理》第 6 期。

张冕，2015，《企业建立绿色供应链的意愿：基于保护动机理论的实证研究》，《物流技术》第 9 期。

张敏、林盛，2016，《大学生对即时通讯软件使用行为的影响因素研究》，《上海管理科学》第 4 期。

张瑞莲，2013，《ERP 环境下的鄂尔多斯电业局物资管理业务流程再造研究》，硕士学位论文，华北电力大学。

张悟移、马源，2016，《供应链企业间协同创新的影响因素指标筛选研究》，《科技与经济》第 5 期。

张向先、国佳、马捷，2010，《企业信息生态系统的信息协同模式研究》，《情报理论与实践》第 4 期。

张晓娟、莫富传、王意，2022，《政府数据开放生态系统的理论、要素与模型探究》，《情报理论与实践》第 12 期。

张心洁，2014，《智能配电网综合评估体系与方法研究》，硕士学位论文，天津大学。

张艳，2014，《基于信息共享的煤炭供应链信息协同与绩效研究》，硕士学位论文，山西大学。

张艳、李景峰、张晋菁，2014，《信息协同视角下煤炭运销企业绩效研究》，《理论探索》第 3 期。

张智光，2014，《林业生态安全的共生耦合测度模型与判据》，《中国人口·资源与环境》第 8 期。

赵宏霞、杨皎平，2009，《协同商务环境下信息共享影响因素分析》，《情报杂志》第 3 期。

赵进，2011，《产业集群生态系统的协同演化机理研究》，博士学位论文，北京交通大学。

赵俊仙，2008，《供应链协同绩效评价研究》，硕士学位论文，燕山大学。

赵杨、倪奇，2016，《基于荟萃分析法的移动医疗服务用户采纳研究》，《信息资源管理学报》第 3 期。

赵云鹏，2009，《信息协同在供应链中的价值研究与体系构建》，硕士学位论文，北京交通大学。

周宏、谢燕冉、刘亮，2012，《网络消费者初始信任的 Logistic 模型研究》，《科技管理研究》第 4 期。

周丕化、吴晓波、杜健，2012，《互联网开放平台协同战略研究》，《江苏商论》第 11 期。

周泉，2010，《自然灾害应急管理的影响因素分析》，硕士学位论文，华中科技大学。

周甜甜、王文平，2014，《基于 Lotka-Volterra 模型的省域产业生态经济系统协调性研究》，《中国管理科学》第 S1 期。

周晓英，2003a，《论信息构建对情报学的影响》，《情报理论与实践》第 6 期。

周晓英，2003b，基于信息理解的信息构建（IA），博士学位论文，北京大学，2003b.

周晓英，2004a，《信息构建目标及其在政府网站中的实现》，《情报资料工作》，第 5 期。

周晓英，2004b，《信息构建的基本原理研究》，《图书情报工作》第 6 期。

周晓英，2004c，《论信息集合的信息构建（IA）》《情报学报》第 4 期。

周晓英，2005a，《基于信息理解的信息构建》，北京：中国人民大学出版社。

周晓英，2005b，《信息构建与知识构建》，《情报理论与实践》第 4 期。

周晓英，2008，《政府网站信息构建的特点：加拿大政府网站案例研究》，《情报理论与实践》第 1 期。

周晓英，2009，《信息构建的内容框架和发展现状研究》，《图书情报工作》第 10 期。

周晓英，2011，《情报学进展系列论文之六　从北美 2010 年 IA 峰会看信息构建研究》，《情报资料工作》第 2 期。

周晓英，2012，《信息构建实践的分析和研究》，《数字图书馆论坛》第 9 期。

朱文平，2010，《供应链中信息协同度度量研究》，硕士学位论文，北京交通大学。

邹德平，2005，《煤矿物资配送的业务模式研究》，《大众科技》第 9 期。

Ansoff H I. 1965. " Synergy and Capability Profiles. " in *Corporate Strategy*. McGraw-Hill.

Ahmad S, Tineo A. 2008. " Three-Dimensional Population Systems. " *Nonlinear Analysis Real World Applications* 4.

Ajzen I, Fishbein M. 1980. "Understanding Attitudes and Predicting Social Behaviour. "*Englewood Cliffs* 278.

Ajzen I. 1985. " From Intentions to Actions: A Theory of Planned Behavior . " in *Action Control*. Springer Berlin Heidelberg.

Ajzen I. 1988. "Attitudes Personality, and Behavior" Open University Press.

Ajzen I. 1991. "The Theory of Planned Behavior. "*Organizational Behavior and Human Decision Processes* 2.

Bandura A. 1986. " Social Foundations of Thought and Action: a Social Cognitive Theory. " NJ: Princeton-Hall.

Bandyopadhyay M, Chattopadhyay J. 2005. "Ratio-Dependent Predator-Prey Model: Effect of Environmental Fluctuation and Stability. " *Nonlinearity* 18.

Barut M, Faisst W, Kanet J J. 2002. " Measuring Supply Chain Coupling: An Information System Perspective. " *European Journal of Purchasing & Supply Management* 8.

Begon M, Harper J L, Townsend C R. 1996. " Ecology: Individuals, populations and communities. "*Blackwell Science*.

Bentler P M, Chou C P. 1987. "Practical Issues in Structural Modeling. " *Sociological Methods & Research* 1.

Bergh J C J M v d, Stagl S. 2003. "Coevolution of Economic Behaviour and Institutions: Towards A Theory of Institutional Change. " *Journal of Evolutionary Economics* 13.

Breaux T D, Alspaugh T A. 2011. "Governance and Accountability in The New Data Ecology. " in *Fourth International Workshop on Requirements Engineering and Law, Trento.*

Bughin J, Livingston J, Marwaha S. 2011. "Seizing The Potential of ' Big Data'. "*McKinsey Quarterly* 4.

Cai L M, Fang Q H, Song X Y. 2006. "Permanence and Stability in a Predator-Prey System with Stage Structure and Delays. " *Mathematica Applicata* 3.

Capurro R. 1990. "Towards An Information Ecology. " *Information and Quality.*

Catania J A, Coates T J, Kegeles S M, et al. 1989. Implications of the AIDS Risk-reduction Model for the Gay Community: The Importance of Perceived Sexual Enjoyment and Help-seeking Behaviors. " in *Primary prevention of AIDS: Psychological approaches.* Sage Publications, Inc.

Chau P Y K. 1996. "An Empirical Investigation on Factors Affecting the Acceptance of CASE by Systems Developer. " *Information & Management* 6.

Chen P C, Liu K H, Ma H. 2017a. "Resource and Waste-stream Modeling and Visualization as Decision Support Tools for Sustainable Materials Management. "*Journal of Cleaner Production* 150.

Chen P C, Liu K H, Reu R, et al. 2017b. "An Information System for Sustainable Materials Management with Material Flow Accounting and Waste Input-output Analysis. " *Sustainable Environment Research* 3.

Churchill G A. 1979. "A Paradigm for Developing Better Measures of Marketing Constructs. " *Journal of Marketing Research* 1.

Cui J, Chen L. 2001. "Permanence and Extinction in Logistic and Lotka-Volterra Systems with Diffusion. " *Journal of Mathematical Analysis and Applications* 2.

Cui J. 2006. "Dispersal Permanence of A Periodic Predator-Prey System with Beddington-DeAngelis Functional Response. " *Nonlinear Analysis: Theory, Methods & Applications* 3.

Davenport T H, Prusak L. 1997. "Information Ecology: Mastering the Information and Knowledge Environment. " Oxford: Oxford University Press.

Davis F D, Venkatesh V. 1996. "A Critical Assessment of Potential Measurement Biases in The Technology Acceptance Model: Three Experiments. " *International Journal of Human-Computer Studies* 1.

Davis F D. 1989. "Perceived Usefulness, Perceived Ease of Use, and User Acceptance of Information Technology. " *Mis Quarterly* 3.

Davis F D. 1986. "A Technology Acceptance Model for Empirically Testing New End-user Information Systems: Theory and Results. " *Massachusetts Institute of Technology*.

Diakoulaki D, Mavrotas G, Papayannakis L. 1995. "Determining Objective Weights in Multiple Criteria Problems: The Critic Method. " *Computers & Operations Research* 7.

Dickie H F. 1951. "ABC Inventory Analysis Shoots for Dollars Not Pennies. "*Factory Management and Maintenance* 109.

Ehrlich P R, Raven P H. 1967. "Butterflies and Plants. " *Scientific American* 216.

Elton C. 1927. "Animal Ecology. " *Animal Ecology* (1).

Eryomin A L. 1998. "Information Ecology-A Viewpoint. " *International*

Journal of Environmental Studies 54.

Evans C M, Findley G L. 1999. "A New Transformation for the Lotka-Volterra Problem." *Journal of Mathematical Chemistry* 1.

Fisher J D, Fisher W A, Misovich S J, et al. 1996. "Changing AIDS Risk Behavior: Effects of an Intervention Emphasizing AIDS Risk Reduction Information, Motivation, and Behavioral Skills in a College Student Population." *Health Psychology* 2.

Frankel F, Reid R. 2008. "Big data: Distilling Meaning from Data." *Nature* 3.

Ganter B, Wille R. 2012. "Formal Concept Analysis: Mathematical Foundations." Springer Science & Business Media.

Grinnell J. 1917. "Field Tests of Theories Concerning Distributional Contron." *The American Naturalist* 51.

Haken H. 2004. "Synergetics: Introduction and Advanced Topics." *Springer Berlin Heidelberg* 67.

Hess B, Haeckel R, Brand K. 1966. "FDP-Activation of Yeast Pyruvate Kinase." *Biochemical & Biophysical Research Communications* 24.

Hirsch M W. 1988. "Systems of Differential Equations Which Are Competitive or Cooperative : III. Competing Species." *Nonlinearity* 1.

Hirsch M W. 1991. "System of Differential Equations That Are Competitive or Cooperative. IV: Structural Stability in Three-Dimensional Systems." *Ergodic Theory and Dynamical Systems* 3.

Janzen D H. 1980. "When is it coevolution?" *Evolution* 34.

Kim E, Tadisina S. 2005. "Factors Impacting Customers' Initial Trust in E-businesses: an Empirical Study." in *Hawaii International Conference on System Sciences*. IEEE Computer Society.

Kim Y H. 2006. "Study on Impact Mechanism for Beef Cattle Farming and Importance of Evaluating Agricultural Information in Korea Using DEMATEL, PCA and AHP. " *Agricultural Information Research* 3.

Kraljic P. 1983. "Purchasing Must Become Supply Management. " *Harvard business review* 5.

Lewin A Y, Volberda H W. 1999. " Prolegomena on Coevolution: A Framework for Research on Strategy and New Organizational Forms. " *Organization Science* 10.

Li C W, Tzeng G H. 2009. "Identification of a Threshold Value for the DEMATEL Method Using the Maximum Mean de-entropy Algorithm to Find Critical Services Provided by a Semiconductor Intellectual Property Mall. " *Expert Systems with Applications* 6.

Liker J K, Sindi A A. 1997. "User Acceptance of Expert Systems: A Test of The Theory of Reasoned Action. " *Journal of Engineering and Technology Management* 2.

Lin C K, Chen Y S, Chuang H M. 2016. " Improving Project Risk Management by a Hybrid MCDM Model Combining DEMATEL with DANP and VIKOR Methods—An Example of Cloud CRM. " in *Frontier Computing*. Springer Singapore.

Lotka A J. 1925. "Element of Physical Biology. " *Nature* 9.

Manyika J, Chui M, Brown B, et al. 2011. "Big Data: The Next Frontier for Innovation, Competition, and Productivity. " McKinsey Global Institute.

Marlin D, Lamont B T, Hoffman J J. 1994. "Choice Situation, Strategy, and Performance: a Reexamination. " *Strategic Management Journal* 3.

McKnight D H, Choudhury V, Kacmar C. 2002. "Developing and Validating

Trust Measures for E-Commerce: an Integrative Typology. " *Information Systems Research* 3.

McKnight D H, Cummings L L, Chervany N L. 1998. "Initial Trust Formation in New Organizational Relationships. " *Academy of Management Review* 3.

McKnight D H, Kacmar C J, Choudhury V. 2004. "Shifting Factors and the Ineffectiveness of Third Party Assurance Seals: A two-stage Model of Initial Trust in a Web Business. " *Electronic Markets* 3.

Moore J F. 1996. "The Death of Competition: Leadership and Strategy in The Age of Business Ecosystems. " Harper Business.

Moore G C, Benbasat I. 1991. "Development of An Instrument to Measure Perceptions of Adopting an Information Technology Innovation. " *Information Systems Research*, 2.

Morville P, Rosenfeld L B. 1998. "Information Architecture for the World Wide Web: Designing Large-Scale Web Sites. " O'Reilly Media.

Nardi B A, O'Day V. 1999. "Information Ecologies: Using Technology with Heart. " MA: MIT Press.

Odum H T. 1971. "Environment, Power and Society. " *American Journal of Public Health* 10.

Prentice-Dunn S, Rogers R W. 1986. Protection Motivation Theory and Preventive Health: Beyond the Health Belief Model. " *Health Education Research* 3.

Rogers E M. 1983. "Diffusion of Innovations(3rd Edition). "Free Press.

Rosenfeld L, Morville P. 2002. "Information Architecture for the World Wide Web. " O'Reilly Media, Inc.

Saaty T L. 1978. "Modeling Unstructured Decision Problems—the Theory of Analytical Hierarchies. " *Mathematics and Computers in Simulation* 3.

Saaty T L. 1990. "How to Make A Decision: the Analytic Hierarchy Process. " *European Journal of Operational Research* 1.

Schoener T W. 1976. "Alternatives to Lotka-Volterra Competition: Models of Intermediate Complexity. " *Theoretical Population Biology* 3.

Schultz R L, Slevin D P. 1987. "Pinto J K. Strategy and Tactics in a Process Model of Project Implementation. " *Interfaces*, 17 (3): 34-46.

Scott G D, Esau K, Shalla T A. 1969. Plant Symbiosis. The Institute of Biology's Studies in Biology No. 16. [J] . The Quarterly Review of Biology.

Sheth J N, Parvatiyar A. 1999. "Handbook of Relationship Marketing Marketing. "Sage Publications.

Silva A, Rosano M, Stocker L, et al. 2016. "From Waste to Sustainable Materials Management: Three Case Studies of The Transition Journey. " *Waste Management* 61.

Slade E, Williams M, Dwivdei Y. 2013. "Extending UTAUT2 to Explore Consumer Adoption of Mobile Payments. " UK Academy for Information Systems Conference.

Smale S. 1976. " On the Differential Equations of Species in Competition. " *Journal of Mathematical Biology* 3.

Susskind A M. 2000. "Efficacy and Outcome Expectations Related to Customer Complaints about Service Experiences. " *Communication Research* 3.

Tansley A G. 1935. "The Use and Abuse of Vegetational Concepts and

Terms. " *Ecology* 16.

Thomas H, Sanvido V, Sanders S. 1989. "Impact of Material Management on Productivity—A Case Study. " *Journal of Construction Engineering and Management* 3.

Thompson R L, Higgins C A, Howell J M. 1991. "Personal Computing: Toward a Conceptual Model of Utilization. " *Mis quarterly* 1.

Triandis H C. 1977. " Interpersonal Behavior. " CA: Brooks/Cole Publishing Company.

Vano J A, Wildenberg J C, Anderson M B, et al. 2006. "Chaos in Low-Dimensional Lotka-Volterra Models of Competition. " *Nonlinearity* 10.

Venkatesh V, Bala H. 2008. "Technology Acceptance Model 3 and a Research Agenda on Interventions". *Decision Sciences* 2.

Venkatesh V, Davis F D. 2000. " A Theoretical Extension of The Technology Acceptance Model: Four Longitudinal Field Studies. " *Management Science* 2.

Venkatesh V, Morris M G, Davis G B, et al. 2003. "User Acceptance of Information Technology: Toward a Unified View. " *Mis Quarterly* 3.

Venkatesh V, Thong J, Xu X. 2012. "Consumer Acceptance and Use of Information Technology: Extending the Unified Theory of Acceptance and Use of Technology. " *Mis Quarterly* 9.

Venkatesh V. 1999. "Creation of Favorable User Perceptions: Exploring the Role of Intrinsic Motivation. " *Mis Quarterly* 2.

Volterra, V. 1926. " Fluctuations in The Abundance of A Species Considered Mathematically. " *Nature* 118.

Wang H. 2010. "Dispersal Permanence of Periodic Predator-Prey Model with Ivlev-type Functional Response and Impulsive Effects. " *Applied*

Mathematical Modelling 12.

Warfield J N. 1974. " Toward Interpretation of Complex Structural Models. " *IEEE Transactions on Systems, Man, and Cybernetics* 5.

Wille R. 2009. "Restructuring Lattice Theory: an Approach Based on Hierarchies of Concepts. " in *NATO Advanced Study Institutes Series.* Springer Berlin Heidelberg.

Wu L, Liu S, Wang Y. 2012. " Grey Lotka-Volterra Model and Its Application. " *Technological Forecasting & Social Change* 9.

Wu W W, Lee Y T. 2007. "Developing Global Managers' Competencies Using the Fuzzy DEMATEL Method. " *Expert Systems with Applications* 2.

Wu W W. 2008. "Choosing Knowledge Management Strategies by Using a Combined ANP and DEMATEL Approach. " *Expert Systems with Applications* 3.

Yu Q, Sriram P K, Alfnes E, et al. 2016. "RFID Integration for Material Management Considering Engineering Changes in ETO Industry. " in *IFIP International Conference on Advances in Production Management Systems.* Springer, Cham.

Zeeman M L. 1993. "Hopf Bifurcations in Competitive Three-Dimensional Lotka-Volterra Systems. " *Dynamics & Stability of Systems* 3.

附　录

附录 A　煤矿关键物资管理电子商务平台潜在用户使用意愿调查问卷

尊敬的女士/先生：

您好！非常感谢您参与本次学术研究问卷调查，本次问卷调查的目的是调研拟建立的煤矿关键物资管理电子商务平台在潜在用户群体中的使用意愿。本电子商务平台拟实现物资采购、物资租赁、协同物流、供应链金融、"互联网+"业务（互联网理财、互联网金融、互联网支付、互联网保险）、废旧物资管理（废旧物资的翻新再造及处置）等在线业务。煤炭企业、煤矿关键物资供应商、煤矿关键物资租赁商、煤矿废旧物资翻新再造企业、煤矿关键物资回收商、第三方物流企业、银行、网贷平台、在线支付平台、在线理财平台、互联网保险等所有有关煤矿关键物资管理主要业务及辅助业务的相关方均为本电子商务平台的潜在用户。请根据您对所在企业了解的情况及对本电子商务平台的认识填表，本调查问卷采用李克特五点量表，答案"5，4，3，2，1"代表您对题干的认同程度，5 表示非常同意，4 表示同意，3 表示不确定，2 表示不同意，1 表示非常不同意。答案没有对错之分，请您根据您的真实想法做出选择，每题仅可选择一个选项，不可多选、重选及漏选，谢谢您的配合！

一、**基本信息（本部分信息仅供样本统计分析之用，请放心真实填写）**

您的单位名称：_____ 您所在部门：_____

职务：_____

您的单位类别：□煤炭企业 □煤矿关键物资供应商 □煤矿关键物资租赁商 □煤矿废旧物资翻新再造企业 □煤矿关键物资回收商 □第三方物流企业 □银行 □网贷平台 □在线理财平台 □互联网保险 □在线支付平台

请问您的年龄（周岁）：

□18 岁以下 □18~25 岁 □26~30 岁 □31~45 岁

□45 岁以上

性别：□男 □女

工龄：□低于 5 年 □5~10 年 □10~20 年 □20 年以上

二、**意愿影响因素调查（请根据您的判断做出选择，均为单选）**

题号	测量问题	符合程度				
01	您认为电子商务比线下煤矿关键物资管理方式更快捷、更能提高煤炭行业的物资管理水平	1	2	3	4	5
02	您认为开展电子商务将成为煤矿关键物资管理的"业务新常态"，该电子商务平台也将成为煤矿关键物资管理的必要工具	1	2	3	4	5
03	您认为同行、上下游企业及周围人都有意采用该平台	1	2	3	4	5
04	您的企业没有自建的煤矿关键物资管理电子商务平台或者自建平台没有行业性质的电子商务平台功能齐备、协同效应明显，您要赶上时代步伐	1	2	3	4	5
05（03）	您的周围没有人关注这类平台	1	2	3	4	5

题号	测量问题	符合程度				
06	使用电子商务平台将减少人工操作时的暗箱操作等人为问题	1	2	3	4	5
07	使用电子商务平台将减少煤矿关键物资管理中的无序和混乱问题	1	2	3	4	5
08	单位拥有使用平台的能力很重要,如相关技术人员、计算机等	1	2	3	4	5
09	您认为本人能拥有使用平台的资质水平很重要	1	2	3	4	5
10 (7)	您认为煤矿关键物资管理中的无序和混乱问题是不能靠平台解决的	1	2	3	4	5
11	您希望平台业务齐全、功能强大、能提供个性服务,使入驻平台的各个群体快速完成各类煤矿关键物资管理在线业务	1	2	3	4	5
12	您希望平台能提高煤炭企业有效管理煤矿关键物资积极性	1	2	3	4	5
13	您认为平台的功能会比其他企业自行开发的平台功能强大,且会根据顾客建议不断完善	1	2	3	4	5
14	您认为平台聚集的同业或异业合作伙伴的数量与质量也是其他平台难以比拟的	1	2	3	4	5
15 (13)	平台的功能是一成不变的	1	2	3	4	5
16	您希望硬件设施、网络环境与平台软件匹配和兼容	1	2	3	4	5
17	您希望平台接入简单,界面易于理解	1	2	3	4	5
18	您认为即使没人指导,您也会自己寻找途径学习平台使用方法	1	2	3	4	5
19	您希望遇到问题时能得到及时有效的技术支持	1	2	3	4	5
20	您愿意缴纳会员费或业务提成费	1	2	3	4	5
21 (19)	您不担心使用中遇到的问题不能得到有效解决	1	2	3	4	5

题号	测量问题	符合程度				
22	您认为在平台上能对比尽可能多的上下游企业，并做出更有利您的决策	1	2	3	4	5
23	您认为协同效应更能降低成本	1	2	3	4	5
24	您担心平台的使用前培训学习、操作不当、售前和售后与商家沟通等引发的时间成本与经济损失	1	2	3	4	5
25（23）	您并不认为商务协同效应能为煤矿关键物资管理带来什么效应	1	2	3	4	5
26	您认为信息组织分类、布局合理很重要	1	2	3	4	5
27	您认为搜索省时且结果准确很重要	1	2	3	4	5
28	您认为信息源可信、质量真实且实时更新很重要	1	2	3	4	5
29	您认为信息种类多、内容丰富很重要	1	2	3	4	5
30	您认为导航信息、交互信息标识具备准确性且链接有效	1	2	3	4	5
31	您需要交互渠道多且畅通、时间短且目标可达性大	1	2	3	4	5
32（31）	信息的交互不必在意是否可达交互对象	1	2	3	4	5
33	您愿意加盟平台并在平台上开展本单位煤矿关键物资管理业务、变革以往商业模式	1	2	3	4	5
34	您愿意将这个平台推荐给同行及上下游伙伴	1	2	3	4	5
35	您愿意说服单位领导采用该平台	1	2	3	4	5
36	您将持续关注平台的开发进程，准备成为它的第一批用户	1	2	3	4	5
37	您会通过电子商务平台切实开展煤矿关键物资管理业务	1	2	3	4	5

附录 B　数据生态系统关键影响因素调查问卷

尊敬的各位专家：

您们好，非常感谢大家愿意拨冗参与本次问卷调查，本次调查旨在识别出影响煤矿关键物资数据生态系统关键因素，前期已开展广泛文献研究，整理筛选了 22 个初步影响因素（见表 1），表中第一列为指标代号，第二列为因素名称，第三列为对指标内涵的进一步解释说明。请各位专家依据自己以往经验积累对 22 个因素之间的影响程度进行评估打分，分值 4、3、2、1、0 分别代表影响程度很高、影响程度较高、影响程度一般、影响程度较小、完全没有影响。问卷回收后将通过量化方法综合分析各位专家意见，从中识别出更为关键的影响因素。

表 1　数据生态系统关键影响因素及释义

代号	因素名称	释义
$a1$	数据生态系统资源状况	整合供需双方所需的客户资源、产品资源等，主要由数据生态系统的生态链长度、生态链宽度及生态位重叠程度等指标反映
$a2$	信息协同过程能力	反映有效信息以最小的时间成本传达给最合适的对象，受信息延展度、信息强度和信息共享品质及信息整合能力的影响
$a3$	线上线下适配性和一体化	线上信息与线下需求、线下资源支持的一致性
$a4$	感知成本	对数据生态系统的建设及运营的投资成本、运营成本、在线交易成本、库存占用成本、运输配送成本等

代号	因素名称	释义
$a5$	需求匹配度	平台提供的功能与潜在用户的需求之间的匹配度，匹配度越高，协同效益越好，匹配度越低，协同效益越差
$a6$	宏观环境支持	政策、法律、经济、社会、技术等方面对数据生态系统运行的支持程度，如相关法律对生态因子的信息及大数据资源的取得、使用与转让行为进行规范和约束
$a7$	数据协同发展能力	采集、记录并存储用户在平台上访问、交易等数据，并对形成的大数据资源按照特定目的进行分析处理，由数据协同范围、数据协同效率、数据有效挖掘率、数据处理分析能力及数据分布共享能力等维度体现
$a8$	数据协同时间优势	平台对客户指令的响应时间、平台新业务的开发周期以及平台设定的订单响应时间限制等
$a9$	运营能力协同优势	主要指应收账款、存货、流动资产、非流动资产及营运资本的周转情况
$a10$	权责明晰	权任与义务的确立
$a11$	诚信合作	诚信、守信与信任的合作机制
$a12$	平台支持机制	平台支持机制作为软环境为数据生态系统协同提供制度保障，平台准入机制、信息及数据安全保密机制、信息协同激励机制、平台公正机制、协同业务种类及协同技术创新能力等作为软的辅助支持因素影响平台协同效应的实现
$a13$	合约协同能力	本维度主要考察按时交货情况、违约情况等对合约的履行能力
$a14$	信息文化	人们或企业运用信息技术进行生产要素交易的意识，信息文化氛围越浓厚，对信息技术、大数据技术的利用率越高，这两项技术带来的效益也越高

代号	因素名称	释义
a15	硬件基础设施	数据生态系统建立在一定的硬件基础上，硬件基础设施越完善，协同效益越高
a16	抗风险能力	大数据系统时刻面临着被"黑客"袭击、数据外泄、系统崩溃等风险，对协同效益有极大的损害，数据生态系统的抗风险能力越强，对协同效益的保障力越强
a17	文化协同能力	协同企业间的文化是否契合和相互协同直接影响双方的协同效率，从而间接影响协同效益
a18	创新协同能力	技术的发展瞬息万变，创新协同能力能保障煤矿关键物资管理数据生态系统的物质流、资金流、信息流及数据流的流通效率，保障大数据资源商业价值的实现
a19	商务关系状况	协同主体分企业、产业、社会相关部门及整个生态链，它们之间的关系体现在生态因子间合作互赖程度的大小、收益分配的公平性、双方的竞争压力及战略协同能力
a20	企业内部流程协同	用户内部对组织、业务流程及其与信息的整合、协同配置的能力
a21	市场协同能力	企业内部的生产计划、库存计划与外部的销售预测的协同能力
a22	企业支撑环境	平台协同效应的发挥离不开企业内部环境的支持，如企业征信资料的公开度、企业决策者对平台的态度、企业的信息系统建设水平及企业信息人员的专业素质等

表 2　数据生态系统关键影响因素评分

因素	a1	a2	a3	a4	a5	a6	a7	a8	a9	a10	a11	a12	a13	a14	a15	a16	a17	a18	a19	a20	a21	a22
a1																						
a2																						
a3																						
a4																						
a5																						
a6																						
a7																						
a8																						
a9																						
a10																						
a11																						
a12																						
a13																						
a14																						
a15																						
a16																						
a17																						
a18																						
a19																						
a20																						
a21																						
a22																						

注：分值4、3、2、1、0分别代表影响程度很高、影响程度较高、影响程度一般、影响程度较小、完全没有影响

表 3 专家 1 数据生态系统关键影响因素评分

因素	a1	a2	a3	a4	a5	a6	a7	a8	a9	a10	a11	a12	a13	a14	a15	a16	a17	a18	a19	a20	a21	a22
a1	0	2	4	0	1	3	0	4	0	2	2	2	1	4	2	2	3	3	0	2	3	1
a2	1	0	2	2	0	3	1	3	2	4	2	0	2	1	3	1	4	3	1	2	3	1
a3	1	2	0	1	0	0	1	4	1	0	2	0	3	2	3	1	3	1	0	4	3	0
a4	1	1	4	0	3	2	2	4	3	3	3	1	3	2	4	2	2	3	1	1	1	2
a5	2	0	2	4	0	2	2	4	2	3	4	1	3	3	4	1	0	0	1	1	3	0
a6	0	2	0	0	0	0	1	0	0	4	3	0	0	0	4	1	0	0	2	4	0	0
a7	3	1	3	0	0	0	0	0	2	4	2	4	4	2	1	0	1	1	1	2	1	0
a8	1	0	1	0	0	0	1	4	0	0	0	0	0	0	4	0	1	0	0	4	0	0
a9	1	1	0	0	0	4	2	0	0	0	0	2	0	0	2	0	1	1	1	0	0	2
a10	0	0	0	0	0	0	2	0	0	1	0	0	0	0	1	0	1	3	0	0	0	1
a11	0	1	0	0	0	0	0	0	0	1	0	1	1	0	0	0	0	0	1	0	0	0
a12	3	2	4	3	0	3	1	0	4	4	3	0	1	2	2	2	3	3	0	3	4	1
a13	1	0	2	2	0	0	0	2	3	2	1	0	0	1	2	2	3	2	0	4	1	1
a14	1	0	3	2	0	4	0	4	4	0	0	0	1	0	0	2	1	0	0	4	3	0
a15	0	2	0	0	0	1	4	2	3	2	0	2	0	0	0	2	3	2	0	4	1	0
a16	0	0	1	0	0	3	0	4	4	0	3	0	3	1	3	0	0	0	0	2	2	1
a17	1	1	2	0	0	4	4	2	1	2	3	2	2	0	2	0	2	0	0	3	3	0
a18	0	4	0	0	0	0	3	0	0	1	0	0	4	0	4	3	2	4	0	3	0	1
a19	1	0	3	0	0	3	0	2	3	0	4	1	0	2	0	1	1	1	0	0	0	0
a20	0	1	1	0	0	0	1	1	0	0	0	0	0	0	0	0	0	0	0	0	0	0
a21	0	0	3	3	0	4	1	3	4	4	4	2	3	1	4	0	4	2	0	4	0	0
a22	1	0	2	3	0	4	1	3	1	1	3	0	2	2	3	4	4	2	0	3	2	0

表 4　专家 2 数据生态系统关键影响因素评分

因素	a1	a2	a3	a4	a5	a6	a7	a8	a9	a10	a11	a12	a13	a14	a15	a16	a17	a18	a19	a20	a21	a22
a1	0	4	3	3	2	3	2	3	1	3	2	2	1	3	4	2	2	3	2	3	2	2
a2	1	0	3	2	1	4	3	2	1	2	4	2	3	3	4	2	1	3	1	4	3	2
a3	1	1	0	1	3	0	3	1	3	2	2	0	0	0	4	4	0	1	0	2	1	1
a4	1	0	0	0	1	4	1	3	4	3	3	4	4	0	4	1	3	0	0	3	4	0
a5	2	1	0	3	0	2	3	4	2	3	4	0	3	0	3	1	3	2	0	4	3	1
a6	0	1	0	0	0	0	4	0	0	0	1	1	3	0	4	1	4	0	1	0	0	0
a7	3	0	2	2	1	3	0	2	3	3	3	1	1	2	3	3	4	2	4	3	4	1
a8	2	1	0	0	0	0	1	0	0	0	0	1	0	0	2	0	0	0	1	0	0	2
a9	1	2	0	0	0	4	3	4	0	4	4	3	0	1	4	0	4	1	2	4	0	0
a10	0	1	0	0	0	0	2	4	0	0	3	3	0	0	4	0	3	0	2	0	0	1
a11	0	2	2	0	2	0	2	0	0	2	0	2	2	0	0	3	0	3	3	3	0	2
a12	3	1	0	3	0	4	4	4	2	3	4	0	2	3	2	0	2	0	2	4	0	1
a13	0	3	4	0	0	2	2	4	4	2	4	2	0	0	3	0	4	0	1	2	0	0
a14	1	2	0	0	0	2	0	2	3	3	3	0	1	0	4	0	1	1	0	0	2	0
a15	1	2	0	0	0	1	0	0	0	0	1	0	0	1	0	0	0	2	1	0	0	0
a16	4	2	4	0	3	3	3	4	3	3	3	4	4	3	2	0	2	0	0	4	2	0
a17	0	3	0	0	2	3	2	4	2	4	4	0	3	2	4	0	0	1	4	4	0	0
a18	2	1	3	3	3	3	2	3	4	4	3	4	3	0	1	3	1	3	0	4	0	3
a19	0	4	0	0	4	4	2	1	0	4	0	0	0	3	4	2	3	1	4	4	0	2
a20	2	1	0	0	1	0	3	0	0	0	0	0	0	2	0	0	0	0	0	0	0	2
a21	1	2	0	0	2	4	1	4	0	4	3	0	4	2	4	3	4	0	0	4	0	2
a22	2	2	3	2	4	2	1	2	4	0	4	1	1	3	2	2	4	1	3	3	3	0

表 5　专家 3 数据生态系统关键影响因素评分

因素	a1	a2	a3	a4	a5	a6	a7	a8	a9	a10	a11	a12	a13	a14	a15	a16	a17	a18	a19	a20	a21	a22
a1	0	2	3	3	3	3	3	2	3	2	3	0	3	0	3	3	4	4	1	2	4	4
a2	0	0	2	3	4	3	1	3	4	3	4	1	0	1	3	2	2	3	0	3	4	4
a3	2	1	0	2	4	3	3	3	3	2	3	4	1	0	2	0	0	0	3	1	1	0
a4	1	2	0	0	3	4	0	3	4	3	4	0	4	0	3	0	4	0	4	3	4	1
a5	2	2	0	0	0	3	4	3	4	4	0	0	4	0	3	0	0	2	0	3	0	1
a6	0	1	0	0	0	0	2	0	0	0	2	0	0	0	4	1	0	0	0	2	0	0
a7	1	4	3	2	3	2	0	3	4	3	0	2	2	0	4	2	4	2	2	4	3	2
a8	2	0	0	0	0	2	4	0	0	0	0	1	0	0	3	0	0	3	2	4	0	0
a9	2	1	0	0	0	0	2	4	0	0	4	0	1	0	3	0	0	0	0	4	0	0
a10	3	2	1	1	2	4	1	4	0	0	0	4	0	0	4	1	0	0	0	3	0	3
a11	3	2	0	1	0	4	1	0	2	0	1	1	0	0	4	0	0	0	1	4	0	0
a12	0	2	3	3	2	0	0	3	4	4	4	4	4	1	1	0	3	0	1	4	3	3
a13	2	0	0	2	0	2	4	3	4	4	1	0	0	0	4	2	0	0	2	4	0	3
a14	3	1	0	0	0	1	4	2	0	0	0	2	1	1	3	0	0	0	0	1	0	0
a15	0	1	0	0	2	2	2	0	3	3	0	2	0	1	0	0	0	0	4	4	4	1
a16	3	3	0	0	0	3	1	3	3	4	3	3	1	2	4	0	1	0	3	4	4	0
a17	2	2	2	0	0	3	4	4	3	2	2	0	2	3	3	3	2	0	3	2	3	4
a18	4	0	2	3	3	3	3	2	2	4	1	4	3	0	2	3	2	1	0	3	2	0
a19	4	1	0	2	2	0	0	3	0	0	0	4	0	0	0	0	0	0	0	4	4	3
a20	0	0	2	1	0	2	1	0	0	3	4	4	4	0	4	0	0	0	2	0	0	0
a21	2	0	0	0	0	0	1	3	4	3	3	1	4	0	4	4	0	3	2	3	0	0
a22	0	0	3	3	4	3	0	4	3	3	3	0	3	0	4	4	3	3	0	2	3	0

表 6　专家 4 数据生态系统关键影响因素评分

因素	a1	a2	a3	a4	a5	a6	a7	a8	a9	a10	a11	a12	a13	a14	a15	a16	a17	a18	a19	a20	a21	a22
a1	0	3	4	3	3	3	4	3	3	2	2	2	4	2	3	2	3	4	3	4	3	1
a2	2	0	2	3	2	3	1	3	4	3	2	0	3	2	4	3	3	2	4	4	4	0
a3	0	2	0	2	2	3	2	1	2	3	1	1	4	0	1	0	3	2	1	0	0	1
a4	1	2	4	0	2	2	0	2	3	0	0	2	0	0	2	0	3	1	1	2	3	2
a5	0	1	3	4	0	2	2	4	2	0	1	0	3	1	3	2	2	0	0	0	0	3
a6	0	1	2	3	0	0	1	0	0	0	0	0	2	1	2	0	0	0	1	0	0	0
a7	1	3	4	4	4	2	0	2	3	2	1	2	2	2	3	3	0	3	0	3	4	3
a8	1	1	1	2	1	4	1	0	4	4	4	1	0	0	4	0	0	1	1	4	4	1
a9	0	4	0	3	1	4	0	0	0	0	4	3	0	0	4	1	0	0	0	4	4	3
a10	0	2	0	0	0	1	3	0	0	0	0	1	0	0	0	0	0	0	2	1	0	0
a11	1	0	0	0	3	2	1	2	1	3	4	0	2	1	1	2	2	1	0	1	3	3
a12	1	2	3	4	0	4	0	3	4	4	4	1	0	0	4	2	0	1	0	4	4	0
a13	2	4	0	3	3	1	0	3	1	1	1	1	2	0	4	1	3	0	0	1	2	3
a14	1	0	0	0	0	0	0	0	0	1	0	0	0	0	0	1	0	0	0	1	0	0
a15	1	4	0	0	0	0	0	0	0	0	0	0	0	0	0	0	0	0	0	1	1	0
a16	3	1	3	4	3	2	0	2	3	4	3	2	3	2	4	0	3	3	0	4	3	2
a17	0	4	0	0	1	4	3	4	4	4	3	0	4	0	3	0	0	3	0	3	2	2
a18	3	2	3	4	3	3	0	3	2	3	3	2	4	2	4	3	4	3	0	2	3	3
a19	2	3	4	3	3	2	3	4	3	3	3	1	2	0	4	3	4	1	1	4	3	2
a20	0	1	1	0	0	0	0	0	0	0	0	0	0	1	0	0	0	1	1	0	0	3
a21	4	1	0	3	2	4	0	3	4	3	4	0	1	1	1	1	0	0	0	2	0	0
a22	2	2	0	0	2	2	3	2	2	4	3	1	0	1	3	2	3	3	4	4	3	0

表 7　专家 5 数据生态系统关键影响因素评分

因素	a1	a2	a3	a4	a5	a6	a7	a8	a9	a10	a11	a12	a13	a14	a15	a16	a17	a18	a19	a20	a21	a22
a1	0	2	3	4	3	3	2	3	3	2	3	3	4	1	3	2	3	3	3	3	4	2
a2	1	0	2	3	4	3	3	2	3	4	3	4	4	2	2	4	3	3	4	2	3	1
a3	2	0	0	2	3	4	1	3	2	3	4	0	3	0	4	0	0	2	1	2	1	0
a4	1	1	0	0	0	3	0	1	1	4	2	2	3	0	2	1	4	0	2	1	2	0
a5	1	0	1	1	0	3	1	0	4	0	3	2	4	1	2	0	0	0	2	3	1	2
a6	0	1	1	4	4	0	2	0	0	0	3	3	0	1	2	0	0	0	4	1	0	1
a7	2	3	3	3	4	4	0	3	4	3	3	0	3	3	3	4	0	2	1	3	3	1
a8	1	2	1	2	1	1	1	0	3	1	4	0	0	0	1	0	0	0	1	4	0	2
a9	1	3	1	3	1	4	2	3	0	0	0	0	0	0	4	0	0	0	0	4	0	2
a10	0	2	0	0	0	4	1	3	4	0	4	0	0	0	0	0	2	2	2	0	0	4
a11	0	1	0	1	0	4	1	2	0	3	0	0	0	0	2	3	4	0	3	1	0	1
a12	2	4	3	1	2	3	3	3	2	4	0	0	3	0	3	0	0	2	2	4	3	1
a13	0	2	1	1	0	4	3	4	4	4	3	2	0	0	4	2	1	0	0	0	1	2
a14	2	1	4	4	4	4	4	4	4	0	3	2	4	0	4	0	0	0	1	3	4	2
a15	1	4	1	0	4	4	2	4	0	4	4	4	1	0	0	0	2	1	3	0	0	3
a16	1	0	0	0	0	4	1	3	2	4	4	3	0	0	4	0	3	0	1	0	2	3
a17	3	1	1	1	4	4	3	4	3	2	4	3	4	1	3	1	0	0	2	4	3	3
a18	1	4	2	2	3	2	4	3	4	4	3	1	4	4	4	3	0	0	0	3	2	1
a19	1	4	4	4	1	4	4	4	3	0	4	4	1	1	3	4	2	3	0	2	3	2
a20	2	0	1	2	1	4	1	4	0	3	4	1	4	0	4	2	2	0	1	0	0	4
a21	0	1	0	2	3	2	1	2	0	4	2	2	0	0	1	0	0	0	2	0	0	4
a22	1	3	3	2	4	3	3	3	2	4	4	3	2	1	3	1	2	4	3	3	2	0

图书在版编目（CIP）数据

煤矿关键物资管理数据生态系统协同机制研究 / 孙
晓阳著 . --北京：社会科学文献出版社，2025.8.
（中国劳动关系学院青年学者文库）. --ISBN 978-7
-5228-5576-9

Ⅰ. F426.21

中国国家版本馆 CIP 数据核字第 2025BF4642 号

·中国劳动关系学院青年学者文库·

煤矿关键物资管理数据生态系统协同机制研究

著　　者／孙晓阳

出 版 人／冀祥德
组稿编辑／任文武
责任编辑／李艳芳
文稿编辑／杨晓琰
责任印制／岳　阳

出　　版／社会科学文献出版社·生态文明分社　（010）59367143
　　　　　地址：北京市北三环中路甲 29 号院华龙大厦　邮编：100029
　　　　　网址：www.ssap.com.cn
发　　行／社会科学文献出版社　（010）59367028
印　　装／三河市龙林印务有限公司

规　　格／开 本：787mm×1092mm　1/16
　　　　　印 张：16.75　字 数：209 千字
版　　次／2025 年 8 月第 1 版　2025 年 8 月第 1 次印刷
书　　号／ISBN 978-7-5228-5576-9
定　　价／88.00 元